JN302721

日本経済のロジスティクス革新力

宮下國生 著

千倉書房

序

　グローバル経済における地域間物流の連携が日本経済に及ぼす影響と速度は，従来とは比較にならないほど大きくなっている。米国，EU，アジアの順で影響が波及するという構図は，EU経済の停滞もあって，米国・アジアの対立と共存に変わりつつある。このようなグローバル経済の変革の時期にあって，日本経済のポジションをどのようにとらえることができるのだろうか。確かに失われた10年の議論を踏まえて，さらなる停滞の継続が論じられており，それは日本経済の現状を言い当てているように見える。

　しかしこの大きな構造変化に直面して，とりわけわが国製造業は，調達・生産・販売に関わるロジスティクスを革新することによって，経済の停滞に対抗しようとしてきたのではないか，これが本書の問題意識の底流にある。さらにいえば，わが国経済のロジスティクス革新力は，中国をはじめとするアジア新興国，米国およびEUからの競争に対峙して，独自のロジスティクス・サイクルを創出し，困難を乗り越えてきたのではないか。この点を明らかにするためには，わが国の製造業現場の競争力を，ロジスティクス思考の深化を軸にしてさらに掘り下げて考察する必要がある。

　本書の目的は，このような日本経済における製造業のロジスティクス革新力を実証的に解明することである。日本経済の持つロジスティクス革新力が堅実に醸成されておれば，日本企業はこの革新力をビジネスモデルに組み込んで競争優位を達成することができる。なぜなら投資リスクの高い革新投資を目指す日本の製造業にとっては，ロジスティクス革新力の競争優位は，このリスクを中和し，利潤を確保するための基軸となる経営戦略の核心部分であるからである。ロジスティクス革新力に優れなければ，どの国であっても時代を創る革新投資には立ち向かえないし，世界をリードする創意工夫も生まれない。まさにここにロジスティクスに期待される本来の機能がある。

　そこで第Ⅰ編「ロジスティクス革新の潮流：世界と日本」（第1～2章）では，

第1章でロジスティクス発展の世界的潮流を明らかにして，製造業である荷主企業のロジスティクス活動の構成と決定経路を導いた後に，第2章においては，日本の国際物流を支えるロジスティクス・ネットワークの構造変化の中に現れるロジスティクス革新力を日米の製造業について比較考察して，日本製造業の克服すべき課題を明らかにしている。

　日本企業，とりわけ製造業におけるロジスティクス革新は世界の最先端の潮流からは少し遅れて始まり，さらにそれが企業間の連携であるサプライチェーン・マネジメント（SCM）に昇華してロジスティクス革新力が向上するのは2000年代に入ってからであるといわれている。ここに日本経済のロジスティクス革新力とは，狭義には，どのような景気状態あるいは構造変化の下でも，企業あるいは産業がそれによって影響されることなく，在庫削減行動を継続維持できることを指している。この成果が，調達・生産・販売に関わる企業の全体的なロジスティクス・システムとそのシステムの取引企業への外延によって構築されたSCMを基盤として得られているかどうかが重要である。このようなロジスティクスの総合管理体制を築くためには，物流業に対するロジスティクス・システム構築のアウトソーシング，具体的には3PLさらには4PLの業態レベルでの機能協力が必要である。

　ロジスティクス革新力に関する日米製造業に関する比較考察の結果によると，1988年頃に始まった米国製造業のロジスティクス革新に約7年程度遅れて，1995年頃より日本製造業においてロジスティクス革新が発生し，2000年代において定着していることが分かる。ここに導いた日本経済の積極的なロジスティクス革新志向に基づく企業行動が，日本の貿易物流に独自のロジスティクス・サイクルを発生させるとみられる。

　これを受けて第Ⅱ編「物流のグローバル化と日本経済」の前半（第3～4章）では，ロジスティクス・サイクルの形成過程とその評価を行っている。形成過程を考察した第3章では，物流のグローバル化が進展する中で，日本経済に対する，米国，EU，アジアの経済の波及構造に変化があったのかを取り上げ，これら3極の経済行動が日本経済に波及する因果連鎖関係は，2000年代前半ま

では，従来通り米国経済主導であり，デカップリングにはないことを実証している。またロジスティクス・サイクルの評価を行う第4章では，日本経済がどのような構造変化をこうむっているのか，製造業の視角において，果たして失われた10年は真実かという問題に接近している。

　ここにロジスティクス・サイクルは，わが国の輸出貿易におけるプロダクトサイクルの推移，景気変動，構造変動という短・中・長期の変化が，海運ロジスティクスと空運ロジスティクスの選択行動を決定することによって出現するサイクルを指している。本書ではこのサイクルを，米国，EU，アジアというグローバルな地域間物流連携の構図の中で，わが国経済の構造変化を映す鏡であると捉えている。ロジスティクス・サイクルの計量分析は，日本製造業のバイタリティ溢れる革新行動を実証しており，これに基づいて，わが国製造業には，失われた10年という日本経済を象徴するイメージは現実には妥当しないという結論を導いている。

　第Ⅱ編後半（第5章）では，中国におけるロジスティクス革新の展開を考察している。中国の経済発展が地域別に不均等であるために，沿海部，中部，内陸部のそれぞれにおいて，ロジスティクスは地域別に異なる発展段階にある。それは事実であるとしても，アジア経済のみならず，グローバル経済の発展ドライバーである中国のロジスティクス研究を単なる発展段階分析にとどめるのではなく，アジアの主要国・地域の経済発展行動との関わりで，単純標準化財における雁行形態型発展と標準差別化財におけるSCM型発展を比較考察して，前者が中国の市場独占を生み，後者が，日本，韓国・台湾，ASEANにおける星雲状態の市場競争を創出していることを明らかにしている。

　第Ⅲ編「日本の物流インフラと市場インフラの機能」（第6～7章）は，日本経済のロジスティクス革新力を支えるハードとソフトのインフラ形成力にスポットを当てて，ソフトインフラの競争優位性を強調している。

　ハードインフラの形成には港湾と空港の競争優位性確保が重要であるが，その中で第6章では，国際的に比較劣位にある港湾インフラ機能に注目して，わが国の主要港湾間のネットワーク連携関係を明らかにしたうえで，アジア港湾，

とりわけ釜山港との比較から，貨物を創出できることが港湾発展の原点であることを示唆している。

一方，第7章で取り上げるソフトインフラは，物流業の行動基盤である市場インフラに対する日本海運業の構築力に関わっている。日本海運業は世界の海運業に比して，独特の発展プロセスをたどり，したがって独自のビジネスモデルを展開している。その意味でわが国産業の中でも特筆して評価されるべきものであるといえる。わが国の海運業が何故に長期にわたって世界や日本の経済変動や構造変化に対して柔軟に対応し，国際ロジスティクス産業として革新の先頭に立ちえてきたか，それは日本経済の現状打開に対しても重要なインプリケーションを含んでいる。

グローバル経済，さらには日本経済が激動期にある今日，本書のような実証分析を世に問うのは厳しい環境にあると思われる。とりわけ世界経済危機を経た後のグローバル経済の混迷に対する評価はいまだ定まっていないからである。しかし私は，このような困難な時期においてこそ，グローバル経済の中で日本経済が生き抜くには，製造業のロジスティクス革新における創意工夫が不可欠であると考えている。

最後に，このような本書の意図を十分に汲み取られ，出版のご快諾を頂いた株式会社千倉書房の千倉成示社長に対し，深甚の謝意を表するものである。また迅速かつ入念な編集の労をお取り頂いた同社編集部の関口 聡編集部長に対し厚くお礼を申し上げたい。

2010年12月1日

宮 下 國 生

目　次

序

第Ⅰ編　ロジスティクス革新の潮流：世界と日本

第1章　物流の発展とロジスティクス革新 …………………3
1　ロジスティクス研究の広がり ……………………………………3
2　物流の重層的発展の意義：発展の4段階……………………4
3　荷主企業と物流業の行動の発展プロセス………………………7
4　ネットワーク経済とロジスティクス：組織の機能　…………11
5　物流業の業態変化………………………………………………16
6　業種別物流優位性決定因とアームズレングス取引　………22
7　荷主企業のロジスティクス活動の構成と決定経路　………26
　　7-1　荷主企業の特定国への進出決定とロジスティクス　…………27
　　7-2　進出相手国でのロジスティクス活動の設計と展開　……………28

第2章　ロジスティクス革新力の日米比較 ……………35
1　ロジスティクス力評価の意味 ……………………………………35
2　製造業のロジスティクス力評価モデル　………………………36
3　日本製造業のロジスティクス力と
　　物流業の対応能力の評価 ………………………………………38
4　米国製造業はどの程度先行したのか　………………………41
5　日本製造業の業種別ロジスティクス力 ………………………44
　　5-1　組立加工業 …………………………………………46
　　（1）一般機械工業 ………………………………………46
　　（2）輸送機械工業 ………………………………………47

（3）電気機械工業 …………………………………………49
　　　（4）精密機械工業 …………………………………………51
　　5-2　素材産業 …………………………………………………53
　　　（1）繊維工業 ………………………………………………54
　　　（2）化学工業と窯業・土石製品工業 ……………………55
　　5-3　日本製造業のロジスティクス力評価 …………………58
　　　（1）ロジスティクス力に優れる組立加工業 ……………58
　　　（2）ロジスティクス力に課題を残す素材産業 …………59
　6　日米製造業の業種別ロジスティクス革新力比較 …………60
　7　日本の政策的対応 ……………………………………………63

第Ⅱ編　物流のグローバル化と日本経済

第3章　日本の国際物流の地域間連携 …………………………69
　　　　　──海空物流モードの選択──
　1　モード別物流分担率の推移の意味するもの ………………69
　2　国際物流環境の変化と海空物流モードの選択 ……………71
　　2-1　国際物流におけるモード別分業の発生理由 …………71
　　2-2　短期・中期・長期における海空物流モード選択仮説 …73
　3　物流モード選択モデルの構築 ………………………………78
　　3-1　地域間事業モデル連携の構図 …………………………78
　　3-2　日本企業の物流モード選択行動仮説 …………………80
　4　物流モード選択行動におけるグローバル連携の推定 ……83
　　4-1　対米物流モードの選択行動の推定 ……………………83
　　4-2　3極間グローバル連携関係の推定 ……………………84
　5　3極連携の長期メカニズムの実態 …………………………87
　　5-1　グローバル物流の波及効果 ……………………………87

5-2　長期における物流モード選択決定因の作用 …………………89
　　　　（1）日本企業のロジスティクス戦略の高度化対応 …………………89
　　　　（2）対米物流の先進性と対アジア物流の二重構造性 ……………91
　　　　（3）対アジア物流の懐の深さ：バッファー力と機会費用の効果 ……92
　　6　地域物流のグローバル連携機能の要諦 …………………………93

第4章　国際ロジスティクス・サイクルと日本経済の構造転換 …………97

　　1　国際ロジスティクス・サイクルの機能 …………………………97
　　2　国際ロジスティクス・サイクルモデルの構築 …………………98
　　3　国際ロジスティクス・サイクルの発生プロセス ………………100
　　4　国際ロジスティクス・サイクルの波及構造の検証 ……………103
　　5　地域別ロジスティクス・サイクル発生プロセスの推定 ………107
　　6　地域別ロジスティクス・サイクルの導出 ………………………109
　　　6-1　典型的循環を描く対米ロジスティクス・サイクル …………110
　　　6-2　対EUおよび対アジアのロジスティクス・サイクル ………114
　　　　（1）グローバル物流の中に埋没する対EU物流 ……………………114
　　　　（2）存在感のある対アジア物流 ……………………………………115
　　7　日本製造業と失われた10年の評価 ………………………………116

第5章　アジア物流の発展と中国経済：日本のポジショニング …………123

　　1　中国物流の分析視角 ………………………………………………123
　　2　物流発展の3段階と中国物流 ……………………………………124
　　　2-1　日本企業の進出と貿易の地域分布 ……………………………124
　　　2-2　中国物流の発展段階 ……………………………………………126
　　　　（1）交通段階にある内陸地域と物流段階に向かう中部地域 ………127

　　　　（2）物流段階を完遂してロジスティクス段階に向かう沿海地域 ……… 128
　　　　（3）ロジスティクスからサプライチェーン段階に向かう
　　　　　　沿海地区経済技術開発区 …………………………………………… 130
　3　アジア物流におけるプロダクトサイクル理論と
　　　雁行型発展モデルの適用限界 ………………………………………… 134
　　3-1　標準化品の世界工場化する中国 ……………………………………… 134
　　3-2　雁行型発展を崩す中国の家電産業：1980～1998年の
　　　　　国・地域別品目物流分析 …………………………………………… 136
　4　アジア物流の発展構造とサプライチェーンの台頭 ……………… 140
　　4-1　品目別国・地域物流の概括的考察：1993～2005年 …………… 140
　　4-2　対照的な中国と日本の輸出物流 …………………………………… 143
　　　　（1）雁行型発展の特異ケースにある中国物流 ………………………… 143
　　　　（2）グローバル・サプライチェーンの中に生きる日本の物流 ……… 146
　　4-3　韓国・台湾とASEANの物流 ……………………………………… 148
　　4-4　アジア物流に見る雁行型発展とサプライチェーン型発展 …… 150
　　　　（1）単純標準化財の生産移転に見る典型的な雁行型発展 …………… 151
　　　　（2）標準差別化財に見るサプライチェーン型発展 …………………… 152
　5　日本の製品貿易比率に見るアジア物流の展望 ……………………… 153

第Ⅲ編　日本の物流インフラと市場インフラの機能

第6章　日本の港湾物流ネットワーク力とアジア港湾 … 165
　1　港湾産業分析の視角 ……………………………………………………… 165
　2　日本の港湾産業構造分析モデルの形成：
　　　8大港のネットワーク ………………………………………………… 166
　3　関東物流ゾーン分析：東京港の物流圏に
　　　吸収された横浜港 ……………………………………………………… 170

3-1　東京港：グローバルネットワーク型広域サービス港湾 ………170
　　3-2　横浜港：独立した後背地を持つ横浜港への
　　　　　東京港の波及効果 ………………………………………………172
　4　中部物流ゾーン分析：名古屋港が支える四日市港と
　　　独立志向の清水港 …………………………………………………173
　　4-1　名古屋港は広域港湾か ………………………………………174
　　4-2　名古屋港の影響力と四日市港のバッファー機能 …………175
　　4-3　独立志向の清水港 ……………………………………………176
　5　近畿・中国・四国・九州物流ゾーン分析：
　　　競合する神戸港・大阪港・北九州港 ……………………………177
　　5-1　広域ネットワーク型港湾としての神戸港の
　　　　　グローバルネットワーク力 …………………………………178
　　5-2　競合度の高い3港湾 …………………………………………179
　　5-3　主要グローバル企業の牽引力比較 …………………………180
　6　ネットワーク総合力の評価：主要5大港 ………………………181
　　6-1　ハブ＆スポーク型港湾 ………………………………………182
　　6-2　サプライチェーン対応型港湾 ………………………………183
　7　アジア諸港との競争 ………………………………………………185

第7章　ロジスティクス・パートナーシップの
　　　　　構築力と市場インフラ …………………………………193

　1　国際的リーダーシップを持つ日本海運業 ………………………193
　2　物流の発展段階と日本の海運政策の変化：
　　　国家・企業間パートナーシップの確立過程 ……………………194
　3　原料輸送市場インフラとロジスティクス・
　　　パートナーシップの早期確立 ……………………………………199

4　製品輸送市場インフラにおけるロジスティクス・
　　　　パートナーシップの形成 ……………………………204
　　　　4-1　閉鎖型カルテルの評価と開放型カルテルの発足 …………205
　　　　4-2　国際カルテルをめぐる政策論争と規制改革 ………………207
　　　　4-3　戦略的ロジスティクス・パートナーシップの確立に向けて …209
　　5　パートナーシップとロジスティクス革新力の展望 …………211
引用文献 ……………………………………………………………223
索　　引 ……………………………………………………………233

第Ⅰ編

ロジスティクス革新の潮流：世界と日本

第1章　物流の発展とロジスティクス革新

1　ロジスティクス研究の広がり

　ロジスティクスは，軍事用語の兵站に語源を持つが，現在ではその後方支援としての調達と輸送という本来の活動をはるかに越えて，企業の調達・生産・販売に関わる財やサービスの組織的移動とそれを維持するための情報の移動を，トップマネジメントが機能横断的に直接に管理する戦略部門になっている。そのため，ロジスティクスに関する研究領域は，ここ20年間のうちに世界の経済研究や経営研究の中で急速に発展し定着した。それは製造業，流通業，等の荷主企業の調達・生産・販売行動を，国内的視点においてのみならず，国際的視座からも分析しようとする意欲的な研究分野である。一方，荷主企業のロジスティクス行動をサポートする産業として，海運や空運という伝統的な国際的二大交通機関のみならず，利用運送事業者であるフォワーダーもまた，このロジスティクス革新の大きなうねりと動きの中に巻き込まれ，新たな環境に適合した交通業，物流業，ロジスティクス対応産業としての行動パターンと業態を模索している。つまり荷主企業は，ロジスティクス機能の多くをこれらの物流を専門とする産業に依存しているのである。ここに両者の間に特定の関係が醸成され，それは時代とともに大きく変遷している。

　ロジスティクス研究の大きなポイントの1つは，両者の間に築かれた特定の関係がどのように醸成され，それが時代とともにどのように変遷しているのかを解明することである。本章では，その流れをフォローしつつ，ロジスティクスの高度化・グローバル化の中での業態の革新や事業領域の拡大を明らかにし，それを踏まえて，荷主企業のロジスティクス・ネットワークを設計し，そのロジスティクス力の形成経路を構築しよう。

2　物流の重層的発展の意義：発展の4段階

　製造業や流通業などの荷主企業による物流への取り組みは，1860年ごろのヨーロッパにおける産業革命の完成，さらには1880年ごろの世界海運市場の構築以降において本格化し，現在のところ，欧米の潮流を基準にすれば，概ね以下のような4段階の発展プロセスによって構成されている。

① 1960年代までの交通業依存段階。交通におけるハードインフラの整備と推進が重視された時期であり，交通が経済発展の牽引者であった。

② 1970～80年代における物流業依存段階。複合輸送制度などのソフトインフラの整備が進み，荷主企業は仕出地から仕向地に至る物の流れを，一貫して捉えることが可能となり，これによって物流コンセプトに目覚めたといえるのである。もっとも，荷主企業は，輸送・荷役・包装・保管・流通加工・情報の分散管理にとどまったが，物流業に対してははじめて対等の立場に立ったと見られる。

③ 1980年代～90年代において，荷主企業は，規制緩和の下で，情報技術（IT）を核として組み入れたロジスティクス戦略によって企業内の調達・生産・販売に関わる物流の一元的な管理を目指した段階。この段階では，荷主企業から物流企画の立案や物流業務の遂行を委託された物流業としての3PL（Third Party Logistics）業[1]は一段と顧客志向性を強化した。

④ 1990年代～21世紀の現在における，サプライチェーン・マネジメント（SCM；Supply Chain Management）の下で展開される企業間物流の一元的管理段階である。

　図表1-1は，上で捉えた，このような物流活動の一般的発展動向の段階図である[2]。この間，荷主企業の要望に対応して，交通サービス，物流サービス，ロジスティクス対応サービス，SCM対応サービスを提供してきた交通業，物流業，ロジスティクス対応産業等を，一括して物流業と呼ぼう。そうすれば，図表1-1の第3段階のロジスティクス時代への転換は，とりわけ米国の物流

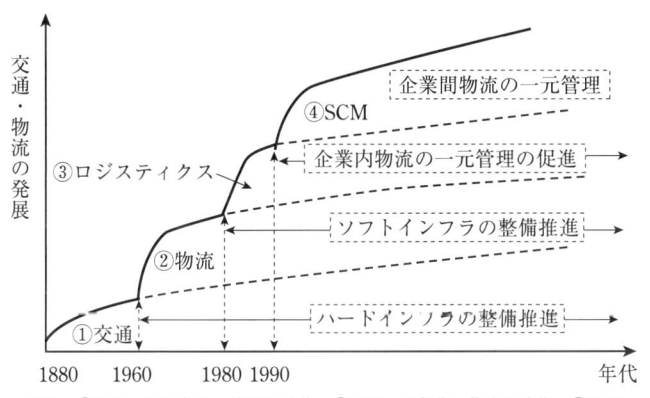

図表1-1　物流の重層的発展段階

縦軸：交通・物流の発展
横軸：年代（1880　1960　1980　1990）

- ①交通
- ②物流
- ③ロジスティクス
- ④SCM

- 企業間物流の一元管理
- 企業内物流の一元管理の促進
- ソフトインフラの整備推進
- ハードインフラの整備推進

（注）①1880～1960年代：交通の時代，②1960～80年代：物流の時代，③1980～90年代：ロジスティクスの時代，④1990年代以降：SCMの時代。

業が，1978年の国内航空事業，1980年のトラック事業と鉄道事業の規制緩和に応じて，EUの物流業を巻き込みながら荷主対応の革新を図った世界的トレンドに合うものであり[3]，それは主として欧米諸国での物流発展の基本動向を捉えているといえよう。

これに対して日本におけるこれらの事業の規制緩和は，1990年の物流二法（貨物自動車運送事業法，貨物利用運送事業法）の改正によって開始するから，上述の段階区分に従えば，そのとき世界はすでに第4段階のSCMの時代に入っていた。その結果，わが国では多くの企業が，ロジスティクスの経験を十分に積むことなく，またロジスティクスとSCMの区別を判然とは理解せずに，物流改革に立ち向かったことに留意しておく必要がある。

もっともこれを国際物流の領域で捉えれば，米国の外航海運の規制緩和の嚆矢となった1984年新海運法の発効に続き，わが国においても，1985年に海運集約体制による規制政策を終結し，規制緩和へと舵が切られたため，国際海運物流に基づくわが国における国際ロジスティクスの取り組みは，世界のトレンドをほぼ完全にフォローしてきたといえる[4]。

このように日本の外航海運企業は，いち早く海外において国際と国内を連結

した物流の第3・第4段階への高度化を目指す事業に参入したけれども，それが日本の国内物流の整備に乗り出したのは2004年ころのことであった[5]。それまでは商社やフォワーダーが主としてこの事業を担っていたのである。したがって国内物流の規制緩和のエポックは1990年ではあるとしても，日本における物流の高度化への流れは平坦ではなかったように見える。物流政策においても，「2005年総合物流大綱」に至って，東アジア域内物流の準国内化が掲げられ，国内・国際一体となった物流を実現する必要性がようやく唱えられたのである[6]。

このようにわが国の物流政策もグローバル・ロジスティクスを視座において展開される段階に入った。グローバル経済の中で行動することを意識する各国にとって，ロジスティクスのグローバル競争優位を構築することが国の経済優位を確保する手段であるからである。それはグローバル企業のロジスティクス行動[7]に対応するためには回避し得ないものである[8]。

このように，図表1-1の発展段階には各国において若干の時間のずれがあり得るのである[9]。しかしそれにも増してここで重要なのは，これらの発展段階が時間的に連続性を持った重層的な発展過程にあること，したがって交通を支えるハードインフラや物流を促進する複合輸送などの制度よりなる公共財が，ロジスティクスやSCMなどの戦略物流の基礎インフラとなっていることである。ハードとソフトの交通インフラの技術対応革新はいつの時代にも必要である。交通の支配する時代は確かに1960年代に終わったけれども，道路や空港などのハードのインフラとしての公共財の整備や複合輸送制度などのソフトインフラ公共財の整備は，その後も促進され現代に至っている。そのようなインフラへの信頼があってはじめて，ロジスティクス時代やSCM時代において，物流業が荷主企業の要請に応えて戦略的にロジスティクス・システムの構築競争を展開できるからである[10]。つまり一時的あるいは臨時的なインフラ整備は却って利用者に対して混乱を生むのである。

3 荷主企業と物流業の行動の発展プロセス

ここで，上記の物流の重層的発展段階を，荷主企業と物流業の行動の発展プロセスにスポットを当ててフォローしておこう。

第1段階では，荷主企業の物流への意識は低く，企業内部には明確な担当部門はなく，交通業のパワーが荷主企業を上回っていた。

確かに第2段階の荷主企業は，国際物流では，制度的に確立した複合輸送を通じて，物流が企業経営において持つ意義に気づくけれども，主体的にこれに取り組むまでには至っていない。そのため，企業全体としての物流という意識はなく，結果として隣接する事業部が相互に独立した調達・生産・販売活動を重複して行っていたのである。しかしこの時期は，荷主企業と物流業の立場がほぼ対等な関係になったと見てよいであろう。

第3段階のロジスティクスに入ると，企業のトップマネジメントが，市場情報に基づいて，販売計画・生産計画・調達計画を柔軟に調整しながら，それを現場の調達・生産・販売の作業に反映しようと努めるようになる。市場情報によって立案されたロジスティクスの作業過程（企業内付加価値在庫流）と物流現場におけるロジスティクスの調整過程（企業内需要情報流）が歯車の両輪としてかみ合えば，どの事業部にも，またどの現場にも偏らない物流管理が可能であると見られる（図表1-2）[11]。

もちろんこれは，ロジスティクス管理が理想的に運営されたケースではあるけれども，それを簡潔に言い換えれば，ロジスティクスとは，トップマネジメントが，販売現場で展開される販売時点情報管理（POS；Point of Sales）[12]と生産現場で遂行される看板方式（JIT；Just in Time）[13]を，調達過程を含めて，情報技術で的確に結合した戦略的管理システムである。その意味で，荷主企業の意を受けてこの段階に対応できる物流業を戦略物流業ともいい，これがこの後，3PL業として発展するのである。ここに荷主企業は物流業に対して優位に立ち，一方，物流業は激しい競争の中で顧客志向性を強化する。

図表1-2　製造業のロジスティクス・システム

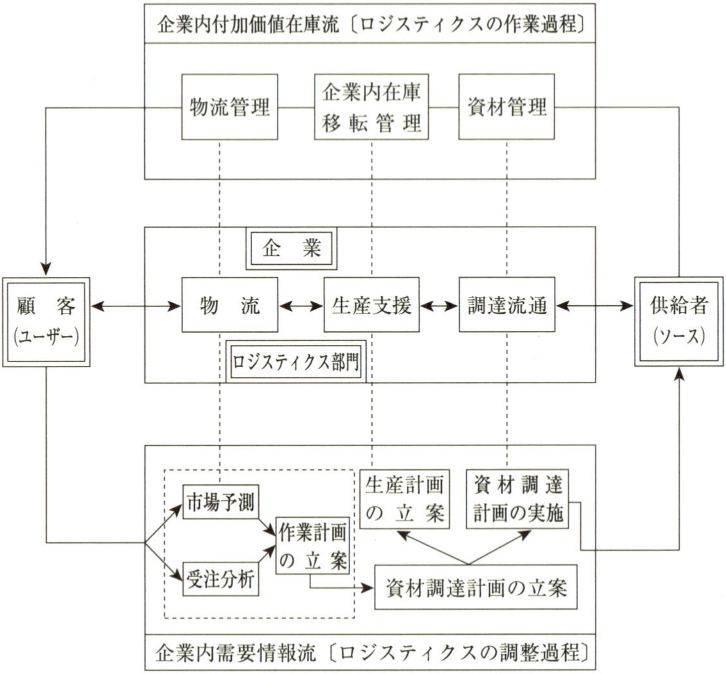

```
企業内付加価値在庫流〔ロジスティクスの作業過程〕

  物流管理 ── 企業内在庫移転管理 ── 資材管理

         企業
顧客 ── 物流 ── 生産支援 ── 調達流通 ── 供給者
(ユーザー)                              (ソース)
      ロジスティクス部門

  市場予測 ┐
          ├→ 作業計画の立案 ── 生産計画の立案 ── 資材調達計画の実施
  受注分析 ┘              └── 資材調達計画の立案 ──┘

企業内需要情報流〔ロジスティクスの調整過程〕
```

(注)　宮下國生（1994）『日本の国際物流システム』千倉書房，6ページ参照。

　ロジスティクスを企業内で一元的に展開できるようになった代表的荷主企業であるブランド企業（最終消費財を販売する企業，組み立てメーカーなど）は，そのレベルにとどまることなく，さらに進んで，自社と同レベルの物流管理能力を有する複数の取引相手先部品企業との間で，ロジスティクス・ネットワークを形成し，より高い次元からロジスティクス管理を実行しようとする。それが第4段階のSCMである。ここでは，企業間取引を通じて，バーチャルに囲い込まれた企業群が競争力の原点になる。バーチャル企業群を管理するのは，強いブランド力を持ち，最終消費者にアピールできるブランド企業（あるいはチャネルマスター）であり，彼が企業間ロジスティクス経路の統括者となる。
　このように荷主企業は，交通段階では，個別の業務ごとに発生する交通業務

に分散的に対応し,物流段階では事業部物流に主に取り組み,ロジスティクスのレベルに入ると企業内の全体物流をターゲットとし,またサプライチェーンの段階になると企業間物流の管理を目指すことになる。ロジスティクス段階以降では,荷主企業の購買（調達）・生産・販売に伴う物流の構造を一方で見据えながら,そこから得られる情報流の分析によって,企業の調達・生産・販売行動にフィードバックをかける形になる。つまり第3段階のロジスティクス以降では,物流が物流のみに関わっていた時代は終わり,購買（調達）・生産・販売に伴う物流情報を核とした物流システムの構築が重要な課題になってきた

図表1-3 荷主企業と物流業の行動の発展プロセス

行動様式 時代区分	荷主企業の意識,行動,物流担当	物流業の提供サービス	物流業のカバーする業務範囲	物流業と荷主企業の地位の比較
①交通時代 (1880～1960年代)	物流への関心は低く,交通業に対して専ら従属的に行動。明確な物流担当部署はない。	公共財としての道路・鉄道・港湾等のハードインフラサービス	物流業による荷主企業の外の個別輸送業務	交通業＞荷主企業
②物流時代 (1960～80年代)	物流に対する意識が高揚し,輸送・荷役・包装・保管・流通加工・情報の分散管理に当たる。物流は物流部長の担当。	公共財としての複合輸送等の整備された法律・制度等のソフトインフラサービス	物流業による荷主企業と接点を持つドア・ツー・ドアの事業部物流	物流業と荷主企業の支配力は対等
③ロジスティクス時代 (1980～90年代)	ロジスティクスの視座より,物流をビジネスモデルに組み込み,調達・生産・販売活動と整合性のある物流の一元管理を目指す。トップマネジメントが担当。	荷主企業からアウトソースされた物流・情報流のシステム統合への3PLサポートサービス	3PL業による荷主企業の内部に及ぶ物流,つまり企業内物流。ただし理想型は事業領域(ドメイン)単位。	ロジスティクス対応型3PL業＜荷主企業
④SCM時代 (1990年代～)	SCM。バーチャル企業間のロジスティクス・ネットワーク管理とビジネスモデル構築。トップマネジメントが担当。	荷主企業の仮想企業間ネットワーク管理への3PLサポートサービス	3PL業による荷主企業相互間に及ぶ物流,すなわち企業間物流	SCM対応型3PL業＜荷主企業

のである（図表1-3参照）[14]。

　さらに重要なことは，ここに，戦略的な視点が導入され，荷主企業が，選択と集中の中で，コアコンピタンス（技術革新等の競争優位な企業分野）に資源を集中し，その一方で，物流システムの構築やその戦略的管理に必要な複雑な管理業務を，事業領域（ドメイン）を単位として，物流業にアウトソーシングする傾向を強化したことである。それはむしろ自然で合理的な流れといえよう。物流業も荷主企業の要望に応えて，その受け皿となる新たな業態として，3PLという戦略物流業を創造した[15]。ここに3PL業は，ただ単に，荷主企業の物流業務の実行を請け負うという消極的役割にとどまることなく，荷主企業の要望に応えて，事業モデルに組み込むべき戦略物流企画を提案し，そのパートナーとなって物流業務を支援するという主体的役割を果たすことが期待されている[16]。荷主企業にとって，3PL業のサポートを得て，他社との差別化を図る物流システムを自社の事業モデルにいかに組み込むかは，製品競争以外に競争優位を確立するための重要な目標なのである。

　このように，ロジスティクスを完成しない荷主企業はSCMを展開できないという意味からも，交通・物流の発展には，技術的な断続性はなく，その連続性こそ重要である。このようにして，ハードインフラ（船舶・航空機などの輸送設備や港湾・空港などのターミナル）上に構築されたシステムインフラ（異種交通機関の一貫輸送システムである複合輸送システム等）を前提にして，個別の企業に最も適したロジスティクス・サービス契約が結ばれる段階へと到達したのである。

　その流れを言い換えれば，空間克服を主たる目的として，空間軸を主軸に機能してきた交通・物流業が，その基盤整備が進むにつれて，情報に基づいて時間軸を従来以上に重視する顧客の戦略の下で機能する新たな段階に到達した，ということである（図表1-4参照）。ここに空間軸はネットワーク空間の線的・面的拡充効果によって捉えられ，また時間軸は，時間の節約効果，つまり在庫費（空間移動時間中に発生するもの）の節約効果を表す。また時間軸に情報軸を重ねることによって，荷主企業の事業活動に伴う在庫管理による在庫費圧

図表1-4　交通・物流業の行動軸の組み立てと推移

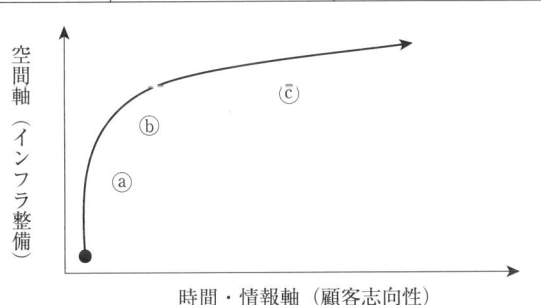

空間軸＼時間軸	時間選好度・弱（情報軸の作用無し）	時間選好度・強（情報軸の作用有り）
空間選好度・強	ⓑ交通・物流の時代	ⓒロジスティクス・SCMの時代
空間選好度・弱	ⓐ19世紀，世界海運市場構築期)	

縮と機会損失の削減を通してタイムリーな顧客戦略につなげていると見ている。

その中で，現代のロジスティクス・システム構築主体としての製造業，流通業，等の関心が，企業内にとどまらず，企業間にまで拡大されつつあり，しかもその流れが加速されているというのが，現代の重要な趨勢である，といえる。企業内ロジスティクスから，企業間ロジスティクス，つまりサプライチェーンへの展開を見ているのである。そしてそれが国内にとどまらず，国際的に，グローバルに延伸している。

4　ネットワーク経済とロジスティクス：組織の機能

以上の展開を牽引している重要な要因は，組織としての企業に現代求められている新しい役割である。現代とは何か。組織優位の時代である，というのがその答えである。この問題を考える場合，組織と対置される概念が市場であるということがポイントである。つまり現代は市場に大きな役割が求められてい

図表1-5　市場・環境と組織・企業の対応発展図

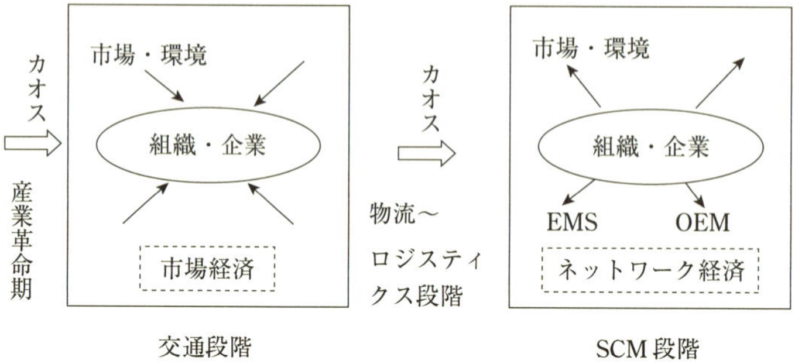

```
                                カ
   カ   市場・環境              オ   市場・環境
   オ      ↘  ↙                ス      ↖ ↗
   ス    ┌─────┐                     ┌─────┐
 産      │組織・企業│       物流〜    │組織・企業│
 業      └─────┘       ロジスティ   └─────┘
 革      ↗  ↖            クス段階   ↙EMS OEM↘
 命   ┌─────────┐                ┌──────────┐
 期   │  市場経済  │                │ネットワーク経済│
      └─────────┘                └──────────┘
        交通段階                      SCM段階
```

る時代ではなくて，混沌の中で組織が市場を新たに作りだそうとしている時代なのである。またそれはレディによれば，市場経済モデルがネットワーク経済モデルに変革している状況を指すということもできる。またそれはプッシュモデルからプルモデルへの変化を意味する[17]。

　現代は，組織の目の前に存在する市場を与件として行動する時代ではなくて，組織が市場を変革するという，組織優位の時代なのである。カオス状態の混沌たる状況にある市場に，新たな命を吹き込むのが，組織の使命である（図表1-5）。

　ロジスティクス，サプライチェーンはその流れに乗って，市場を変革し，ネットワーク経済を実現するドライバーであり，いうまでもなく組織の持つ戦略因子である。産業革命時に匹敵する構造変化が起こりつつあるこの時期に，組織がいかに対応して既存のシステムを乗り越えて，新たな企業行動モデルを構築しようとしているのか，市場の変革に遅れない，むしろそれを牽引する組織の攻勢を検討することこそ重要な課題であろう。

　現代のようにグローバルな変革が発生した時代は過去にも存在した。産業革命の時代である。帆船で活躍した商人船主マーチャントキャリアが，次第に蒸気船を運航する公共運送人コモンキャリアである独立船主に取って代わられたのは，産業革命がほぼ完成した19世紀の後半のことである。蒸気機関の発明が工場制機械工業を創出した結果，従来の家内制手工業時代を大幅に上回る供給

図表1-6　市場と組織の段階的発展：市場経済からネットワーク経済へ

市場特質＼時代	①1740～1880年代（産業革命完成段階）	②1880～1960年代（交通段階）	③1960～80年代（物流段階）	④1980～90年代（ロジスティクス段階）	⑤1990年代～（SCM段階）
環境としての市場	産業革命による市場の創出と世界海運市場の成立	帝国主義の発展と崩壊・植民地の解放・南北の対立	資本主義（市場重視）と社会主義（計画重視）	NIESの資本主義市場経済化	社会主義国の市場経済化
市場と組織の関係	市場の目覚め：組織は市場を形成する。	市場優位；組織は市場を与件とする。	組織（企業）の目覚め：環境としての市場を変えようとする。	「市場」対「組織」の対立	組織優位：アウトソーシング先としての市場とコア技術集中（注）
ネットワーク多様化とグローバル経済	空間ネットワーク	空間ネットワーク	空間・時間ネットワーク	空間・時間・情報ネットワーク	空間・時間・情報ネットワーク
	第1次グローバル時代：市場経済の確立		第2次グローバル時代：ネットワーク経済の確立		

（注）アウトソーシング先市場の発展は，EMSやOEMが支える。

超過が発生したため，荷主は専門の海運業による航路の開拓とそれを通じた世界海運市場の形成を希求したのである[18]。

世界海運業はこの期待に応え，市場としての距離空間の克服をへて，19世紀後半から末にかけて，世界海運市場の形成，つまり海運市場を通じて世界市場を形成したのである。まさに組織が混沌の中から市場を創出した事例である。

その後，ここに完成した市場の下で，1960年代半ばまでは，組織は市場を与件として動き，いわゆる市場優位の時代が到来する。一方，1960年代半ば以降，資本主義と社会主義の対立の下で，市場重視の資本主義と組織重視の社会主義が拮抗したが，1990年以降，この対立が崩れ，共通して市場を重視する時代へと転換したのである（図表1-6参照）[19]。

したがって図表1-7に見るように，現代の企業は，他とは区別された企業文化を実現するために戦略的に組織を構築する[20]。そのために必要な情報シ

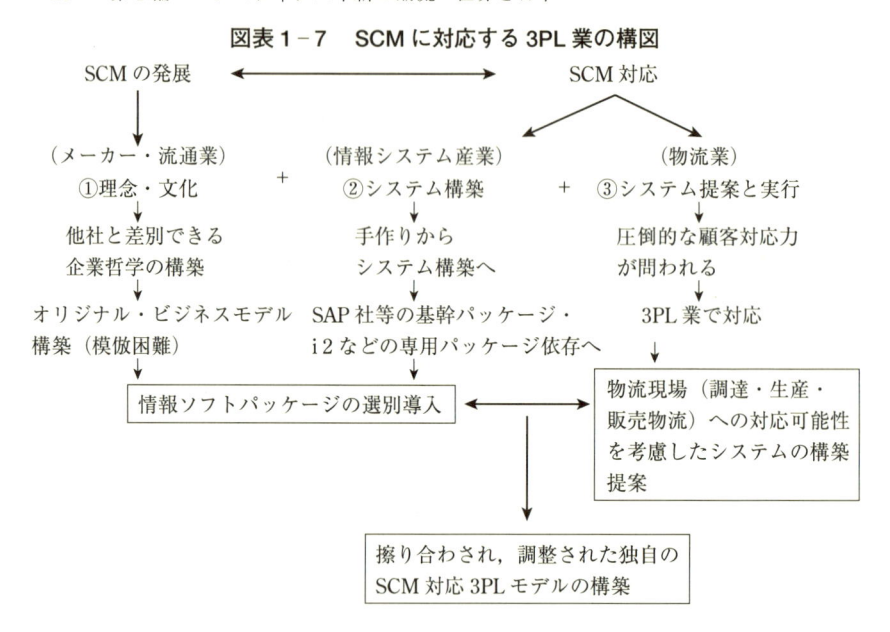

図表1-7　SCMに対応する3PL業の構図

```
        SCMの発展  ←――――――→          SCM対応
            ↓                         ↗      ↖
  (メーカー・流通業)      (情報システム産業)      (物流業)
   ①理念・文化    +    ②システム構築    +   ③システム提案と実行
       ↓                    ↓                    ↓
   他社と差別できる       手作りから           圧倒的な顧客対応力
   企業哲学の構築       システム構築へ          が問われる
       ↓                    ↓                    ↓
  オリジナル・ビジネスモデル  SAP社等の基幹パッケージ・    3PL業で対応
  構築（模倣困難）       i2などの専用パッケージ依存へ
       ↓                    ↓                    ↓
   ┌──────────────────────────────┐   ┌──────────────────┐
   │  情報ソフトパッケージの選別導入  │   │ 物流現場（調達・生産・│
   └──────────────────────────────┘   │ 販売物流）への対応可能性│
                                      │ を考慮したシステムの構築│
                                      │ 提案                │
                                      └──────────────────┘
                        ↓
          ┌──────────────────────────────┐
          │ 擦り合わされ，調整された独自の │
          │ SCM対応3PLモデルの構築        │
          └──────────────────────────────┘
```

ステムと物流システムの構築を企業内で展開できる時代は終わり，それらは情報産業と物流業に対してアウトソースされる。こう見ると，既存業務で対応できない企業間物流システムの構築作業にどのようにして魂を入れて，企業文化を新たに反映した企業組織を戦略的に構築するかが，ポイントであり，それこそまさに日本の代表的企業が苦悩しているところである[21]。

　マクロ的には確かにその通りである。しかし現代の市場は，1970年代末より進行した規制改革，グローバル化，情報化による影響を受けてまさに混沌たる状況にある。市場自体が大きく変化するとともに，それを牽引している産業の時間軸が変化しているのである。つまり，規制改革，グローバル化，情報化という市場変革要因は，組織としての企業の積極的な行動によって，特定の時間軸変化因子に変換され，市場自体の変化を導き，そこにネットワーク経済をグローバルに形成している。

　このように，規制緩和・規制改革を経て市場時代から企業時代へと移行した現代では，企業が市場を与件とせず，市場を変革・創造する時代である。その

ため企業時代においては，戦略に反映される企業トップの意思，あるいは企業哲学こそが重要である。それによって，選択と集中を通じて企業との差別化を図ることができるからである。

そのポイントは，メーカー・流通業が独力でSCMソフトを構築するとか，またSCM対応型物流システムを形成することが困難なところにある。SCMソフトの構築は，一般に，基幹統合計画（ERP；Enterprise Resource Planning）パッケージ[22]またはSCM専用パッケージ[23]と呼ばれる汎用パッケージを社内に導入した後に，それを物流の現場からの3PL業の提案を受けて特定企業仕様に修正を加えていくプロセスが重要である。

この意味では，3PL業が特定企業の物流の現場を抑えていることが重要である。ここでは3PL業は圧倒的な顧客対応力を持ち，顧客である企業の経営理念と物流の現場を整合させるシステムの構築を目指すのである。もちろんコンサルタントがこのような業務を請負うとき，彼に対してアドバイスする物流業が必要であり，そのとき実質的な3PL業はこの物流業になる。もちろん，

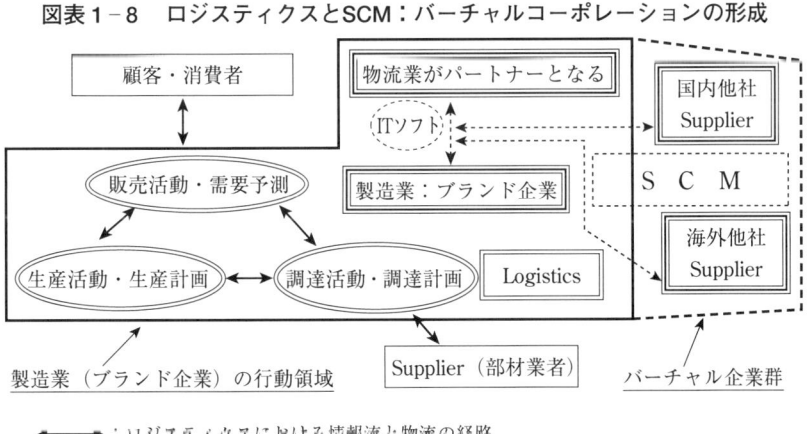

図表1-8　ロジスティクスとSCM：バーチャルコーポレーションの形成

⟷　：ロジスティクスにおける情報流と物流の経路
◯　：重要なロジスティクス活動（調達・生産・販売）
⤎--⤏　：SCMにおける取引・交渉の経路
▭　：SCMにおけるパートナー

企業内に核となるロジスティクス対応能力を保有しているケースもある。それは，一般的なロジスティクス対応のレベルでは，グループや系列の企業であったり，また高度なレベルの対応では企業内ロジスティクス部門であったりする[24]。その状況は，ロジスティクス，SCMとの関係を踏まえて，図表1-8のようにも描くことができる。

5　物流業の業態変化

図表1-8に見たように，ロジスティクスをベースにして，空間・時間・情報のネットワークによって形成された仮想企業（ヴァーチャル企業）によるサプライチェーンタイプの企業間経済を，ネットワーク経済と捉えることができる。その意味から，物流論の視座では，ネットワーク経済とは，企業間のロジスティクス・ネットワークが機能する経済のことである。ロジスティクスの高度化によるSCMへの発展が，戦略物流業としての3PL業の活動を要請してきたといえるのである。

物流の現場を2分する業態はキャリアとフォワーダーである。海運物流にも，また空運物流にも，両者の業務をグループとして実行するインテグレーターがいる。空運におけるFedEx，UPS，DHL，TNTなどのインテグレーターは，顧客のSCMを担う強力なパートナーを形成し，顧客のビジネスモデルをSCM対応面より支える3PL業として成功している例が多い。その戦略的ドメインは，図表1-9の4つのゾーンのすべてに関わっている。第1象限は主としてキャリアの輸送サービス領域，第2象限は主としてフォワーダーの輸送サービス領域，第3象限は主としてフォワーダーの3PLコントラクトビジネス領域であり，インテグレーターは，第1象限と第2象限の輸送サービスゾーンに，また第3象限と第4象限の3PLサービスゾーンのすべてに関係していると見ることができる。

海運業の歴史は，海運業が貿易業から分離して後，約140年であるのに対し，空運業は50年程度である。この間，空運業は，国際取引に関わる制度，法律，

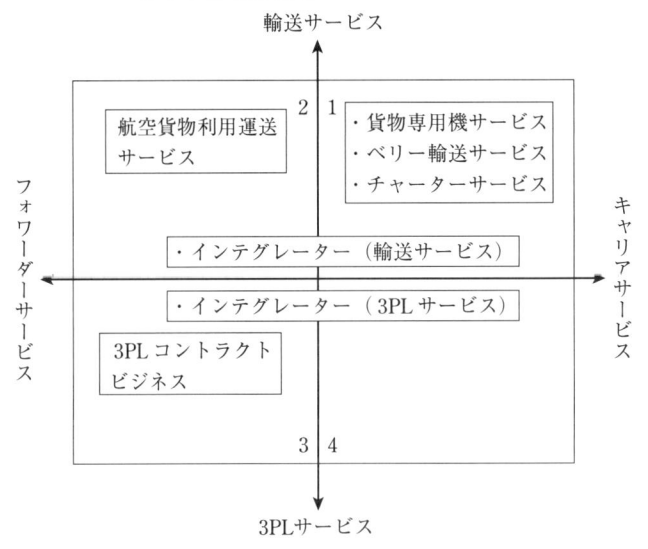

図表1-9　単純化した空運物流業（キャリアとフォワーダー）の4つの事業領域

```
                         輸送サービス
                              ↑
        ┌─────────────────────┼─────────────────────┐
        │         2           │1                    │
        │  ┌──────────────┐   │ ・貨物専用機サービス  │
        │  │航空貨物利用運送│   │ ・ベリー輸送サービス  │
        │  │サービス      │   │ ・チャーターサービス  │
        │  └──────────────┘   │                     │
 フ      │                    │                     │ キ
 ォ      │    ・インテグレーター（輸送サービス）       │ ャ
 ワ      │                    │                     │ リ
 ー ←────┼────────────────────┼─────────────────────┼──→ ア
 ダ      │    ・インテグレーター（3PLサービス）        │ サ
 ー      │  ┌──────────────┐  │                     │ ー
 サ      │  │3PLコントラクト│  │                     │ ビ
 ー      │  │ビジネス      │  │                     │ ス
 ビ      │  └──────────────┘  │                     │
 ス      │         3           │4                    │
        └─────────────────────┼─────────────────────┘
                              ↓
                         3PLサービス
```

慣習のほとんどすべてを海運業から学んできたといって過言ではない。少なくとも，物流業の時代まではそうであった。荷主である企業が，製品の競争に加えて，事業モデルの差別化によっても競争優位を構築し得ることに気がついたロジスティクス・SCMの時代になって，空運業はひとつの時代の壁を突き破り，海運業と対等の立場で競争できるようになったのである。それがインテグレーターによる3PL業として確立したのである。しかし空運では，海運とは対照的に，インテグレーターを除くキャリアは，集荷活動のほとんどをフォワーダーに依存している[25]ため，荷主企業との直接のコンタクトはフォワーダーによって握られている。そのため空運では，物流の現場にパートナーとして踏み込む3PL業としての事業活動にはキャリアはほとんど参加できず，インテグレーターとフォワーダーが支配する領域となっているのである。

一方海運物流においてはどうであろうか[26]。そこでは図表1-10のような事業領域が成立する。そこで例えば海運業がこのように荷主産業の中に食い込ん

でいって，荷主の事業モデル革新を支援するために，3PL業としての新たな業務への参入を果たしていかなければいけないのであるが，このような事業選択にどのような必然性があるのかを明らかにしておこう。図表1-10では，キャリアとフォワーダーの伝統的業務が第1象限と第3象限に対角線で対置して示されている。フォワーダーは，荷物をキャリアに運んでもらうという大荷主としての役割を果たす一方で，中小の荷主の貨物をキャリアとして集めている。一方，キャリアは大荷主の貨物を主に集めている。これがキャリアとフォワーダーにおける伝統的な業務の配置関係[27]であり，船舶を持ちながら輸送業務を行うキャリアと，船舶を持たずにフォワーダー業務を行うフォワーダーに見る分業関係である。

　ところが，複合輸送が普及するコンテナ船の時代になると，左上（第2象限）のNVOCCと呼ばれる船舶を持たない輸送業（Non-Vessel Operating Common Carrier），つまり船舶を所有せずに輸送業務を実行するという新たな業務が，フォワーダー業に追加されることになる。これによってフォワーダーはNVOCCとしてキャリアを下請けに使うまでに成長していくことになる。その結果，用意した4つの象限の中で右下の第4象限のところのみが手付かずで残ることになる。この領域の業務では，キャリアは船舶を所有しながら同時にフォワーダー業務を行うこととなるため，せっかく集荷した貨物を他社の船舶に積載するという，キャリアにとっては色々な矛盾や利害衝突が発生する可能性が大きい。そこで規制が緩和されるまでは概ね参入を回避してきた。しかし規制が緩和された1980年代になると，キャリアは，この領域の業務を，指をくわえて見逃すことはないという考えの下で，ここに新たな業務創造と業務発展の芽を見出そうとしたのである。

　第4象限から発した破線は，「荷主の事業モデルとのシステム統合」というところに向かって伸びていることから理解できるように，キャリアは，新たな物流サービスの提供を目指して，キャリア内フォワーダー，さらにはキャリアとフォワーダー業務を統合したインテグレーターとしての発展を目指すことになる。

第1章 物流の発展とロジスティクス革新　19

図表1-10　海運物流業（キャリアとフォワーダー）の戦略と事業領域

①輸送（ハードインフラ）時代
②物流（複合輸送＝ソフトインフラ；システムインフラ）時代

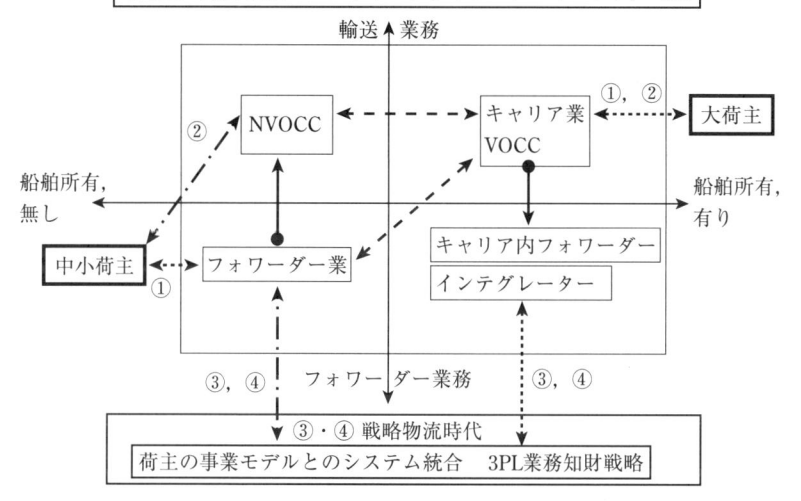

```
                    輸送▲業務
    ┌─────────────────────────────────┐
    │                                 │ ①,②
②   │  NVOCC  ←―→  キャリア業  ←――――→  大荷主
    │                VOCC             │
船舶所有,                              │  船舶所有,
無し ←┼─────────────────────────────→│  有り
    │                                 │
中小荷主 ←→ フォワーダー業   キャリア内フォワーダー
    │  ①                インテグレーター
    │                                 │
    └─────────────────────────────────┘
       ③,④  フォワーダー業務  ③,④
              ③・④ 戦略物流時代
       荷主の事業モデルとのシステム統合　3PL業務知財戦略
```

　これを受けて，図表1-11では，キャリアとフォワーダーの発展に関係する1つの大きな流れを一般的に描いている。例えばここでいう大荷主には，自社内でフォワーダー業務を営むだけの力があるので，フォワーダーを飛び越してキャリアと契約を結ぶことができる。ヨーロッパでは，このような行動は大荷主の前方統合戦略と呼ばれている。一方，フォワーダーの方は，逆に小荷主を統合して，懐に飛び込んでいくという逆統合戦略を採用する。このように，フォワード・インテグレーションとリバース・インテグレーションをベースに契約がなされ，貨物が動いているのである[28]。

　しかし，大荷主自体がフォワーダー業務を営むことができるから，この芽がロジスティクスとかSCMという荷主の新たな戦略へつながっていくことになる。一方，小荷主に対しては，フォワーダー自身が姿を変えて，いわばロジスティクス・コントラクター（フォワーダーの発展系）として3PL業へ発展していくという流れになり，フォワーダーが小荷主，さらには大荷主の物流業務を

20　第Ⅰ編　ロジスティクス革新の潮流：世界と日本

図表1-11　海運物流に見る伝統的物流戦略と3PL業誕生の関係

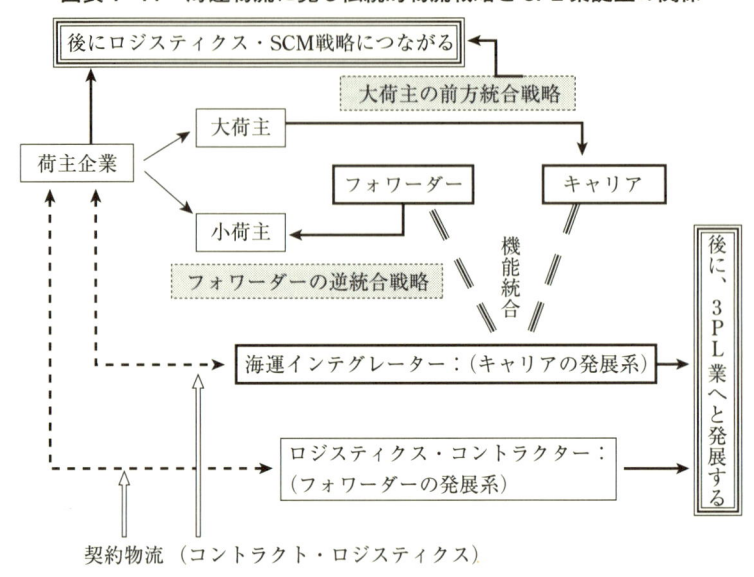

```
                  ┌─────────────────────────────┐
                  │後にロジスティクス・SCM戦略につながる│◄──┐
                  └─────────────────────────────┘    │
                         ▲                    ┌─大荷主の前方統合戦略─┐
                         │       ┌─大荷主─────────────────────┐
                  ┌──────┴──┐──┤                              ▼
                  │荷主企業  │  │         ┌フォワーダー┐   ┌キャリア┐
                  └──────┬──┘──└─小荷主──│          │   │        │
                         ▲                └──────────┘   └────────┘
                         │      ┌フォワーダーの逆統合戦略┐  機能統合
                         │      └──────────────────────┘
                         │                                    ┌──────┐
                         │       ┌海運インテグレーター：───────┐ │後に、│
                         │◄──────│(キャリアの発展系)           │─▶│3PL業│
                         │       └─────────────────────────────┘ │へと  │
                         │                                      │発展 │
                         │       ┌ロジスティクス・コントラクター：┐─▶│する │
                         │       │(フォワーダーの発展系)          │  └──────┘
                         │       └─────────────────────────────┘
                         │
                    契約物流（コントラクト・ロジスティクス）
```

も引き受けることになっていくのである。結局，残されたキャリアは，フォワーダー機能を統合して，海運のインテグレーター（キャリアの発展系）として3PL業を発展させなければ，自らの革新を果たすことができなくなったのである。つまり，キャリアにしても，またフォワーダーにしても，契約物流（コントラクト・ロジスティクス）のコンセプトを理解し，自らの業務に取り込むことが，今後の物流の発展の流れに乗り切れるか否かの重要な鍵を握っている。

　図表1-12は以上の説明を総括したものであり，ここではさらに3PL業務を全部統合するような形の4PL業と呼ばれる新たな業種が誕生し，現に機能していることを示している[29]。これに関して中国における4PL業の実態についてヒヤリング調査を実施している[30]。また，Maersk Logistics, NYK Logistics, APL Logistics, Kühne & Nagel, DHL Logistics等がすでに4PL業の段階にあるというケーススタディもある[31]。それによれば，Maersk Logisticsは自己の運搬具と倉庫を経営するアセットベースのプロバイダーとして発足したものであるが，現在では荷主企業である顧客に代わってSCMサ

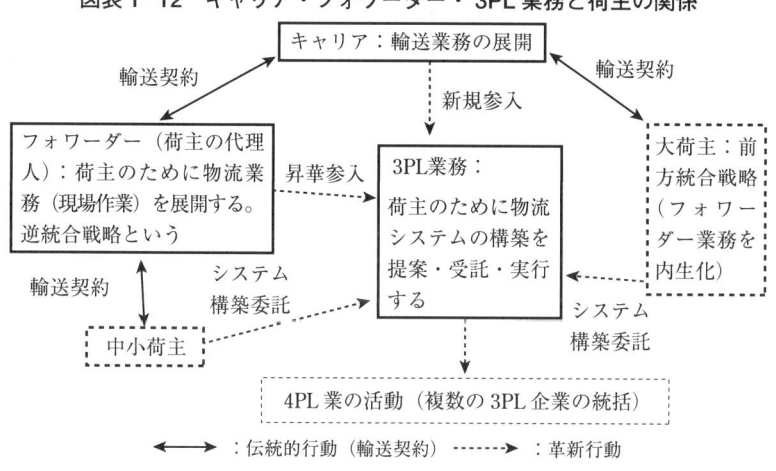

第1章 物流の発展とロジスティクス革新　21

図表1-12　キャリア・フォワーダー・3PL業務と荷主の関係

```
                   ┌─────────────────────┐
          輸送契約  │キャリア：輸送業務の展開│  輸送契約
        ┌─────────→│                      │←─────────┐
        │          └──────────┬───────────┘          │
        │                新規参入↓                    │
┌───────┴──────────┐      ┌──────────┐      ┌───────┴──────┐
│フォワーダー（荷主の代理│ 昇華参入│3PL業務：  │      │大荷主：前    │
│人）：荷主のために物流業│────→│荷主のために物│      │方統合戦略    │
│務（現場作業）を展開する│      │流システムの構│←─────│（フォワー    │
│。逆統合戦略という      │      │築を提案・受託│      │ダー業務を    │
│                        │      │・実行する    │      │内生化）      │
└───────┬──────────┘      └──────┬───┘      └──────────────┘
   輸送契約↑         システム ↘    ↑  ↖ システム
           │         構築委託      │      構築委託
      ┌────┴─────┐                 │
      │中小荷主  │─────────────────┘
      └──────────┘                 ↓
                         ┌────────────────────────────────┐
                         │4PL業の活動（複数の3PL企業の統括）│
                         └────────────────────────────────┘

    ←──→ ：伝統的行動（輸送契約）   ┄┄┄▶ ：革新行動
```

ービスを組織しており，このサービスと情報管理技術によって同社は最先端の競争力を持った4PL業として，IBMのようなコンサルタント・ベースの企業と競争可能なレベルに到達している。ロジスティクス市場はなお分散した市場ではあるが，次第に統合化が図られている。そこでのプレーヤーの多様な業種のニッチから参入した企業も多く，その出身業態は海運業，インテグレーター，フォワーダー業，倉庫業などが4PL業の領域に参入しているのである。その一方で，情報・コンサルタント企業がSCMサービスを拡大する一方で，UPS，ドイツ郵便，Kühne & Nagelなどがますますワンストップ・ショッピングのコンセプトを持つソリューションを用意して4PLビジネスに対応しようとしているのである。

　このように，より情報・コンサルタント志向を強める4PL業は，荷主企業がSCMを4PL業にアウトソースするための新しいコンセプトを含むものであり，その成長は著しいと見られている。それは，荷主企業が3PL業からの具体的提案をコンサルタントに吟味させた結果，3PL業のサービスや利潤増加への貢献に問題があると見るようになったからだといわれている。イギリスの事例では，3PL業へのアウトソーシング成果の評価率は，2001年に前年の82

22 　第Ⅰ編　ロジスティクス革新の潮流：世界と日本

％から54％へと減少した。その理由は3PL業プロバイダーが荷主企業への提案を顧客向けに設計できず，コンサルタント力や知識力に欠けているために，全体のサプライチェーンを十分にコントロールできなかったことにあったと見られている[32]。

6　業種別物流優位性決定因とアームズレングス取引

　日本経済もまた，このようなネットワーク経済を支える荷主企業と物流企業の間の関係を支える業態構造の変化の影響を受けて，マクロ的に革新され，次代の発展サイクルに乗っていると思われる。日本経済を輸出面から牽引する中心的なミクロの担い手は自動車産業と家電産業である。それに繊維産業を加えた3業種につき，1986～96年におけるアジアから北米に向けたコンテナ海運物流の決定因に関する実証分析に基づいて，物流仕出国であるアジアの7～9カ国における物流優位性要因を，物流トータルコストの単独優位型か，ロジスティクス・ネットワークの単独優位型か，その両者の選択型か，あるいは両者の併用型か，というように4つのタイプに分ければ，図表1-13のような結果が得られている[33]。

　ここで「ロジスティクス・ネットワーク主導型産業」とは，物流仕出国（商品輸出国）における直接投資受入額が輸出物流量を決定する産業のことである。つまり直接投資受入額は，関係する業種の産業クラスターの広がりを決めるか

図表1-13　対米アジア物流における業種別物流優位要因

物流優位性決定因の作用の型	代表的業種例
1．物流トータルコスト要因単独型	な　し
2．ロジスティクス・ネットワーク要因単独型	家　電
3．物流トータルコストとロジスティクス・ネットワークの両要因併用型	繊　維
4．物流トータルコストとロジスティクス・ネットワークの両要因選択型	自動車

ら，直接投資受入額が増えた地域ではロジスティクス・ネットワーク[34]が優位に機能するであろうと見ているのである。その結果，この産業は，とりわけ調達に関して継続的サプライヤーとのネットワーク関係を国内的にも国際的にも確立することによって競争優位に立つであろう。この種の産業は，生産拠点において，川上から川下までの調達・生産・販売を自ら垂直的に統合するか，あるいはアームズレングス取引に基づくサプライチェーンを構築するか，のいずれかの行動を展開するであろう。

　一般的には選択と集中の下で，コアとなる基幹部品は自社で製造し，それ以外の部品は，他社からアームズレングス取引によって購入するケースが多いであろう。その場合でも，その取引はスポット型のアームズレングス取引ではなくて，継続的なサプライチェーン型のアームズレングス取引であろう。もちろんこのような垂直統合取引によって，革新的な製品を生産する一方において，製品差別化政策に基づいて，品揃えのために，同時にOEMなどによって他社から標準化品や成熟製品を調達し，水平分業を展開する企業も多いのである。

　これに対し，「物流トータルコスト主導型産業」とは，物流トータルコスト（輸送費用，輸送関連コスト，在庫費用の合計）のレベルに応じて，生産拠点を選択する産業である。ここでは立地費用の中に物流トータルコストが含まれると考えている。

　現代の国際貿易では，わが国の総合商社の取引を除けば，産業内貿易が主流であり，その中で，多国籍企業に見られるように，現実には，垂直統合生産と水平分業は同時に進行している。もっとも垂直的生産と水平分業は，かつては企業内で完全に統合されるのが主流であった。しかしSCMが進展するに従い，全く他人同士（アームズレングス）の企業間関係に基づいたバーチャルな垂直的統合とそれに基づく水平分業が展開されていると見られる（図表1-14参照）[35]。

　このように現代の国際貿易の主流は，産業内貿易がアームズレングス貿易の形態を取り，かつそれがSCMの態様を取っているところにある。従来の企業内やスポット型アームズレングス貿易にとどまるロジスティクスが発展限界を

図表1-14　国際貿易の進展

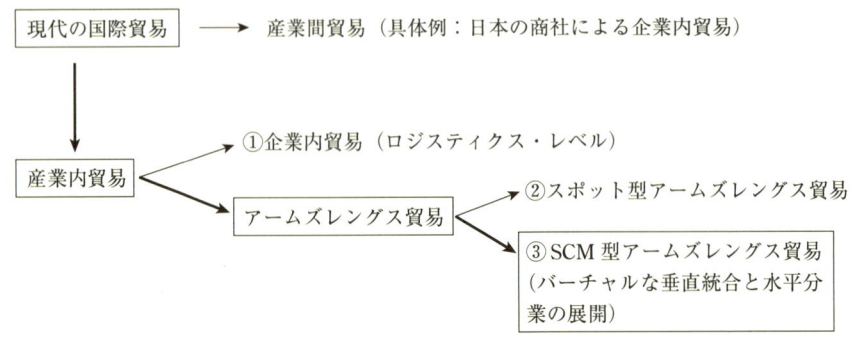

現代の国際貿易 ——→ 産業間貿易（具体例：日本の商社による企業内貿易）

現代の国際貿易 ↓

産業内貿易 →①企業内貿易（ロジスティクス・レベル）

→アームズレングス貿易 →②スポット型アームズレングス貿易

→③SCM型アームズレングス貿易（バーチャルな垂直統合と水平分業の展開）

（注）太い矢印と矩形による囲い込みは，現代の潮流を示す。

持つのに対して，SCM型アームズレングス貿易では，バーチャルな垂直統合生産と水平分業を支えるロジスティクス・ネットワーク機能が優位に作用するため，なお発展可能性を持っていると見られる。

以上の前提の下で，先に掲げた3つの業種の産業立地について，図表1-13の示すところは，以下の4点である。

・物流トータルコストの優位性のみを追求する業種はない。
・ロジスティクス・ネットワークと物流トータルコストの優位性を選択する産業の代表は自動車である。
・両要因をともに重視する産業は，繊維業である。
・ロジスティクス・ネットワークのみに依存する産業は家電業である。

したがってわが国のように国内物流コスト，とりわけ，港湾と空港の利用料が国際的に比較劣位にあるところでは，一般的に繊維産業を育てることは困難であることが分かる。さらに繊維産業は，国際的に広範に分散した，独特の調達のための物流ネットワークをも同時に必要とする。そのためわが国の繊維産業は両要因の優位性を利用できる香港を国際的物流拠点に伝統的に選択してきた[36]。その後，拠点は中国内陸部に移るとともに，ユニクロなどの垂直統合型製造小売業の展開[37]が注目される。繊維業にとっての現在の課題は中国からの拠点移動にどう対応するかである。

一方,物流トータルコストが高いにもかかわらず,わが国で自動車産業が発達しているのは,系列関係,看板方式,カイゼン,等の独自の経営哲学をレベルアップして,企業間で構築されたロジスティクス・ネットワークを,SCMの中で結合し得る環境が整っているからである。もちろんこのようなネットワークが整わない国・地域において自動車の海外生産に踏み出すには,中国の例に見るように,当初は臨海部の経済開発区や経済特区における物流トータルコストの優位性の方に専ら依存する傾向が強く出る。つまり当初は部品の現地調達よりはノックダウンによる現地での組み立てが優先される。自動車が両要因の選択型産業と位置づけられているのはそのためである。その意味では,先進国で展開される自動車産業はロジスティクス・ネットワークの優位性で支えられているのである。

また家電産業においては,ロジスティクス時代,SCM時代に強いロジスティクス・ネットワークが確保されることが,競争優位の構造を作ることとなる。トータルコストを超えるネットワークの優位性は,とりわけ家電の調達ネットワークの地域的拡大を生み,そこに範囲の経済性(水平分業による製品差別化の促進)を与えることになる。例えばその代表例として,中国とASEAN地域との間に構築されつつある家電部品の調達ネットワーク[38]をあげることができる。

このようにこれらの代表的な3つの産業の競争優位性に共通して関わっている要因は,物流トータルコストではなくてロジスティクス・ネットワークの方である。そのため物流コストの高い日本においても,集積の経済が存在する地域に主要産業が集中し,国内外とのロジスティクス・ネットワークを築いている。それは一般に首都圏,近畿圏,東海圏の3大経済圏に見られる現象であるとしても,上で見た産業固有のロジスティクス・ネットワークを重視する姿勢は,北海道や九州における自動車産業や半導体産業の工場立地を促進しているのである。例えば擦り合わせが必要な自動車産業[39]の立地は,家電産業よりは困難ではあるとしても,ロジスティクス・ネットワークが維持されておれば,日本のどの地域においても発展可能であるということを認識する必要があ

る⁽⁴⁰⁾。これは図表1-13で捉えたアジア地域での主要産業の行動をサポートするものである。

7　荷主企業のロジスティクス活動の構成と決定経路

本書では，日本経済のロジスティクス革新力がいかに機能しているのか，またそれが日本経済の構造をどのように革新的に牽引しているのかを，明らかにしようとしている。そのためには，日本の荷主企業のロジスティクス活動の構成と決定経路はどのように捉えられるのかを明らかにしておく必要がある⁽⁴¹⁾。

前節までの検討を踏まえれば，その概要を図表1-15のように示すことがで

図表1-15　荷主企業のロジスティクス活動の構成と決定経路

〔特定国への進出決定とロジスティクス〕　〔進出相手国でのロジスティクス活動の展開〕

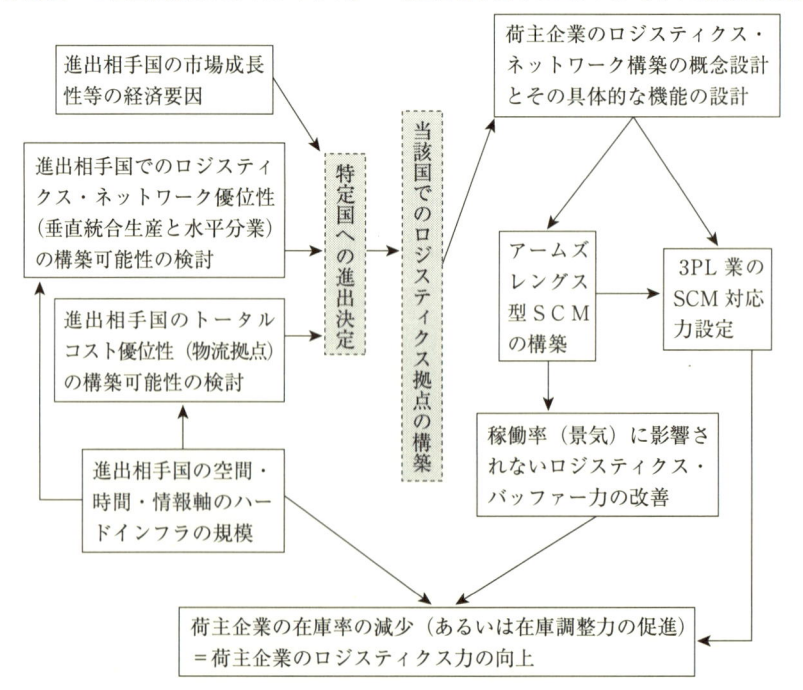

```
進出相手国の市場成長         荷主企業のロジスティクス・
性等の経済要因               ネットワーク構築の概念設計
                            とその具体的な機能の設計

進出相手国でのロジスティ     特    当
クス・ネットワーク優位性     定    該
（垂直統合生産と水平分業）   国    国
の構築可能性の検討           へ    で      アームズ      3PL業の
                            の    の      レングス      SCM対応
                            進    ロ      型SCM        力設定
進出相手国のトータル         出    ジ      の構築
コスト優位性（物流拠点）     決    ス
の構築可能性の検討           定    テ
                                  ィ
                                  ク      稼働率（景気）に影響さ
進出相手国の空間・                 ス      れないロジスティクス・
時間・情報軸のハー                 拠      バッファー力の改善
ドインフラの規模                   点
                                  の
                                  構
                                  築

           荷主企業の在庫率の減少（あるいは在庫調整力の促進）
           ＝荷主企業のロジスティクス力の向上
```

きる。これは荷主企業の特定国への進出決定とロジスティクスとの関係に関わる部分とこの企業が進出国内において展開するロジスティクス活動部分の2面より構成され、その成果が、荷主企業の適正在庫率となって実現される。つまり荷主企業は、例えば経済の構造変動や景気変動にもかかわらず、在庫率が常に減少を続け、理想的には在庫率の稼働率弾力性がゼロに近似することを目標にして行動するであろう。

7-1　荷主企業の特定国への進出決定とロジスティクス

図表1-15に示すように、荷主企業が海外に進出するかどうかを検討する場合、特定の進出相手国の市場の成長等の経済的要因をどのように評価するかが最も重要である。進出相手国の対外経済規制を含む経済環境の展望はあらゆる進出企業の注視の的であることはいうまでもない[42]。

これと並んで、さらに荷主企業は進出相手国のロジスティクスのハードインフラの規模に基づく物流トータルコストの水準とネットワーク構築の可能性を考慮するであろう。その際、グローバルに業務を展開する荷主企業は、本国あるいはそのヘッドクォーター立地国とのグローバルなネットワークとの関係を断ち切って行動することはない。したがって進出相手国のロジスティクス・ネットワークが量的・質的にどのようなレベルにあり、またどのような優位性を持っているのかは、本国あるいはそのヘッドクォーター立地国と進出相手国の間で構築されるグローバルなロジスティクス・ネットワークの姿にも反映されるものである。このようにして、特定の進出相手国のロジスティクス・レベルとその国と結ぶ国際間あるいはグローバルなロジスティクス・レベルが整合的に機能することこそが、グローバル経済におけるロジスティクス・ネットワーク構築の要諦である。

このような内外整合の視角は、物流トータルコストについても同様に妥当するであろう。特定の進出国におけるトータルコストレベルもまた、この進出国と貿易相手国との間のグローバルなトータルコストレベルに反映される。

その結果、最も劣位の要因が全体の競争力を決定し、その姿が本国あるいは

そのヘッドクォーター立地国との間のネットワーク部分に反映される[43]。このように進出国でのロジスティクス・ネットワーク優位性と物流トータルコスト優位性は、グローバルな要因とその国特有の空間・時間・情報のハードインフラの規模によって規定されるのである。

7-2 進出相手国でのロジスティクス活動の設計と展開

このようにして、荷主企業が、特定国への進出決定とロジスティクスの関係を検討して、実際にその国への進出が当該企業のグローバル競争優位を促進する上で妥当であると判断した場合には、彼は、次のステップとして進出国内で具体的な業務を展開するための準備作業を展開する。図表1-15の右半分に示すように、進出相手国でのロジスティクス活動は、まずロジスティクス・ネットワークの概念設計とこのネットワークに具体的にどのような機能を与えるかの機能設計に向けられる。次いでアームズレングス型SCMシステムを具体的かつ詳細に設計し、これらの設計図に基づいて、具体的なロジスティクス活動を展開するのである。

具体的なロジスティクス活動は、
① アームズレングス型SCMの構築による、稼働率に影響されないロジスティクス・バッファー力の改善
② パートナーである3PL業のSCM対応決定[44]
③ 進出国の空間・時間・情報軸のハードインフラの規模[45]

によって展開される[46]。

荷主企業がこれら一連のロジスティクス活動の展開に成功するならば、在庫率を従来よりも低下させることが可能になり、ロジスティクス力[47]は総合的に向上するのである。このようにして、荷主企業のロジスティクス力は、直接的には、自社設備の稼働率、3PL業等の先端物流業のSCM対応力[48]、および運輸・通信業の資本ストックの3要因が自社の在庫率に対してどのような影響を与えているかを測定することによって把握される。

この進出相手国でのロジスティクス活動の設計と展開部分は、例えば進出相

手国を日本であると特定すれば，日本の荷主企業のみならずそれを束ねた荷主産業，さらには日本経済のロジスティクス力を推定するために応用することができる。

以上が図表1-15の骨子である。ここで示した荷主企業のロジスティクス活動の構成と決定経路の仕組みが，以後の各章において検討される。この仕組みでは，荷主企業のSCMシステムの設計プロセスを考察しているのみならず，その構築されたシステムをロジスティクス力の視点から評価しようとしている。その際，同図では，決定の分岐点となる「特定国への進出決定」と「当該国でのロジスティクス拠点の構築」を，点線の四角形でそれぞれ囲んで区別している。

（1）3PL業の起源は，ヨーロッパ物流において発展した契約物流の業務を遂行するロジスティクス・コントラクターである（Mckinnon, A. C. (1989) *Physical Distribution System*, Routledge, pp. 215-216 and 262-263.）。このようなヨーロッパにおけるコントラクト物流業が，アメリカで3PL業と呼ばれて浸透し，普及した。わが国では，1997年にはじめて策定された「総合物流施策大綱」において3PL業の機能が注目されたのを契機にこの事業への関心が高まったのである。総合物流施策大綱は，その後，2001年，2005年，2009年と4年ごとに新たな目標を設定して策定，更新されている。
（2）Miyashita, K. (2006) International Advanced Logistics Perspective in the Global Economy, *Journal of Business Administration Osaka Sangyo University*, Vol. 6, No. 1, p. 60, Fig. 4参照。
（3）例えば，OECD (1996) *Integrated Advanced Logistics for Freight Transport, Report Prepared by OECD Scientific Expert Group*, p. 43では②と③の第2および第3段階をロジスティクス時代に統合している。ロジスティクスのその後の発展が複合輸送制度によって支えられていることは多いものの，本書では，その制度的確立期を物流時代として区分する。なお 複合輸送のアジア地域における現行発展トレンドについては，以下を参照。Asian Task Force in OECD RTR Outreach Activity-Asian Logistics Project (2003) *Logistics Developments Supported by ICT & ITS in the Asia-Pacific Region*, Institute of Highway Economics (Japan), pp. 137-142. 根本敏則（2003）「アジアにおけるインターモーダル輸送の確立に向けて」『海運経済研究』37号，12-20ページ。ESCAP (2006) *Integrated International Transport and Logistics System for North-East Asia*, United Nations, pp. 3-94.
（4）宮下國生（1988）『海運』〔現代交通経済学叢書〕第6巻，晃洋書房，17-31ページ。

一方空運においては，1986年には，45.47体制の見直しによる国際線複数社制による規制緩和も開始し，また1998年の日米航空協定の改定による供給増を背景に漸次的な自由化に向けた体制は実質的には整いつつあると見られてはいるけれども，1990年以降に世界の空の自由化を目指す米国のオープンスカイ協定にフォローするには至っていない。それはとりわけ首都圏の航空容量に制限があるためでもあるが，その意味で，日本における物流の規制緩和では，国際海運物流の方がはるかに先行しているのである。航空政策の展開については，以下の文献参照のこと。中条　潮（1996）『航空新時代』筑摩書房。髙橋　望（1999）『米国航空規制緩和をめぐる諸議論の展開』白桃書房。山内弘隆（2000）『航空運賃の攻防』NTT出版。遠藤伸明（2005）「国際航空レジームの進化と発展―国際航空分野の規制緩和と国内政策調整への欧米・日本の取り組み」『運輸と経済』65巻4号，58-66ページ。村上英樹・加藤一誠・高橋　望・榊原胖夫編著（2006）『航空の経済学』75-121ページ。塩見英治（2006）『米国航空政策の研究―規制政策と規制緩和の展開―』文眞堂，155-215，291-314ページ。

（5）　とりわけ日本郵船がNYKロジスティクスジャパンを設立し，衣料品，食品，雑貨を中心に，バイヤーズ・コンソリデーションやクロスドック方式を導入して，輸入貨物の国内物流に対して荷主より海外輸送を一括受託する高度なロジスティクス・サービス業に参入したのは2004年のことである。日本海運集会所編集・発行（2004）『入門「海運・物流講座」』193-205ページ，および『日本経済新聞』2004年7月19日，2005年1月15日，各朝刊参照。

（6）　例えば，国土交通省（2006）『国土交通白書』168-169ページ。

（7）　例えば，松下電器産業株式会社（現，パナソニック株式会社）は，2007年4月より，懸案であった国内および国外のロジスティクス機能を本社機能に統合する体制を構築した。松下電器産業株式会社（2007）「2007年度経営人事情報」，『松下電器産業プレスレリース』7月1日。また海外における実践例については，松下電器（中国）有限公司においては，中国の調達・販売行動が，本社副社長の下で，リアルタイムで統括管理されている実情を確認できた（2007年10月31日，松下電器（中国）有限公司沼田克司物流統括部部長，高橋宏之商品控制部部長および松下電器物流（上海）有限公司寺岡宏展董事総経理よりのヒヤリング）。

（8）　そのため，グローバルな視座よりのロジスティクス，サプライチェーンへの接近が最近の研究の潮流になりつつある。Gourdin, K. N. (2006) *Global Logistics Management*, A Comparative Advantage for the 21st Century, second ed., Blackwell, pp. 10-17. Cook, T. A. (2007) *Global Sourcing Logistics*, AMACOM, pp. 1-134. Mentzer, J. T., P. Stank and M. B. Myers (2007) Why Global Supply Chain Management?, in Mentzer, J. T., Myers, M. B. and T. P. Stank, eds., *Handbook of Global Supply Chain Management*, Sage Pub., pp. 1-16.

（9）　日米間のロジスティクス展開に見られる時間差については，第2章において取り上げる。

第1章 物流の発展とロジスティクス革新　31

(10) 長期に向けたインフラの整備の下においてこそ,物流の戦略性が高まることを示唆する事例として,例えば,成田空港の滑走路暫定並行使用開始前までの1995～2001年における成田・関空貨物取扱比率の成田・関空発着量比率弾力性が2.419の値で安定的に推移していたのに対し,このメカニズムが,2002年の成田空港の暫定滑走路使用による規模増加にもかかわらず,同年には継続せず,逆に両空港の取扱比率は当初の期待とは逆に低下したことをあげることができる。これは規模増加が期待値を大幅に下回ったからである(下記の推定結果参照)。

log(成田・関空国際貨物取扱比率)
　＝－0.6929＋(2.419－0.852×2002年ダミー変数)×log(成田・関空国際線発着量比率)
　　　(5.71)＊＊＊(－4.47)＊＊＊

R2B(自由度修正済決定係数)＝0.815,SE(標準誤差)＝0.113,DW(ダービン・ワトソン統計量＝1.49,N(サンプル数)＝8。推定期間＝1995－2002年。
＊＊＊：係数のt値が1％以内で有意であることを示す。
貨物取扱量及び発着量：国土交通省航空局(各年版)『航空輸送統計年報』による。

(11) バワーソックスらによって区別されたロジスティクスの作業過程および調整過程は,また彼らによって企業内付加価値在庫流と企業内需要情報流とも呼ばれる。Bowersox, D. J. (1978) *Logistical Management*, second ed., Macmillan, p. 14 (Fig. 8). Bowersox, D. J., D. J. Closs and O. K. Helflich (1986) *Logistical Management : A System Integration of Physical Distribution, Manufacturing Support, and Material Procurement*, Macmillan, pp. 15 -20 and 46-47. Bowersox, D. J. and D. J. Closs (1996) *Logistical Management Integrated Supply Chain Process*, McGraw-Hill, pp. 100-101, Fig. 4-7. Bowersox, D. J., D. J. Closs and B. C. Cooper (2007) *Supply Chain Logistics Management*, 2nd and international ed., McGraw-Hill, pp. 30-33. また需要予測における部門間の協働とパフォーマンスの関係を検証した優れた研究に,中野幹久(2010)『サプライチェーン・プロセスの運営と変革―部門間の調整とパフォーマンスの関係―』白桃書房がある。部門間協働と企業間協働の関係については,同書,47-52ページ参照のこと。

(12) POSを含む受発注システムの変化については,苦瀬博仁(1999)『付加価値創造のロジスティクス』税務経理協会,77-88ページを参照のこと。

(13) JITの空間的意義については,野尻亘(2005)『日本の物流―流通近代化と空間構造―』古今書院,195-208ページを参照のこと。

(14) また最近わが国のマーケティング・流通の領域では,サプライチェーンに対してディマンドチェーンが唱えられている(例えば,小川進(2000)『ディマンドチェーン経営：流通業の新ビジネスモデル』日本経済新聞社。田村正紀(2004)『先端流通産業―日本と世界―』千倉書房。宮下真一(2007)「需給チェーン・システムの事例分析」『経済と経営』37巻2号,59-80ページ)。これに対しては,ここでいうサプライチェーンは,ロジスティクスではその作業過程を,またディマンドチェーンはその調整過程を指して

(15) 日本における3PLビジネスの現況については，武城正長，國領英雄（2005）『現代物流―理論と実際―』晃洋書房，179-187ページ，森 隆行（2007）『現代物流の基礎』同文舘出版，146-156ページ，また欧米の3PL業とわが国の事例を含む包括的研究に，齊藤 実編著（2005）『3PLビジネスとロジスティクス戦略』白桃書房がある。
(16) 3PL業がこの本来の業務を十分に果たせなくなったとき，4PL業という新たな業態が誕生する。これについては，本章5節ならびに図表1-12を参照のこと。
(17) Reddy, M. and S. Reddy（2001）*Supply Chains to Virtual Integration*, McGraw-Hill, pp. 5-6, 16-17, 93 and 131.
(18) Sanmann, H.（1965）*Seeverkehrsmärkte*, Vandenhoeck & Ruprecht, S. 318-395.
(19) 図表1-6は，宮下國生（2004）「グローバリゼーションと物流の対応―WTO体制の意味するもの―」『海事産業研究所報』451号，2004年1月，8-9ページ。
(20) 図表1-7は，宮下國生（2004）「企業戦略と物流の競争優位」『Captain』361号，48ページの図表5を修正したものである。
(21) トヨタでは伝統的にそれは，「カンバン」，「カイゼン」，「自働化」などの思想に支えられたトヨタ生産方式である（例えば，大野耐一（2001）『新装版 大野耐一の現場経営』日本能率協会マネジメントセンター，92-96，113-119，179-188ページ）。また2003年1月に，松下電器産業（現，パナソニック）では，事業部制の解体とその14のドメイン（事業領域）への集約が図られた。半導体を除く13のドメインは，それぞれ3～5のドメインが集まって3分野を形成している（白水和憲（2004）『松下電器，中国大陸新潮流に挑む』水曜社，218-221ページ）。これは既存事業のドメインへの集合によって独立分散していた事業に横串を挿し，ロジスティクス展開が容易な組織へと改革したものであり，同年8月には，モータ・ドメインのミネベアとの統合によって，同社の事業別改革が始動した（ミネベア株式会社・松下電器株式会社（2003）「ミネベア・松下電器情報モータ四商品事業を統合―2004年4月を目処に新会社設立―」『取引所公開リリースIR情報』8月27日）。
(22) SAP社などによって提供される人事・会計・顧客・SCMシステムの統合モデル。
(23) i2 Technology社，Manugistics社などがその代表的ソフト提供企業である。
(24) 例えば，トヨタ自動車で一般レベルのロジスティクス業務を担当するのはグループの豊田自動織機や豊田通商であり，高度のレベルはトヨタ自動車本体のグローバルサプライチェーンに関わる調達部，生産管理部，物流企画部等のロジスティクス部門である。
(25) 2008年の日米間コンテナ輸出貨物輸送データを用いると，海運におけるキャリアとフォワーダーの積取比率は68：32である（コンテナ船輸出データ：PIERS Global Intelligence Solutions（1982）*Port Import Export Reporting Service*. フォワーダー取扱貨物量データ：日本インターナショナルフレイトフォワーダーズ協会（2008）『国際複合輸送取扱実績』）。一方，2007年の空運における日本の輸出・輸入航空貨物を合計して，キャリア対フォワーダーの積取比率を求めると，21：79である（国土交通省航空局

(2008)『航空貨物取扱量の推移』；航空貨物運送協会 (2008)『国際航空貨物実績集計表』)。航空フォワーダーについては，芦田 誠 (2006)『交通と物流』中央経済社，180-185ページを参照のこと。
(26) ここでいう海運物流は，コンテナ船物流（製品・半製品貨物の物流）であり，バルクキャリアやタンカーの物流（撒荷や石油に関する原料物流）を含まない。海運物流の企業間取引関係についての両物流の比較については，後掲の第7章を参照のこと。
(27) 例えば，トヨタ自動車は，日本郵船，川崎汽船と，また日産自動車は，商船三井と輸送契約を結んでいる。家電業のケースでは，大手のアライアンスキャリアと分散して輸送契約を結ぶのが一般的である。キャノンのようにフォワーダーである日通を選択するケースもあるけれども，これは例外である。
(28) Mckinnon, A. C. (1989) *Physical Distribution System*, Routledge, pp. 215-216 and 262-263.
(29) Kutlu, S. (2007) *Fourth Party Logistics : The Future of Supply Chain Outsourcing?* Best Global Pub.
(30) 天津トヨタは2007年10月1日に，中国におけるトヨタ子会社のロジスティクス管理を行う合弁企業 Tong Fang Global Logistics Co., Ltd. (TFGL) を天津経済開発特区に設立した。同社はすでに2006年7月にトヨタとFAW Group Corporation および Guangzhou Automobile Group Co., Ltd. と合弁で設立した企業を発展させたものであり，中国におけるトヨタの3PL子会社のロジスティクスを統合管理する4PL企業である中国・天津における振華物流集団（Zhenhua Logistics Group Co., Ltd.）総裁事務部経理・席牢氏および総裁助理・黄力求氏に対する現地ヒヤリング調査（2008年9月23日）による。
(31) Greve, M., H. W. Hansen and H. Schaunburg-Muller (2007) *Container Shipping and Economic Development : A Case Study of A. P. Moller-Maersk in South East Asia*, Copenhagen Business School, pp. 24-26.
(32) Kutlu, S. (2007) *Fourth Party Logistics*, pp. 30-33. 4PL業に至るまでの物流業における業態の革新は，流通業と比較すれば，より長いスパンを経て緩慢に変化しているように見える。しかしそれは時代を確実に築く革新の流れである。流通業における業態変化については，田村正紀（2008）『業態の盛衰』千倉書房，を参照のこと。
(33) 宮下國生（2002）『日本物流業のグローバル競争』119-130ページ，とりわけ，図表4-17，129ページ参照。ここで自動車の輸出国は韓国，台湾，タイ，フィリピン，マレーシア，中国の7カ国，一方家電と繊維の輸出国は，これら6カ国にシンガポールと香港を加えた9カ国である。
(34) ロジスティクス・ネットワークは，国際的企業間連携を可能とする，国際下請け契約，国際ライセンス契約，国際的M＆A，国際的合弁などによっても，程度の差こそあれ可能である。宮下國生（2002）『日本物流業のグローバル競争』6-14ページ。OECD (1992) *Globalization of Industrial Activities*, pp. 11-12.

(35)　宮下國生（2004）「港湾を核としたロジスティクスハブ形成の可能性」『港湾』81巻8号，2004年8月，6‐7ページ。宮下國生（2004）「グローバル・ロジスティクスにおける競争優位」『海運経済研究』38号，4ページ，図表3参照。
(36)　宮下國生（2002）『日本物流業のグローバル競争』前掲，127-129ページ。
(37)　製造小売業（SPA：Specialty Store Retailer of Private Label Apparel）ユニクロは製品企画と検品・販売を自社で展開し，調達・製造においては中国の現地企業に，またこれらに伴う3PL対応を三菱商事に全面委託している。2008年3月16日，田村幸士国土交通省航空事業課航空物流室長（2010年現在，三菱商事株式会社，物流サービス本部戦略企画室長）よりのヒヤリング（都市センターホテル）。
(38)　向山英彦氏（日本総研上席主任研究員）の報告，「変わる中国・東アジア・日本の関係」『第1回産業・貿易構造研究会』（2004年4月19日，於海運ビル）による。また向山英彦（2005）『東アジア経済統合への道』日本評論社，38-41，55-77ページ参照。
(39)　藤本隆宏（2004）『日本のもの造り哲学』日本経済新聞社，127-205ページ。
(40)　北海道への自動車産業の集積は次第に注目されるに至っている。例えばデンソーが2007年4月に千歳臨空工業団地内に車載用半導体製品製造のためにデンソーエレクトロニクスの設立を決定した理由は，労働力の確保の容易性があげられている（株式会社デンソー（2007）「デンソー，北海道千歳市に車載用半導体製品を生産する新会社を設立」『デンソー・ニュースリリース』4月26日）。しかしそのベースには自動車産業の持つロジスティクス・ネットワーク優位性がある。
(41)　宮下國生（2007）「日本におけるロジスティクス革新の実証分析」『大阪産業大学経営論集』第9巻第1号，1-26ページ参照。
(42)　この点については，第5章において中国・アジアと日本経済との関係において論じる。
(43)　第3～4章で取り扱うロジスティクスサイクルのコンセプトの基礎にはこのような理解がある。
(44)　日本海運業のロジスティクス・パートナーシップのグローバル競争優位性については，第7章を参照のこと。
(45)　図表1‐4参照。
(46)　第2章において，日米両国の製造業に見られる具体的なロジスティクス活動を，ロジスティクス革新力を比較して論じている。
(47)　ロジスティクス力のコンセプトについては，第2章において再論する。
(48)　それは現実には4PL業が備える機能になりつつある。

第2章 ロジスティクス革新力の日米比較

1 ロジスティクス力評価の意味

　第1章で指摘したように，日本における物流事業の規制緩和は，1990年の物流二法の改正によって開始するが，しかしそのとき物流先進国の米国では，すでにロジスティクス（企業内の統合的物流管理）の成果の上に，SCM（企業間物流管理）を展開する段階に入っていたと見られる。つまりわが国では，多くの企業が，ロジスティクスとSCMの区別を判然とは理解せずに，物流改革に立ち向かっていたのである。そこで本章では，前章で構築した荷主企業のロジスティクス力形成経路の設計図に基づいて，ロジスティクス力評価モデルを構築し，それを用いて，日米の製造業の間で見られるSCMへの転換時期の相違を実証的に推定しよう。これによって，両者の業種別ロジスティクス力を測定し，その革新力を比較評価する。そしてこの結果に基づいて，わが国において，今後展開する必要のある政策のあり方に論及しよう[1]。

　すでに図表1-15において明らかにしたように，本書では，荷主企業のロジスティクス力を3つの角度から捉えている。その核心部分を成す第1の視点は，荷主企業の在庫率の稼働率弾力性であり，その弾性値が小さいほど，ロジスティクス力は大きくなると把握する。その場合，在庫率は，生産者製品在庫率を指し，在庫とその出荷の比率の推移を見ることにより，生産活動において産出された製品の需給状況を示すものである。また稼働率は，製造工業の設備の稼働状況を表すために，生産量と生産能力の比から求めた指数である[2]。

　第2の視点は，3PL業のSCM対応力が大きくなればなるほど，在庫率が小さくなり，ロジスティクス力が強化されるというものである。この効果が大きい場合には，荷主企業と3PL業がアームズレングス取引の下で良好なパート

ナーシップが形成されている。

第3は,交通・物流業の行動軸を支配する空間・時間・情報の3軸に関わるハードインフラの規模である。具体的にはそのハードインフラへの荷主企業による民間投資の規模であり,これが大きくなればロジスティクス成果は上昇し,在庫率の低下となって現れるであろう。民間投資の機能を支えるのは,その国の運輸・通信業の資本ストックのレベルであることはいうまでもない[3]が,荷主企業はそれを基盤としながらも必要な投資を行うのである。

このようにして,荷主企業のロジスティクス力は,自ら内生的に決定できるこれらの3要因が自社の在庫率に対してどのような影響を与えているかを測定することによって総合的に把握される。荷主企業のロジスティクス力が革新されれば,3種類の在庫率弾力性はそれぞれ最適値に向かうであろう。とりわけ在庫率の稼働率弾力性は,SCMの段階に入ればますます小さくなり,理想状態ではゼロになるであろうと見ている。このターニングポイントを日米の製造業において具体的に特定することが,本章の主要な課題の1つである。

2 製造業のロジスティクス力評価モデル

本節では,以上で明らかにした荷主企業のロジスティクス力の形成仮説にスポットを当てて,日本の製造業が,どのようにしてロジスティクス力を形成しているのかを測定しよう。それはまた外国企業の進出先が日本であるケースにおいて,彼らが経験すると思われる日本の平均的なロジスティクス力の目安を与えるものでもある。はたして日本では,ロジスティクス,SCMの段階に入るにつれて,製造業のロジスティクス力が向上し,在庫率の減少(あるいは在庫調整力の促進)がもたらされているのであろうか。そこには米国製造業と比較して,どのような遅れが具体的に認められるのであろうか。ここで製造業のロジスティクス力測定のための基本的因果関係を図表2-1に示しておこう。

本モデルに従って日本の製造業在庫率の決定関数を1978~2006年の29年間について推定するに当たり,荷主産業のSCM対応が開始した時点での在庫行動

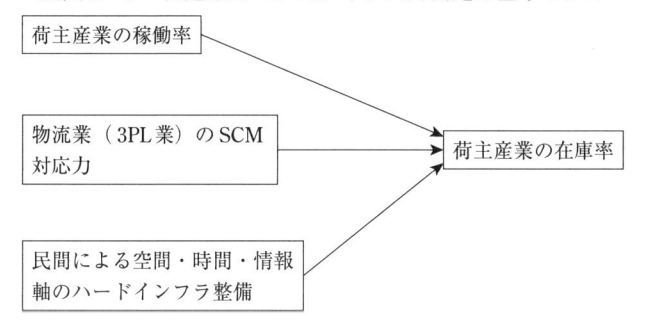

図表2-1 製造業のロジスティクス力測定の基本モデル

荷主産業の稼働率 → 荷主産業の在庫率
物流業（3PL業）のSCM対応力 → 荷主産業の在庫率
民間による空間・時間・情報軸のハードインフラ整備 → 荷主産業の在庫率

の構造変化を仮定して，それを3つの主要決定因それぞれについての係数ダミー変数として導入した上で，対数線型1次式に特定化すれば（1）式を得る。したがって各係数 a_1〜a_6 は在庫率の決定因弾性値を示す。

（1） log(製造業在庫率(t))

 $= a_0 + \{a_1 + a_2(\text{SCM 対応ダミー変数}(t))\} \times \log(\text{製造業稼動率}(t))$
 $+ \{a_3 + a_4(\text{SCM 対応ダミー変数}(t))\} \times \log(\text{空間・時間・情報軸のハードインフラ}(t))$
 $+ \{a_5 + a_6(\text{SCM 対応ダミー変数}(t))\} \times \log(\text{物流業の SCM 対応力}(t))$

ここで，一般に稼働率と在庫率は逆方向に動くから，a_1 の符号は負である。荷主産業のSCM対応が開始すれば，稼働率の変動は従来よりも在庫率の変動を平準化し，弾性値をゼロに収斂させるであろう。そのためには a_2 は正でなければならないし，(a_1+a_2) の絶対値が a_1 を下回らないといけない。これらの3つの符号条件が以下（2）式に示すように同時に成立するとき，物流業のSCM対応による在庫行動の構造変化を把握できたことになる。したがって

（2） $a_1 < 0$, $a_2 > 0$, $|a_1 + a_2| < |a_1|$

が成立する必要がある。

また，民間による空間・時間・情報軸のハードインフラ整備が進むほど，在庫率の減少が促進されるし，また物流業のSCM対応力が強化されるほど，同

様の効果が得られるであろう。すなわち

(3) $a_3, a_4, a_5, a_6 < 0$

である。

3 日本製造業のロジスティクス力と物流業の対応能力の評価

推定に当たっては，すでにふれたように，空間・時間・情報軸のハードインフラを民間運輸・通信業資本ストックで捉える。また物流業のSCM対応力を国際航空混載貨物輸出量によって代理させる。それが物流の先端動向を反映するからであるけれども，次善的データである点では限界はある。

また変数のデータの出所と単位は以下の通りである。

製造業在庫率：経済産業省データ[4]，2000年＝100，ただし在庫率＝在庫／出荷。

製造業稼働率：経済産業省データ[5]，2000年＝100。

民間運輸・通信業資本ストック：内閣府データ[6]，1995年＝100。

国際航空混載貨物輸出量：航空貨物運送協会（JAFA）データ[7]，1000トン。

SCM対応ダミー変数：アームズレングス型SCM構築の促進を表すダミー変数，1995～2006年＝1.0，他は0.0。

さらに製造業在庫率，製造業稼働率，民間運輸・通信業資本ストックは各第2四半期データを年次データに読み替えており，また民間運輸・通信業資本ストックのトレンドは除去されている。国際航空混載貨物輸出量は前期との比率をとることによってトレンドを除去している。このように国際航空混載貨物輸出量は成長率変数対応をとることによって，実質的に係数を弾性値で捉えている。

この中で，日本の製造業を例にとれば，その在庫率と稼働率は1978～2006年の考察期間において，図表2-2のように推移している。これによれば，1992年ごろを境にして，在庫率が稼働率を上回るようになっているけれども，むしろ両者の乖離は縮小していることに注目する必要がある。それは在庫率の

図表2－2　日本製造業の在庫率と稼働率（1978～2006年）

（2000年＝100）

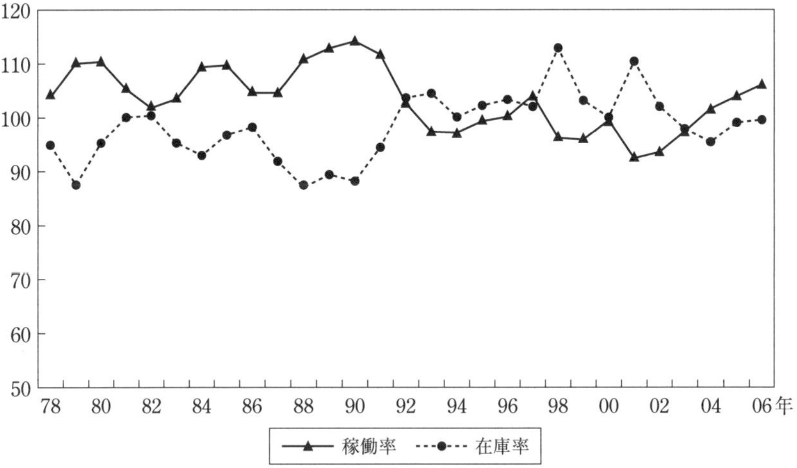

決定に対して何らかの構造変化を予想せしめるものであるからである。

そこで，1978～2006年の29年間の年次データを用いて，わが国製造業の在庫率の決定関数を，製造業稼働率についてシラーラグ（製造業稼働率のラグ回帰係数値に付き，攪乱項の分散と標準偏差の比＝1を設定，以下同様）を仮定して，最小二乗推定法を用いて求めると図表2－3の結果を得る。

図表2－3で分かるように，製造業の在庫率決定関数は，（2）～（3）式に掲げた符号条件を満たしているのみならず，1995年以降に製造業においてアームズレングス型SCM構築が促進されたであろうことを示唆している。まず製造業稼働率の変化にもかかわらず，1995年以降の在庫率弾力性は，それ以前の16.9%レベルまで低下し，ゼロへの収斂傾向を強めている。これは，わが国の製造業が，ロジスティクスの強化を通じてSCMの構築に確実な成果を上げていることを実証するものである。

また民間運輸・通信業ストックの形成は，1995年以降には，製造業の在庫率を低下させるように作用している。民間運輸・通信業資本ストック弾性値はレベルとしてはなお低い状況にはあるものの，値自体は9.2倍にまで増加してい

図表2-3 日本の製造業のロジスティクス行動と物流業の対応

決定因	期間別弾性値			評価
	78～94年	95～06年調整値	95～06年	
稼働率（0期）	−1.2275 (−11.66)***	0.5649 (3.67)***		95年以降，稼働率の変化が在庫率に及ぼす影響は，全製造業の平均では17％レベルに激減。製造業のロジスティクス力が著しく改善されたことを示している。
稼働率（−1期）	0.5476 (3.52)***			
（ラグ値合計）	−0.6799	0.5649	−0.115	
運輸・通信業資本ストック（0期）	−0.0320 (−3.17)***	−0.2637 (−3.69)***	−0.2957	運輸通信業の資本ストック強化が在庫率削減に寄与
国際航空混載貨物量（0期）	−0.0874 (−2.42)**	−0.0669 (1.50)	−0.1543	物流業の3PL等への質的対応戦略効果の兆しは見える。
定数項	8.1029			
統計量	RB2＝0.9251，SE＝0.017，DW＝1.44，N＝29			

（注）ここに，RB2は自由度調整済決定係数，SEは標準偏差，DWはダービン・ワトソン統計量，Nはサンプル数であり，係数の下のカッコ内の数値はt検定量で，その添字*，**と***は，係数のt値がそれぞれ10％，5％および1％以内で有意であることを示す。ただし添字*は後出（以下同）。

る。投資形成が負の方向に逆転しない限り，このトレンドは継続するであろう。

物流業の3PL戦略度を捉える代理変数である国際航空混載貨物輸出量は，1975～2005年の推定の全体期間を通じてマイナスの符号を維持している。これはわが国の物流業が継続的に製造業の在庫率削減のための機能を発揮していると評価できる。ただし，3PL戦略が評価できるのは，国際航空混載貨物輸出量が1985年以降にその効果を増大した場合である。図表2-3に見るように，確かに国際航空混載貨物輸出量弾性値は，1995年以降増加しているとはいえ，弾性値の付加分の係数は20％レベルで有意であるに過ぎないのである。つまり物流戦略の3PL戦略への拡大の兆しは否定しがたいけれども，製造業全体を平均して眺めれば，なおこの傾向は確実なものとはいえない。

総じていえば，わが国の製造業のロジスティクスの強化を通ずるSCMの構築が1995年ごろに開始したという仮説は，現実に適合していると見てよいであ

ろう。その背後にあって，この流れを支える物流業の3PL戦略は，期待された動きを伴っているが，全体として見ればなお不確実な対応が見られる。その中で，物流業や通信業の果たす民間資本ストックのハードインフラは，輸送設備や通信設備への投資によって，製造業のSCM戦略の確実な遂行を保証する環境要因の機能を果たしているのである。

4　米国製造業はどの程度先行したのか

　わが国の製造業に比して，はるかに早い段階でロジスティクス革新に取り組み，世界をリードした米国の製造業の動向を，同様の方法で検証しよう。在庫率に関する米国商務省の国勢調査局が公表する業種別データは，1992年を境に基準値が変更されており，時間的連続性がない[8]。ただし製造業全体に関しては連続したデータが得られるので，推定期間として1984～2006年の23年を選択した。

　一方稼働率は，連邦準備制度理事会の公表データが利用可能である[9]。情報投資と交通投資のデータは，米国商務省経済分析局の公表データによる[10]。3PLデータの代理変数としてインテグレーターであるFedExの国際・国内の輸送量の合計を用いている[11]。なお，FedExのハブ空港であるMemphis空港の貨物取扱量（単位：1,000トン）とFedExの輸送量との1994～2006年の相関係数は0.993，一方，UPSのハブ空港であるLouisville空港の貨物取扱量とUPSの輸送量の1999～2006年の相関係数は0.947である[12]。相関係数はいずれも1％レベルで有意であった。つまりこれは両社のハブ空港への集中度が極めて高いことを示している。このような優れた航空物流システムは日本にはない。それは米国の製造業のロジスティクス展開が日本よりもより進んだ段階にあることを予想させるものである。

　ちなみに米国製造業の在庫率と稼働率のデータは図表2-4のように推移している。先に掲げた日本の在庫率がわずかながら増加の趨勢にあったのに対して，米国の在庫率は逆に下降トレンドにある。また米国では，日本のように特

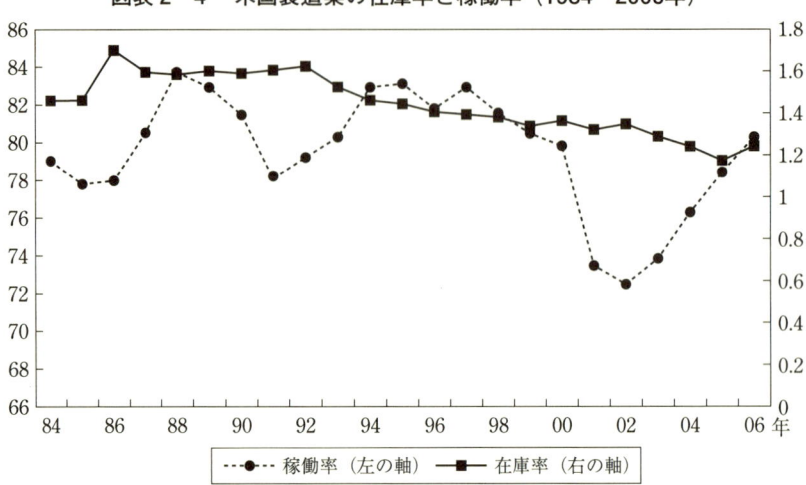

図表2−4　米国製造業の在庫率と稼働率（1984〜2006年）

・・・○・・・ 稼働率（左の軸）　──■── 在庫率（右の軸）

定の時期の前後において在庫率と稼働率のいずれかが突出するということはなく，6〜7年の間に両者が接近しつつまた乖離するといった循環変動をしているところにも特徴がある。なお日本のデータが，2000年＝100とする指数値で表されていたのに対し，米国の稼働率は100％を上限とする実数であり，在庫率も在庫数量を出荷数量で割って得られた実数値である点で異なるけれども，この相違が，比較分析結果に影響を与えることは全くない。

　では，米国製造業のロジスティクス力はどのようなレベルにあったのか。米国の製造業全体において見られるロジスティクス力を，1984〜2006年の23年の在庫率関数について計測した結果は，図表2−5の通りである。推定に当たっては，1988〜2006年についてロジスティクスを経てSCMに向かう米国製造業のビジネス革新力を表すダミー変数[13]を係数ダミーの形で導入している。わが国の製造業がようやく1995年ごろよりロジスティクス革新に取り組み始めたのに対して，米国製造業はそれよりも約10年前からこの課題に対応し，すでにSCMの段階に達していると思われる。

　米国製造業では，稼働率の変化が在庫率に及ぼす影響を弾性値で見れば，日

図表2-5 米国製造業のロジスティクス行動と物流業の対応

決定因	期間別弾性値			評価
	84—87年	88—06年 調整値	88—06年	
稼働率（0期）	−1.398 (−9.09)***	0.7087 (7.74)***		米国製造業では，在庫率の稼働率弾性値は，日本の製造業（図表2-3）よりも約10年早くにほぼゼロに収斂している。これが1980年代後半以降の米国製造業のグローバル競争優位を支えたのである。
稼働率（−1期）	0.7448 (4.94)***			
（ラグ値合計）	−0.6532	0.7087	0.0555	
情報投資（0期）と交通投資（−1期）の和	0.5863 (6.34)**	−0.6776 (−7.56)***	−0.0913	情報投資と交通投資の和で捉えた資本ストックもまた緩やかな在庫率調整機能へと転換している。
FedEx運送量（0期）	−0.0697 (−2.29)**		−0.0697	3PL機能は在庫率に対する中立要因として維持継続されている。
定数項	1.2597			
統計量	$RB2=0.9924$, $SE=0.008$, $DW=1.35$, $N=23$			

(注) データの出所と単位は，本章注の（7）-（10）および（12）を参照のこと。

本の製造業のケース（図表2-3）よりも約10年早くにほぼゼロに収斂している。米国のロジスティクス革新が在庫率を平準化し，景気変動の強い体質を作り上げ，それが米国製造業のグローバル競争優位性を支えたのである。これは米国製造業が，日本製造業が未だ到達していない質的に優れた企業間ロジスティクス・サービス段階，つまりSCMの段階にあることを強く示唆するものである。

このような段階においては，情報投資と交通投資の和で捉えた資本ストックもまた緩やかな在庫率調整機能を果たすように転換している。インフラ整備がすでに高原状態に達しているのである。既存の情報技術や交通技術を体現する資本ストックをブレークスルーするには，創造的な技術の導入が必要である。逆に見れば，米国製造業の世界では，このような技術導入が次第に枯渇してきているということもできるのである。

FedEx 輸送量で捉えた 3PL 等の戦略効果もまた，在庫率に対する中立要因として維持されつつある。FedEx 輸送量と Memphis 空港貨物取扱量，UPS 輸送量と Louisville 空港貨物取扱量の相関においても触れたように，日本にない優れた 3PL サービスも SCM を支えるシステムインフラとして，なお刷新が求められる段階にある。

おそらく米国製造業は，この現実を見据えて，運輸・情報産業や 3PL 業におけるハードインフラとソフトインフラの技術革新という環境変化が，ロジスティクスと SCM との革新的相乗効果をもたらす社会の実現に向けて，さらなる進化を続けるであろう。それが企業に新たな事業革新を育てる芽となって，やがてグローバル経済をさらに昇華させることが期待される。

5　日本製造業の業種別ロジスティクス力

ここで，日本の組立加工業 4 業種（一般機械工業，輸送機械工業，電気機械工業，精密機械工業）と素材産業 3 業種（繊維工業，化学工業，窯業・土石製品工業）のロジスティクス力を比較評価しよう。

日本組立加工業の在庫率（製造工業平均値を含む）は図表 2-6 の通りである。

組立加工業の在庫率は，1978年には60〜170の間で分散していたものが，2000年ごろにはほぼ100のレベルで 1 点に集中するように収斂しており，その後は，輸送機械と電気機械のグループと一般機械と精密機械のグループの動きに 2 極化しているが，しかし両者の差はかつてほどには開いていない。これは組立製造業のロジスティクス行動が高度なレベルで均一化してきたことを示唆するものであろう。平均値としての製造業在庫率は，輸送機械と電気機械のグループとほぼ同様の動きをとっているから，これら 2 業種の在庫率の変動が製造業在庫率を代表しているといえるであろう。

これに対して素材産業 3 業種の在庫率は，図表 2-7 に見るように，組立加工業とは一転して上昇基調にある。したがって素材産業のロジスティクス力は，組立加工業に比して劣位にあると見られる。しかし 3 業種相互間の在庫率の分

第2章 ロジスティクス革新力の日米比較　45

図表2-6　日本組立加工業の在庫率の推移（1978〜2006年）

(2000年＝100)

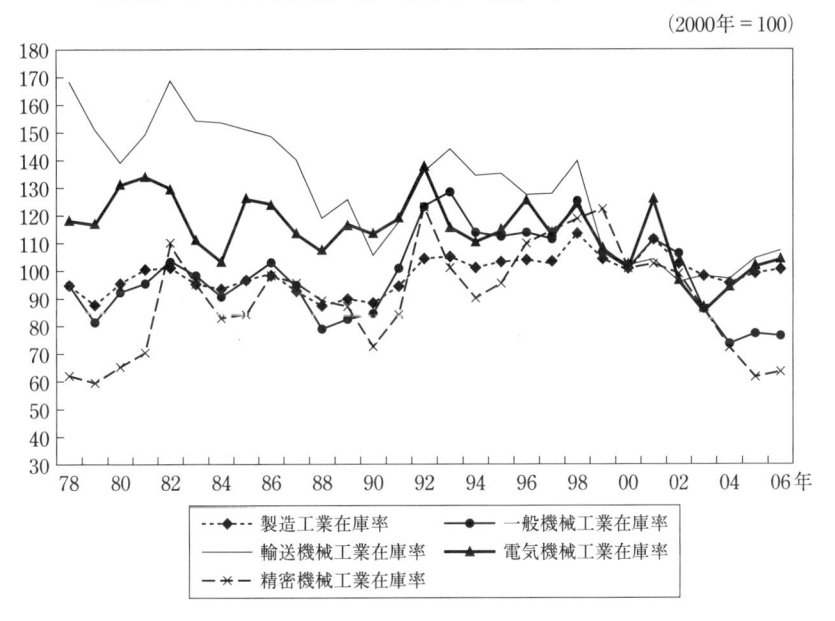

◆-- 製造工業在庫率　　　●— 一般機械工業在庫率
—— 輸送機械工業在庫率　▲— 電気機械工業在庫率
-*- 精密機械工業在庫率

図表2-7　日本素材産業の在庫率の推移（1978〜2006年）

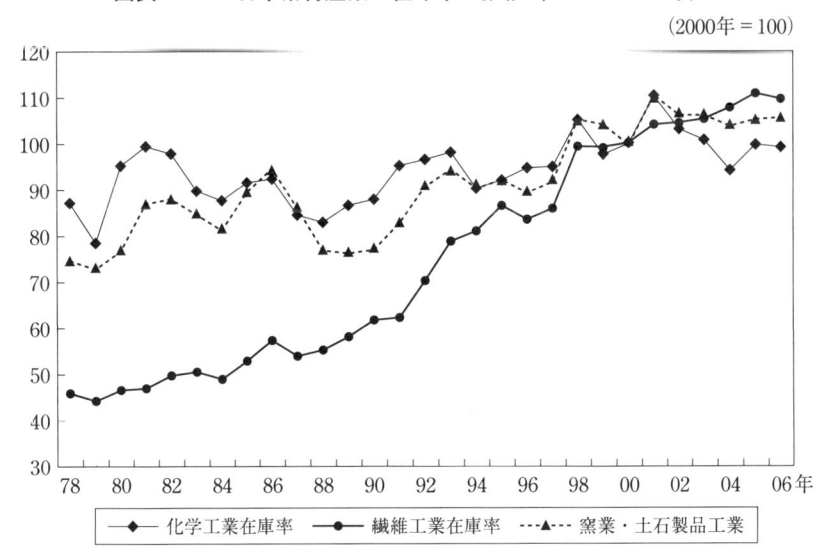

(2000年＝100)

◆— 化学工業在庫率　　●— 繊維工業在庫率　　▲-- 窯業・土石製品工業

散は縮小しているため，業種の壁を越えたロジスティクス志向性が共通のコンセプトとして導入されていると考える方が妥当であろう。

このように，日本の組立加工業と素材産業の間には，ロジスティクスを吸収し昇華していく過程が異なっているように見られる。その背後には果たしてどのような展開があるのだろうか。

5-1　組立加工業

（1）　一般機械工業

一般機械工業では，ボイラ・原動機，産業用ロボット，金属工作機械，農業用機械，土木・建設機械，金属加工機械，半導体・フラットパネル製造装置，機械工具，金型など，本来，日本が国際競争優位を持つ優れた製品を生産している。図表2-8の計測結果は，この業種がロジスティクス力にも優れた革新性を発揮していることを示している。

まず95年以降，稼働率の変化が在庫率に及ぼす影響は，弾性値の変化で見れば，一般機械工業では35％レベルに激減し，ロジスティクス力が著しく改善されたことを示しているし，3PL等の戦略効果は，弾性値の符号が正常なプラスに変わり，構造転換的に顕著な改善が認められる。これは一般機械器具製造業が企業内のロジスティクス力を向上するとともに，物流業を戦略的パートナーとして位置づけることに成功した証左である。

もっとも運輸・通信業の資本ストックの在庫率削減機能は正常に維持されているものの，考察期間を通じて構造的変化はない。物流のプラットフォームをインフラとして十分に活用するのは今後の課題といえよう[14]。

このように，一般機械工業は，1995年以降，主として企業のロジスティクス行動の構造変化をベースの戦略とし，物流業とのパートナーシップの構築を支えにして，物流への取り組みを加速している。なおインフラ活用に課題を抱えてはいるが，本業種の国際的競争優位はこのようなロジスティクスへの積極的な物流への取り組みによっても強く支えられているといってよいであろう。

第2章 ロジスティクス革新力の日米比較 47

図表2-8 一般機械工業のロジスティクス行動と物流業の対応

決定因	期間別弾性値			評価
	78—94年	95—06年 調整値	95—06年	
稼働率（0期）	-1.4333 (-9.70)***	0.6742 (5.77)***		95年以降，稼働率の変化が在庫率に及ぼす影響は，一般機械製造業では35%レベルに激減。ロジスティクス力が著しく改善されたことを示している。
稼働率（-1期）	0.3974 (2.34)**			
（ラグ値合計）	-1.0359	0.6742	-0.3617	
運輸・通信業資本ストック（0期）	-0.3484 (-2.42)**		-0.3484	運輸通信業の資本ストックの在庫率削減機能変化なし
国際航空混載貨物量（-1期）	0.2430 (2.27)**	-0.4832 (-5.78)***	-0.2402	3PL等の戦略効果は構造転換的に顕著に改善
定数項	11.1797			
統計量	RB2=0.8534, SE=0.06, DW=1.78, N=29			

(2) 輸送機械工業

輸送機械工業は，乗用車（軽乗用車，小型乗用車，普通乗用車），バス，トラック，自動車部品（機動部品，駆動伝導・操縦装置，乗用車用エアコンなど），二輪自動車，産業車両（フォークリフト，ショベルトラック），船舶・同機関，鉄道車両などを生産している。ここでは図表2-9に見るように，1995年以降，稼働率の変化が在庫率に及ぼす影響の変化を在庫率の稼働率弾性値で測ると，それ以前の時期に比較して56%レベルに激減している輸送機械工業のロジスティクス力は著しく改善されたことを示している。

もっともその改善度だけから見れば，一般機械工業には及ばない。しかし注目すべきは改善のプロセスである。その特徴は，95年以降の弾性値が0.6821であるから，それ以前の-1.2141のレベルから，ゼロ値を通り越して調整が進んでいることにある。つまり調整が進みすぎているのである。それはこの業種が活力を持っている結果である。自動車産業を代表するトヨタのカンバン方式などの優れたロジスティクス力に基づいて革新期待を抱かせた弾性値ゼロのイメ

図表2-9 輸送用機械工業のロジスティクス行動と物流業の対応

決定因	期間別弾性値			評価
	78～94年	95～06年 調整値	95～06年	
稼働率（0期）	−1.361 (−6.26)***	1.8962 (3.96)***		95年以降，稼働率の変化が在庫率に及ぼす影響は，輸送機械工業では56％レベルに激減した。その際，注目すべきは，弾性値の符号がマイナスからプラスに転換したこと，つまりこの業種の改善行動がダイナミックに継続していることである。
稼働率（−1期）	−0.4034 (−3.54)***			
稼働率（−2期）	0.5503 (2.17)**			
（ラグ値合計）	−1.2141	1.8962	0.6821	
運輸・通信業資本ストック（−1期）	−0.3503 (−7.58)***	−0.9569 (−3.96)***	−1.3072	運輸・通信業資本ストックの在庫率削減機能は大幅に改善。
国際航空混載貨物量（−1期）	−0.3131 (2.74)**		−0.3131	3PL等の戦略効果は継続維持。
定数項	14.2895			
統計量	RB2 = 0.8496, SE = 0.066, DW = 1.68, N = 29			

ージとは乖離した結果が出ているけれども，その調整プロセスからは，ロジスティクスへの積極的対応をうかがうことができる。

　また運輸・通信業資本ストックの在庫率削減機能は大幅に改善されており，この業種が民間の交通インフラや情報インフラを十分に活用していることが分かる。その程度は，弾力性で見る限り，先に見た製造業全体や一般機械工業，さらには後に取り上げる電気機械工業や精密機械工業と比較しても，はるかに優れたレベルにある。

　また，3PL等の戦略効果は考察期間を通じて有効に維持されている。ただ95年以降にはこの効果が強化されていないけれども，この状況を改善した一般機械工業に見る物流業とのパートナーシップ関係を以前より構築している点に注目しなければならない。

　このように輸送用機械工業のロジスティクスへの取組みは最適の解を求めて

ダイナミックに進行中であると評価できる。また一般機械工業とは異なって，物流インフラの活用においても数段の進化が見られている。もっとも先端物流業との間で，SCM 時代に相応しい一層確固としたパートナー関係に構築する努力は必要であるとしても，現在のレベルでも十分に時代に伍していけるものを持っている。

(3) 電気機械工業

電気機械工業では，運輸・通信業の資本ストックのインフラ利用効果は輸送機械工業に次いで優れたポジションを得ているし，3PL 等の先端物流業とのパートナーシップ関係においても，一般機械工業や輸送機械工業よりも好ましい構造転換を果たしている。そこで，以下では，稼働率の変化が在庫率に及ぼす影響について考察する。

電気機械工業の稼働率弾力性は，1995年以降に，符号がマイナスからプラスに転換している。この点はこの業種のロジスティクスへの積極的対応の中で現れた改善であり，最適に向けた調整過程にあるとして先に見た輸送機械工業と同様に評価できる。

このようにロジスティクスの調整を加速させる原因には，この業種には，パソコン，液晶テレビ，半導体，白物家電など，短いプロダクトサイクルでヒット商品が入れ替わる標準差別化品が多く含まれていることをあげることができよう。そのために，安定的なビジネスデルが描けず，したがって特定企業が業界を継続的に牽引する構造にはなっていないことである。例えば，一世を風靡したデルの直接販売モデル[15]も2006年ごろには他者の追随により限界に達し，2007年以降は間接販売，つまり店頭販売に注力している[16]。また，微細化技術と量産能力を武器に2008年に展開される NAND 型フラッシュメモリーの市場支配をめぐる韓国のサムスンと東芝との投資競争[17]，さらには液晶パネルの生産をめぐり，堺市に企業の垣根を越えた垂直統合化ビジネスの深耕を目指して建設した工場を2009年10月に稼動させたシャープ[18]と姫路市に工場を建設した工場を2010年4月稼動させたパナソニック[19]との間で展開された競争，

等の事例を見れば,この業界がいかに短期間のうちに不安定な厳しい競争環境に置かれるかを理解できよう。

そのため,競争の激しい多くの企業はこのように先端世代部品の販売の回転率を競うようになっている。商品の付加価値が高く維持される短期間のうちに投資コストをいかに回収するかが企業の至上命題である。そのためには部品・部材の調達リードタイムを短縮するためのロジスティクスとSCMにいかに取り組むかが競争優位の源泉になるのである。電気機械業界が自動車業界のようにJITによる「届ける調達物流」ではなく,ミルクラン型の「取りに行く調達物流」の方が重視されるのも,それによって環境に応じて頻繁に事業モデルを修正しやすいためである[20]。

その結果,図表2-10に見るように,95年以降,稼働率の変化が在庫率に及ぼす影響は,電機機械工業では67%レベルにまで緩やかに減少して一応の成果

図表2-10　電気機械工業のロジスティクス行動と物流業の対応

決定因	期間別弾性値			評価
	78～94年	95～06年 調整値	95～06年	
稼働率（0期）	−0.8746 (−3.88)***	1.3819 (6.08)***	0.5873	95年以降,稼働率の変化が在庫率に及ぼす影響は,電機機械器具製造業では67%レベルに緩やかに減少。ロジスティクス力はゼロへの収斂を超えてプラス領域で動いている。まだ安定したバランスが維持されていない。
運輸・通信業資本ストック（0期）	−0.2016 (−5.38)***	−0.6343 (−6.23)***	−0.8359	運輸・通信の資本ストックの在庫率削減機能が大幅に改善している。
国際航空混載貨物量（−1期）	−0.3604 (−4.39)***	−0.3137 (−2.67)**	−0.6411	3PL等の戦略効果は構造転換的に顕著に改善している。
定数項	10.949			
統計量	RB2 = 0.7717, SE = 0.055, DW = 2.13, N = 29			

を上げてはいる。在庫率の稼働率弾性値で捉えたロジスティクス力は，輸送機械工業において見たのと同様に，マイナス領域から行き過ぎて，プラス領域へと移行し，ゼロへの収斂点を通過している。この業種もまた揺り戻しのバランスによる在庫率の最適化を目指してダイナミックに行動している。

すでに指摘したように，ロジスティクスを重視するパナソニックは，2007年4月より，国内および国外のロジスティクス機能を本社機能が統合する体制を構築したといわれている[21]。しかしたとえそうであったとしても，それによって可能となるのは，調達と生産のグローバル統括管理であり，販売の領域にまでは及んでいないであろう。他企業への販売をも通じたロジスティクスが完成されているか，つまりサプライチェーンが在庫の無駄をほぼ完璧に排除できているかといえば，その答えはノーである。販売先の流通業，とりわけ国内でいえば大手家電流通業は，自らの販売戦略を最高の企業機密に位置づけており，決して公表することはないからである。その点がブラックボックスとして残ることが，電気機械工業のロジスティクス行動の制約条件である。

（4） 精密機械工業

95年以降，稼働率の変化が在庫率に及ぼす影響（図表2-11参照）は，精密機械工業では悪化している。95年以前には，在庫率は稼働率に3～4年のラグを持って対応していたことが明らかになっている。つまり在庫率が稼働率の変化に大幅に遅れて緩慢に反応していたのである。

もっとも在庫率の稼働率弾性値は－0.3469と，当時としては決して悪い値ではない。つまり緩慢な対応をベースにロジスティクス力を養っていたといえる。これに対して95年以降は，例えばデジカメなど，この業種のプロダクトサイクルの周期が大幅に短縮され，迅速な対応が望まれるがためにラグも極端に短縮されて，1年程度の正常値になっているにもかかわらず，ロジスティクス力はむしろ弱体化し，この変化に対応しきれていない。ロジスティクス力の向上によって，本来ならばゼロに近づくべき弾性値は，0.8689と絶対値で見て2倍以上に上昇しているのである。このような構造変化のタイプは，輸送機械工業や

図表2-11 精密機械工業のロジスティクス行動と物流業の対応

決定因	期間別弾性値			評価
	78〜94年	95〜06年 調整値	95〜06年	
稼働率（－1期）		1.2158 (6.08)***		95年以降，稼働率の変化が在庫率に及ぼす影響は，精密機械工業では悪化している。在庫率が稼働率の変化に大幅に遅れて緩慢に反応していた94年以前と比較して，95年以降は，この業種のプロダクトサイクルの周期が大幅に短縮され，迅速な対応が望まれるにもかかわらず，ロジスティクス力は対応しきれていない。
稼働率（－3期）	－0.4426 (－1.42)			
稼働率（－4期）	0.0957 (3.41)***			
（ラグ値合計）	－0.3469	1.2158	0.8689	
運輸・通信業資本ストック（－1期）	－0.2029 (－2.20)**	－0.5855 (－5.67)***	－0.7884	運輸・通信業資本ストックの在庫率削減機能は大幅に改善している。
国際航空混載貨物量（－1期）	－0.3739 (3.11)***		－0.3739	3PL等の戦略効果は継続維持されている。
定数項	8.0893			
統計量	RB2 = 0.7305, SE = 0.099, DW = 1.92, N = 29			

　電気機械工業においても見られていたように，ダイナミックなロジスティクス対応を示している点では，評価されるべきことである。しかし精密機械工業の値は，組立加工業4業種の中では，最も悪い値である。

　一方，また図表2-11に見るように，ロジスティクスを取り巻く運輸・通信業資本ストックの在庫率削減機能は，弾性値で見て4倍近くまで大幅に改善している。しかし3PL等の戦略効果は，95年以降もそれ以前と同様のレベルで維持継続されている。このように精密機械工業では，企業のロジスティクス活動と物流業の3PL行動を結合して向上させ，環境適応的なロジスティクス・システムを構築することが求められている。

第2章 ロジスティクス革新力の日米比較　53

図表2-12　組立加工業のロジスティクス改善力の比較

業　　種	ロジスティクス改善のタイプと成果の順位（①～④）	運輸・通信インフラの利用の成果と順位	3PL業とパートナーシップ構築の成果と順位	総合評価点
一般機械工業	構造変化は単方向でゼロ収斂に向かう；①	変化なし	成果を拡大；②	6 = 5 + 1
輸送機械工業	構造変化は双方向でダイナミックに収斂プロセスを調整；③	成果を拡大；①	変化なし	6 = 3 + 3
電気機械工業	構造変化は双方向でダイナミックに収斂プロセスを調整；②	成果を拡大；②	成果を拡大；①	8 = 4 + 2 + 2
精密機械工業	構造変化は双方向でダイナミックに収斂プロセスを調整；④	成果を拡大；③	変化なし	3 = 2 + 1

（注）　総合評価点は，ロジスティクス改善に5点，運輸・通信インフラ利用の成果に3点，3PL業とのパートナーシップの構築の成果に2点を割り振り，これを業種別順位に従って，業種別に割り当てたものを合計して得られた。評価点は厳密なものではなく，イメージを具体化するためのものである。

　以上の日本の組立加工業4業種に関する考察結果は，図表2-12のようにまとめられる。

　総合評価点は，同表の注に説明しているように厳密なものではなく，イメージを具体化する効果を狙ったものである。これを参考にすれば，電気機械工業が改善力ではトップで，それに僅差で一般機械工業と輸送機械工業が同点で追随している。精密機械工業の評価点が低いのは，項目別の僅差の順位を鮮明につけた結果であり，実力は多少過小評価されている。

5-2　素 材 産 業

　ここでは，素材産業として，繊維工業（中分類11），化学工業（中分類20），窯業・土石製品工業（中分類25）を取り上げる。

（1） 繊維工業

2007年11月に改定される以前の日本標準産業分類における繊維工業（中分類11）には衣服・その他繊維工業（中分類12）は含まれておらず，製糸業，紡績業，織物業，ニット生地製造業などを指している。いわば衣服などの繊維工業に生産財として原材料を供給する業務を行っている。

そのためであろうと思われるが，図表2-13に見るように，業種としてのロジスティクス力は極端に低い。確かに95年以降，稼働率の変化が在庫率に及ぼす影響は，繊維工業では80％レベルに緩やかに減少しているとはいうものの，ゼロへの収斂傾向は全くなく，そこからはるかに遠いレベル，つまり弾性値は極めて弾力的領域にある。このようなことは，すでに見た組立加工業にはなかったことである。後に見るように，窯業・土石製品工業においても同様の状況が発生している。

一方，運輸・通信業資本ストックの在庫率削減機能は改善を見ており，95年

図表2-13　繊維工業のロジスティクス行動と物流業の対応

決定因	期間別弾性値			評価
	78～94年	95～06年 調整値	95～06年	
稼働率（0期）	-4.2493 (-4.53)***	0.8533 (2.46)**	-3.396	95年以降，稼働率の変化が在庫率に及ぼす影響は，繊維工業では80％レベルに緩やかに減少しているものの，ゼロ値にははるかに遠く，ロジスティクス力は極端に弱い。
運輸・通信業資本ストック（-1期）	0.1808 (6.00)***	-0.4229 (-2.38)**	-0.2421	運輸・通信業資本ストックの在庫率削減機能は大幅に改善している。
国際航空混載貨物量（-1期）	-0.1543 (-2.26)**		-0.1543	3PL等の戦略効果は継続維持。
定数項	22.6085			
統計量	RB2＝0.9764，SE＝0.047，DW＝1.59，N＝29			

以降の弾性値は本来取るべきマイナスの符号に転換している。しかしそのレベルは高いものではない。また3PL機能は，考察期間を通じて正常に作用しているものの，低レベルで維持されている。

このように繊維工業においては企業レベルで優れたロジスティクス活動が展開されていないだけでなく，それを支える外部の環境をも効率的に利用してはいない。衣服やその他繊維製品の素材を生産・供給しているとしている繊維工業のロジスティクス活動は，本来的に上流の産業として下流に翻弄され，なお幼稚な段階にとどまっているように見える。

（2） 化学工業と窯業・土石製品工業

図表2-14に見るように，化学工業のロジスティクス力は本来優れており，弾性値はゼロに近いレベルにあった。95年以降，弾性値は上昇し，ロジスティクス力は若干だが低下している。ロジスティクス劣位を強調することは適切ではないものの，素材産業としてのポジションが現れているのかもしれない。もっとも構造変化を捉えた1995～2006年の係数調整値のt値の有意は10％レベルで確保されているに過ぎないと判断して，これを無視すれば，94年以前の優れたロジスティクス力が継続していることになる。

化学工業のロジスティクス力はこのようにいくぶんグレーの領域にあるが，基本的には優れていると判断できる。一方，運輸・通信業の資本ストックの在庫率削減機能もわずかながら低下している。もともとこの機能は優れたものではなかったので，弾性値で見る限り大きな変化には見えない。しかし，本来持つべきマイナス符号がプラスに転換しており，民間インフラの利用において今後の課題を残している。同様に3PL等の戦略効果も低いレベルにおいて維持継続しており，物流業とのパートナーシップのあり方も検討課題である。

化学工業では，化学肥料，無機薬品・顔料・触媒，有機薬品，合成ゴム，石けん・合成洗剤・界面活性剤，医薬品，化粧品等が含まれており，いずれも小ロットで先端技術に支えられた製品が生産されている。とりわけ現代を牽引するデジタル素材や液晶部材を生産する，三菱ケミカルホールディングス，住友

化学，三井化学，信越化学工業，JSR，日東電工，クラレ，大日本印刷などのわが国を代表する諸企業もここに含まれている[22]。

　これらの企業は世界で他社と差別化できる技術力を背景に各素材マーケットで高いシェアを確保している。したがって本来ならば販売にウェイトを置くビジネスモデルを強化するはずである。しかし図表2-14の実証結果から見ると，各社の技術力を背景に開発された新素材の在庫管理に注力して，基本的には組立加工メーカーのロジスティクスに対応しつつ，素材の値崩れを起こさないロジスティクス力を備えていることが分かる。これは，化学工業には，組立加工業に支配されることのない，独立したロジスティクス・システムを備える素材企業が多く含まれていることを示すものである。

　一方，図表2-15に見るように，窯業・土石製品工業では，稼働率の変化が

図表2-14　化学工業のロジスティクス行動と物流業の対応

決定因	期間別弾性値			評　価
	78～94年	95～06年 調整値	95～06年	
稼働率（0期）	－0.5431 (－6.15)***	－0.2238 (1.85)*		化学工業のロジスティクス力は本来優れており，弾性値はゼロに近いレベルにあった。95年以降，弾性値は上昇し，ロジスティクス力は若干だが低下している。ロジスティクス劣位を強調することは適切ではないものの，素材産業としてのポジションが現れているのかも知れない。
稼働率（－1期）	－0.0474 (－0.97)			
稼働率（－2期）	0.4465 (5.03)***			
（ラグ値合計）	－0.144	－0.2238	－0.3678	
運輸・通信業資本ストック（－2期）	－0.0413 (－2.41)**	0.1216 (2.03)**	0.0803	運輸・通信業の資本ストックの在庫率削減機能も僅かに低下している。
国際航空混載貨物量（－1期）	－0.1661 (－4.49)***		－0.1661	3PL等の戦略効果は維持継続されている。
定数項	5.7255			
統計量	RB2＝0.8747，SE＝0.023，DW＝1.86，N＝29			

図表2-15 窯業・土石製品工業のロジスティクス行動と物流業の対応

決定因	期間別弾性値			評価
	78～94年	95～06年 調整値	95～06年	
稼働率（0期）	-0.6393 (-5.29)***	-0.3101 (-2.75)**		窯業・土石製品工業では、稼働率の変化が在庫率に及ぼす影響は、95年以降も改善されておらず、悪化の一途をたどり、弾性値はゼロより大きく乖離している。素材産業としてのロジスティクス劣位のポジションが極めて明確に現れている。
稼働率（-1期）	-0.4123 (-7.00)***			
稼働率（-2期）	-1.1844 (-1.40)			
（ラグ値合計）	-0.236	-0.3101	-1.5461	
運輸・通信業資本ストック（-2期）	0.0655 (2.73)**	0.1452 (2.75)**	0.2107	運輸・通信業の資本ストックの在庫率削減機能は衰退を継続。
国際航空混載貨物量（-1期）	-0.1693 (-4.35)***	0.1483 (2.03)*	-0.021	3PL等の戦略効果は衰退し、ほぼ中立要因に転換。
定数項	5.7255			
統計量	RB2＝0.939, SE＝0.028, DW＝1.82, N＝29			

在庫率に及ぼす影響は、95年以降も改善されておらず、悪化の一途をたどり、弾性値はゼロより大きく乖離している。繊維産業ほどではないが、基本的にはそれと類似した状況にあり、化学工業とは異なって、素材産業としてのロジスティクス劣位のポジションが極めて明確に現れている。ここにはガラス、セメント、建築用粘土、陶磁器、炭素・黒鉛製品、研磨剤、骨材・石工品等の製造業が含まれている。

この業種の課題としては、ロジスティクス力の向上にとどまらず、衰退を継続する運輸・通信業の資本ストックの在庫率削減機能の改善、さらにはほぼ中立要因に転換し、戦略効果を衰退させている3PL等への対応をあげることができる。

5-3 日本製造業のロジスティクス力評価

(1) ロジスティクス力に優れる組立加工業

　図表2-3で見る限りは，日本の製造業は総合的に見ればロジスティクス力を改善しているが，これも組立加工業と素材産業に分けてみると大きな傾向は異なっていることが分かった。一般には，組立加工業（図2-8〜2-11参照）のロジスティクス力は1995年以降に改善して，稼働率の変化にかかわらず在庫率を一定に保つように，つまり在庫率の稼働率弾力性がゼロになるようにシステムの変革に取り組んでいる（図表2-12参照）。このようなロジスティクス革新は，民間の運輸・通信業資本ストックの効率的利用や3PL業とのタイアップによる在庫率の減少をもたらしている。このように，組立加工業では，日本の荷主企業は稼働率の対在庫率バッファー化に明確に成功している。その背景には彼らがロジスティクスやSCMのコンセプトの経営に組み込み，アームズレングス型SCM組織を巧みに設計したことがある。

　いうまでもなく，これは荷主企業だけの力によって成し遂げられたものではなく，民間運輸・通信業資本ストックの蓄積と物流業のサポートがあったからである。その中で運輸・通信業資本ストックの機能効果について見れば，この効果に変化がなかった一般機械器具製造業を除く3業種では，SCM転換後には，明確に以前とは区別された好ましい成果を生んでいる。民間に蓄積されてきた基礎インフラが，相乗的に組立加工業の経営成果を向上させているのである。

　また組立加工業では，推定期間を通じて1975年以来，一貫して荷主産業の在庫率の低下に貢献してきた物流業の3PLサポートは4業種すべてに及んでおり，中でも一般機械器具製造業と電気機械器具製造業においては，95年以降にこのサポートが強化されている。今後，物流業が，組立加工業の分野でこのような3PLサービスによる荷主サポートを確実に促進できるかどうかが注目されるところである。この限りにおいて，日本の物流業に課せられている課題には大きいものがあるといえる。政策もまたこのことをよく認識して立案される

必要がある。

(2) ロジスティクス力に課題を残す素材産業

これに対して素材産業（図表2-13〜2-15）では，考察期間を通じて，一般にロジスティクス革新には至らず，古い体質をそのまま引きずっている業種が目立っている。これは川上部分での対応が川下の組立加工業に受け入れられていないことを示すものであろうか。必ずしもそうではないことは，国際的に技術優位にある化学工業において，良好なロジスティクス力が達成されている点（図表2-14参照）からも首肯されよう。部品・素材産業だからといって，垂直生産から出る歪を引き受ける必要はないのである。むしろロジスティクス，サプライチェーンのリーダーは，必ずしも加工組立を担うブランド企業ではなく，競争優位を持ち，市場シェアの高い部品のエクセレント・カンパニーでもあり得るのである。つまりサプライチェーンの実質的な支配者は，このチェーンの参加者の持つ相対的な市場支配力によって決まるのである。

サプライチェーンが部品業者をいじめる仕組みであるという通説は，化学工業の実証結果を見る限り，必ずしも妥当するものではない。しかし競争力のない部品業者は，このシステムにおいて在庫を抱えることを余儀なくされ，システムのしわ寄せの影響を被っているであろうことは，繊維工業と窯業・土石製品工業[23]の考察によって十分に明らかになっている。

また素材産業においては，民間運輸・通信業資本ストックが物流業をサポートしているかどうかについても，組立加工業とは対照的な結果になっている。確かに繊維工業（図表2-13参照）では，運輸・通信業資本ストックの在庫率削減機能は改善を見ており，95年以降の弾性値は本来取るべきマイナスの符号に転換しているものの，そのレベルは高いものではない。しかも，化学工業と窯業・土石製品工業では，95年以降にはこの作用は不合理な方向に転換している。素材産業の在庫削減において，民間運輸・通信業資本ストックは構造改革の必要な領域である。

素材産業における物流業の3PLサポートは，繊維工業と化学工業における

機能の維持が精一杯であり,窯業・土石製品工業では,かろうじて合理的行動が認められるにとどまっている。これは組立加工業よりも悪い状況にある。ここにおいても物流業の一層のサポートが期待されているのである。

6　日米製造業の業種別ロジスティクス革新力比較

図表2-16はUS Census BureauのNAICSデータを用いて,機械(産業コード:33S),電機設備・付属品・部品(35S),輸送設備(36S),繊維(13S),化学製品(25S)の5業種の在庫率の推移を図示したものである。その特徴は,米国では,業種の相違を超えて在庫率が下降トレンドのあること,したがって在庫ゼロに向かうロジスティクス・メカニズムが作用する共通した土俵が形成されているであろうことである。それこそがおそらく,米国のロジスティクス・レベルがわが国に先行する原因であるように見えるが,はたしてどうであろうか。

そこで米国におけるロジスティクス活動を,1992～2006年の14年間にわたる

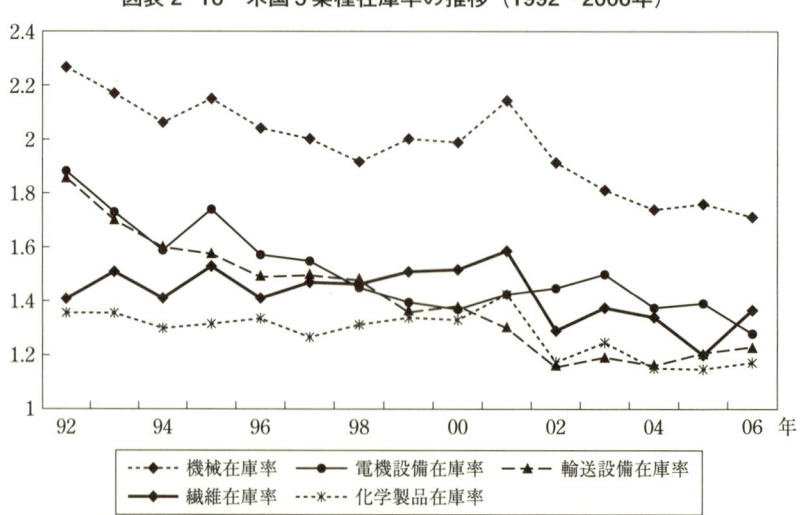

図表2-16　米国5業種在庫率の推移(1992～2006年)

パネルデータ（サンプル数70）によって測定しよう。このような形でデータのプールを採用したのは，図表2-16に示したような業種別在庫率のデータが，1992年を境にしてそれ以前のデータとの連続性がないため，時系列分析ではサンプル数が不足するからである。その推定結果は図表2-17の通りである。

図表2-17では，日本の製造業に関して求めた1995～2006年の5業種の弾性値を米国製造業の計測結果と対比させて表示している。その特徴は以下のようにまとめられよう。

① 業種別に求めた在庫率の稼働率弾性値は，米国製造業一般について図表2-5で求めたようには，ゼロには収斂していないけれども，いくつかの点で，米国製造業の優位性を認めることができる。まず米国製造業は，化学薬品工業を除く4業種において，弾性値が低い分だけ，日本製造業よりもロジスティクス力に優れているといえよう。また米国製造業では，組立加工業（輸送設備，電気設備）と素材産業（化学製品，繊維）の間で，弾性値に大きな差はない。この点も，米国製造業がロジスティクスの普及と発展で，日本製造業に先行している証拠である。
② 情報交通投資は一見日本の方が好ましい在庫率の減少をもたらしているように見えるが，しかし逆にいえば，米国では，すでにこのストックが十分に蓄積されているので，それが多少変化しても在庫率の方は比較的安定的に推移するという，より高度な段階に来ているという解釈が妥当であろう。なぜなら，この計測結果は，全業種を対象として求めた図表2-5の計測結果ともほぼ完全に整合しており，このような解釈の現実妥当性は高いと見られるからである。
③ 3PL対応力で見れば，米国の方が業種別の差は少ない。これはFedExやUPSなどのインテグレーターによる航空宅配便が3PL事業インフラとして全業種にわたって普及しているからであろう。これが日本の物流環境との大きな相違であろう。

図表 2-17 日米製造業の業種別ロジスティクス力比較

決定因	米国製造業の業種別弾性値 (1992～2006年)			日本製造業の弾性値 (1995～2006年)	評 価
	基本業種(機械)推定値	業種別調整値	業種別弾性値		
稼働率：機械（0期）	−0.532 (−5.01)***				米国製造業は機械と輸送設備において、弾性値が低い分だけ、日本よりもロジスティクス力に優れる。また米国製造業では、組立加工産業と素材産業の間で、弾性値に大きな差はない。これはロジスティクスの普及と発展で米国が先行している証拠である。
：機械（−1期）	0.315 (2.07)**				
機械ラグ合計	−0.217		−0.217	−0.361	
輸送設備		0.0868 (4.41)***	−0.1303	0.681	
電機設備		−0.237 (−5.57)***	−0.454	0.583	
化学製品		−0.196 (−10.07)***	−0.413	−0.367	
繊維		−0.188 (−9.51)***	−0.405	−3.396	
情報・交通投資：機械（0期）	0.056 (2.04)**		0.056	−0.348	情報・交通投資は一見日本の方が好ましい在庫率の減少をもたらしているように見えるが、しかし逆にいえば、米国の方が、すでにこのストックが十分に蓄積されているので、それが多少変化しても在庫率の方は比較的安定に推移するという、より高度な段階に来ていると見られる。
輸送設備		−0.245 (−7.31)***	−0.189	−1.307	
電機設備		−0.117 (−8.37)***	−0.061	−0.836	
化学製品		0.071 (5.08)***	0.127	0.0803	
繊維		0.084 (6.05)***	0.14	−0.242	
FedEx 輸送量：機械（0期）	−0.327 (−7.83)***		−0.327	−0.240	3PL対応力で見れば、米国の方が業種別の差は少ない。これはFedExやUPSなどのインテグレーターによる航空宅配便が全業種にわたって普及しているからであろう。
輸送設備		……	−0.327	−0.313	
電機設備		0.250 (6.49)	−0.077	−0.674	
化学製品		……	−0.327	−0.166	
繊維		……	−0.327	−0.154	
定数項	4.271				
統計量	RB2＝0.995，SE＝0.0187，DW＝0.86，N＝75				

(注) 在庫率（在庫率＝在庫数量／出荷数量）：U. S. Bureau of the Census（1992—2006）*Manufacturing, Mining, and Construction Statistics: Manufacturers' Shipments, Inventories, and Technical Documentation*（NAICS Based Historic Statistics）．機械（産業コード：33S），輸送設備（36S），電機設備・付属品・部品（35S），化学製品（25S），繊維（13S）．

7 日本の政策的対応

以上の考察の結果，日本と米国の製造業とのロジスティクス革新力の差は，基本的には以下の2点につきる。

第1は，ビジネスモデルの構築力の差である。これが，SCM 時代における両国のロジスティクス革新力の基本的な差となって現れている。企業文化なきところに戦略的組織なし，とは，これらすべての産業のあり方にも当てはまる。日本の産業は相互に他と区別された理念の下で，資源をどのように戦略的に集中投資するかが問われている。

第2は，ハードとソフトのインフラ力の差である。米国では，すでにこのようなインフラ力は高原状態にあると見られるからである。したがって，米国製造業の課題は，ビジネスモデルをいかに刷新していくかが基本的に重要であるけれども，それと並んで，運輸・通信業のハードインフラと3PL業の事業インフラをどのようにブレークスルーするかが問われているのである。これに対して，日本の3PL業は，まだ米国の発展の前段階にあって，サプライチェーンの中心にあるブランド・エスタブリシュト企業に対応できる明確な経営理念の下で，製造業・流通業をはじめとする産業の発展に寄与しているという仕組みを用意することが必要である。それによって，はじめて日本の製造業さらには国民経済の持続的な発展が目に見える形で可能になるからである。

ハード，ソフト，事業の3インフラが統合され提供されているのが米国におけるSCMを取り巻く環境であり，そこに競争優位性がある。わが国の物流政策は，このことに鑑みて，これらのインフラの劣位を検証し，それらを真にインフラと呼べる段階にまで昇華させねばならないであろう。ビジネスの現場はその間も待ってくれないから，高くて大きな目標を見据えた構造改革的物流政策を展開していかなければならない[24]。わが国の総合物流政策はその視角より検証されなければならない。とりわけわが国において，港湾や空港の国際競争力をいかに構築し運営するのか，まさにハードインフラの構築とその運営に

関わるグローバル競争にいかに対応するかが喫緊の課題である[25]。

（1）宮下國生（2009）「ロジスティクス革新力の日米比較」『交通学研究』2008年研究年報，52号，1-10ページは本章展開の基礎になっている。
（2）生産者製品在庫率および稼働率についての説明は，経済産業省『鉱工業指数』の「統計概要」における説明に従う。後掲の注（4）も参照のこと。
（3）第6章において日本の港湾インフラのネットワーク力を評価する。
（4）経済産業省（1978～2006）『鉱工業指数統計表』(http://www.meti.go.jp/statistics/tyo/iip/index.html)。在庫率＝在庫/出荷。
（5）出所は同上の経済産業省データ。製造業稼働率：2000年＝100。
（6）内閣府（1978～2006）『民間企業資本ストック年報』。
（7）航空貨物運送協会（1978～2006）『国際航空貨物取扱実績統計』。
（8）在庫率（在庫率＝在庫数量/出荷数量）：U. S. Bureau of the Census（1985—2006）*Manufacturing, Mining, and Construction Statistics : Manufacturers' Shipments, Inventories, and Technical Documentation*（SIC Based Historic Statistics in 1985—91 and NAICS Based Historic Statistics in 1992—2006）. 同統計の集計データシリーズ（Aggregate Series）である全製造業データ（MTM：Total Manufacturing）による。なお本データに関しては，SICとNAICSの間に連続性がある。
（9）稼働率（％）：Federal Reserve Board（1985—2006）*Federal Reserve Statistical Release*（Industrial Production and Capacity Utilization：NAICS Based Historic Statistics）.
（10）交通投資と情報投資（単位：100万ドル）：U. S. Bureau of Economic Analysis（1984—2006）*Survey of Current Business*.
（11）FedEx輸送量（1,000有償トンキロ）：日本航空協会『航空輸送要覧』（各年版）による。なお1985～88年はFlying Tiger輸送量，1989～2006年はFedEx輸送量を用いる。
（12）両空港の貨物取扱量（1,000トン）データは以下による。Memphis-Shelby Country Airport Authority（2005）*The Economic Impact of Memphis International Airport*. Airports Council International（2000—2006）*Traffic Data: World Airports Ranking by Total Cargo*. またUPS輸送量（1,000有償トンキロ）：日本航空協会『航空輸送要覧』（各年版）による。
（13）ロジスティクスを経てSCMに向かう米国製造業のビジネス革新力を表すダミー変数：1988～2006年＝1.0，他は0.0。
（14）例えばコマツは，自ら神戸市の六甲アイランドに輸出拠点を設け，新興国向けの輸出バッファー力を強化して，長期的に在庫の減少につなげようとしており，同様の動きは，神戸製鋼グループのコベルコクレーンなどの同業他社にも広がっている（日本経済新聞，2008年2月14日，朝刊）。しかし，これは建機業における港頭地区のロジスティクス活

用が従来より遅れていたことを示唆するものである。
(15) マイケル・デル、キャサリン・フレッドマン著、国領二郎監訳・吉川明希訳(1999)『デルの革命―「ダイレクト」戦略で産業を変える―』日本経済新聞社。
(16) デル株式会社(2007)「デルとビックカメラ、パソコン販売で業務提携」『ニュースリリース』7月26日、によると、同社と株式会社ビックカメラは、パソコン販売において業務提携することに合意した。デルが日本において量販店での店頭販売の全国展開を行うのは、ビックカメラが初である。デルは、2000年より店頭に製品を展示してインターネットで注文を受け付ける「デル・リアル・サイト」を展開し、ビックカメラでも、当初よりパソコン館池袋本店を皮切りに順次展開を行ってきたが、今回の提携は、両社が「デル・リアル・サイト」を通じて培った強固な協力関係を強化し、補完するものであると述べている。
(17) 武田泰介(2007)「東芝、フラッシュメモリー生産で首位奪還狙う」『Yomiuri Online News』9月5日。
(18) シャープ株式会社(2007)「シャープ「21世紀型コンビナート」を展開」『ニュースリリース』7月31日。ここに「企業の垣根を越えた垂直統合化ビジネスの深耕を目指す」とは、同社工場を取り巻くように部品工場を配置し、SCM型事業モデルを展開することを意味する。それはまたミルクラン型の「取りに行く調達物流」を組み込んでいるのである。またこの工場は、シャープ株式会社(2009)「世界初の第10世代マザーガラスを採用した液晶パネル工場が稼働を開始」『ニュースリリース』10月1日参照。
(19) 株式会社IPSαテクノロジ(2008)「IPS液晶パネル最新鋭工場を兵庫県姫路市に建設」『ニュースリリース』2月15日、1-3ページ。なおIPSαテクノロジは2008年度中にパナソニックの子会社になり、実際には2010年4月より量産を開始した。
(20) シャープ株式会社物流推進センター所長鳰橘啓次郎氏、郵船港運代表取締役社長坪田光男氏よりのヒヤリングによる(2009年7月1日、大阪マルビルホテル)。
(21) 当時の松下電器産業株式会社(現、パナソニック株式会社)の戦略に関しては、第1章の注(7)参照。
(22) 携帯電話のパネル生産をシンガポールで展開してきたAFPD(アドバンスト・フラット・パネル・ディスプレイ)社では、偏光板は日東電工、液晶ディスプレイ用基板ガラス、セラミックガラスはコーニング・ジャパン掛川工場、酢酸による液晶ガラス基板、特殊表面処理や研磨は西山ステンレスケミカルというように、化学企業との間に調達のネットワークを構築しており、その物流は東芝物流が担っていた。またAFPD社が担う液晶の前工程は、同社がシンガポールに進出するまでは、日本、韓国、台湾の3カ国・地域による独占生産の状態にあった(以上は、2007年9月25日、同社、戦略計画部門、中川大介企画課長へのインタビューによる)。なおAFPD社は、東芝の全額出資子会社である東芝モバイルディスプレイ(TMD)社のシンガポールの生産子会社であったが、2010年3月31日、TMD社保有の全株式を台湾のAUO社に売却することで基本合意がなされた。

(23) もちろんこれにも例外はある。日本の繊維素材への海外からの評価や液晶へのガラス素材の貢献などがある。
(24) 1997年と2001年に策定された過去2回の総合物流施策大綱を経て，2005年11月に策定された「総合物流施策大綱（2005～2009）」に至って，東アジア域内物流の準国内化が掲げられ，国内・国際一体となった物流を実現する必要性が唱えられたのである。2009年7月には，2013年に向けた「総合物流施策大綱（2009～2013）」が閣議決定され，新たにグローバル・サプライチェーンを支える効率的物流の実現が目標として打ち出された。内容は，2005年大綱で掲げられた国内交通体系を国外レベルに対応して効率化を図るため展開された3つの施策，①国際拠点港湾と空港の機能向上，②国際・国内輸送モードの有機的連携による円滑な物流ネットワークの構築，③物流拠点施設におけるロジスティクス機能の高度化をさらに進め，アジアにおける広域的な物流環境を改善し，効率的でシームレスな物流網を構築しようとするものである。加えて，SEA-NACCSと港湾EDIを用いた輸出入と港湾手続きのワンストップ・サービスとシングル・ウィンドウ化，等の規制改革によるソフトインフラの整備や国境を越えた異なる制度の融合化等，を目指している。
(25) この課題は日本の港湾に関して第6章で議論する。

第II編
物流のグローバル化と日本経済

第3章　日本の国際物流の地域間連携
――海空物流モードの選択――

1　モード別物流分担率の推移の意味するもの

　国際物流の長期トレンドは，価値による取引基準で見た場合，荷主企業が空運志向性を強めてきたといえる[1]。それはわが国においても例外ではないけれども，しかし，国際物流における空運物流とコンテナ船物流の関係[2]は，経済の構造変化や景気変動等とも絡み合って，興味ある論点を提供してくれる[3]。
　財務省の貿易統計を利用して，日本の輸出貿易額に占める空運物流とコンテナ船物流の分担率の推移を1980～2008年の29年間について見ると（図表3-1参照），1992年ごろを境にして大きな変化が発生していることが分かる。1985年に45％を占めていたコンテナ船物流分担率は，92年にピークの51.8％をつけた後は急速に低下し，2004年には42.2％まで減少している。一方，85年に10.3％であった空運物流分担率は，91年ごろまではコンテナ船物流分担率の経過とほぼ平行して，しかしそれよりは緩やかな成長率で推移していた。つまりこのころまでは，コンテナ船物流と空運物流の間には，強い補完関係が見られ，しかも成長率のより高いコンテナ船物流の主導する時代であった。しかし1992年を過ぎると，両者の関係は強い競争関係の下で，空運優位な状況へと一変する。もっとも2006年以降は，グローバル経済危機の影響を反映して，とりわけ空運物流分担率の低下が促進され，この危機に対して初期には比較的抵抗力を示したコンテナ船物流分担率の推移とは対照的な姿を見せている。空運優位の激しい競争は2005年がいわば分水嶺になっており，以後グローバル経済危機に入っていく。本章での実証分析では，危機の期間を除くため，サンプル期間は1980～2004年の25年間とする。

図表 3-1　輸出額に占める物流分担率の推移

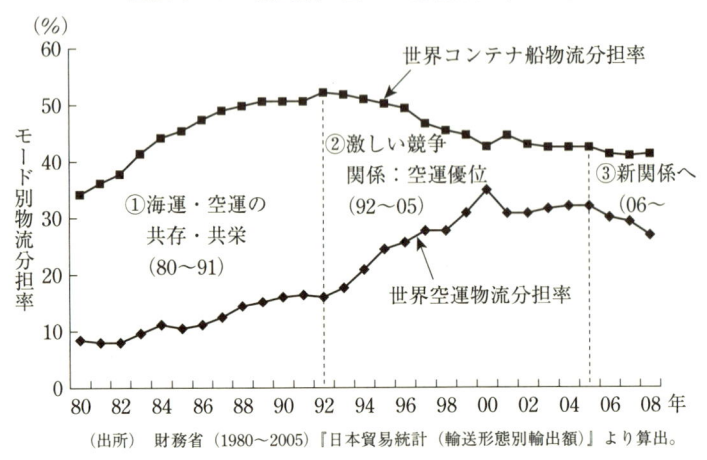

(出所)　財務省（1980～2005）『日本貿易統計（輸送形態別輸出額）』より算出。

　このように輸出貿易額に占める物流モードの分担率の変化は，1992年ごろを境にして，まさに物流モードの選択に構造的な変化が発生したことを示唆している。ではその変化はどのような原因によって引き起こされたのであろうか[4]。この点を解明することが最も重要な課題であろう。

　さらにその原因が，先行的に空運物流に作用し，遅行的に海運物流に作用するならば，両物流の分担率変動には，何らかの規則性が存在する可能性があると考えられよう。それはどのようなものであろうか。

　またこの期間は，日本経済の失われた10年の議論に関係している。この期間を日本経済の沈滞期間として捉える通説は，はたしてこのような国際物流の構造変化を整合的に説明し尽くせるのであろうか。

　これらの諸問題を考えるとき，経済のグローバル化に伴って，日本の対米，対EU，対アジア貿易の間には，かつてないほどの相互依存関係が発生している状況を考慮しなければならないであろう。そのことが当然に国際物流における地域連携を発生させるから，地域別考察が重要な分析視角となろう。

　そこで以下においては，このような問題意識の下で，大きく次の3点を取り上げよう。

① コンテナ船輸送と空運のモード選択要因と構造変化との関係をグローバルな地域連携の中で実証すること。
② 両モードの分担率の推移に見られる時間を媒介にした直接的な相互依存関係を物流の地域連携の中で抽出すること。
③ 国際物流のグローバルな視角から見出される日本経済の現状認識といわゆる失われた10年の議論との間に見られるギャップを検証すること。
このうち①と②を第3章で，③については第4章で取り上げる。

2　国際物流環境の変化と海空物流モードの選択

2-1　国際物流におけるモード別分業の発生理由

　国際物流において，海運業と空運業が共存共栄状態にあることを理解する上で参考になるのは，カソンによる1980年代の米国多国籍企業における親会社と子会社の間の調達と販売の相互依存関係を考察した成果である。

　カソンは，アメリカに親会社の立地する多国籍企業が子会社との間に形成した輸出依存度と輸入依存度の関係から，産業を次の4つのカテゴリーに分類した。それによれば，①輸出依存度と輸入依存度がともに高い業種を研究集約性の高い業種，②輸入依存度は高い一方で，輸出依存度の低い業種をグレーゾーン型業種，③輸出依存度は高いけれども，輸入依存度が低いグレーゾーン型業種，④輸出と輸入の依存度がともに低い業種が研究集約性の低い業種である。

　ここにカソンのいう外国に立地する子会社の親会社への輸出依存度は，一般にA国に立地する親会社への子会社の輸出量を，A国全体に対する子会社の輸出量で割った値で得られる。一方，子会社の親会社への輸入依存度は，A国に立地する親会社からの子会社の輸入量を，A国に立地するあらゆる企業から輸入されたその子会社の輸入量で割った値で得られる。

　そしてカソンは今日最も注目されるのは，③に掲げた，輸出依存度は高いが，輸入依存度が低いグレーゾーン型業種であり，ここには一般にプロダクトサイ

クルにおける合理化された生産段階、あるいは標準差別化段階にある輸送設備や電気機器などの業種が所属しているという。一方、これと対立する②のグレーゾーン型業種には化学工業が入り、それはプロダクトサイクルにおける成熟段階にある。また①の研究集約性の高い革新段階にある業種には、革新的段階にあるエレクトロニクス・薬品・機械などが、また④の研究集約性の低い業種は、すでに単純標準化段階にある繊維産業や鉄鋼業がこれに当たる、と論じている[5]。

この議論に従って国際物流の基礎構造を表示すると図表3-2になる。このうち、革新産業と成熟産業が空運物流に、標準差別化産業と単純標準化産業がコンテナ船物流に概ね属するのである。プロダクトサイクル理論に基づく産業分類は国際物流の分業的構成をよく説明している。①の革新産業では、外国に立地した子会社は、母国の親会社から革新製品を輸入販売し、例えば半導体産業のように、後工程の部品を母国に向けて輸出する。③の標準差別化産業では、子会社が親会社に依存せずに生産したものを、親会社に向けて輸出販売するというのが典型的な姿である。

今日、自動車産業や家電業は組み立て部材に革新的な半導体を組み込むこと

図表3-2　国際物流の基礎構造：プロダクトサイクルに従う産業分類

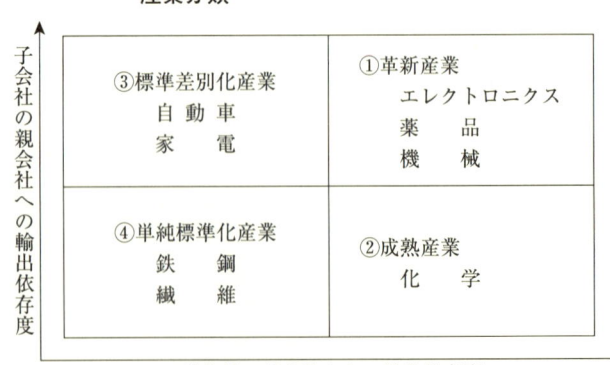

	子会社の親会社からの輸入依存度	
子会社の親会社への輸出依存度	③標準差別化産業 自動車 家電	①革新産業 エレクトロニクス 薬品 機械
	④単純標準化産業 鉄鋼 繊維	②成熟産業 化学

①，②：空運貨物　③，④：コンテナ船貨物

によって高性能化を果たしているけれども，基本的には外形やアクセサリー等のモデル変更を頻繁に実施して競争する業種であるという意味で，標準差別化産業段階にあると見てよいであろう。もっとも現在の鉄鋼業は特殊鋼の生産を増やし，革新的な特殊鋼メーカーになりつつあるし，繊維産業もまた化学工業を兼業して炭素繊維や液晶膜等の革新部材部門を拡張しつつあるので，これらの業種は単純標準化産業にとどまることなく，成熟産業部分を増やしつつあるといえよう。

2-2 短期・中期・長期における海空物流モード選択仮説

コンテナ輸送と空運の間に発生する競争関係は，3つの期間について考えることができる。図表3-3に見るように，第1はプロダクトサイクルの変化に応ずる1～2年の短期，第2は景気変動に対応する4～5年の中期，さらに第3は経済の構造変化に関わる10～15年の長期である。

このうち，プロダクトサイクルに関わる短期選択においては，革新期や成長期には空運が選好され，成熟期，標準差別化期には逆にコンテナ船輸送が相対的に優位になるであろう（図表3-4参照）。

製品の革新期には，創業者利益を確保し，海外市場の占有を目指すために，早急なマーケティング活動が必要になるからである。空運の持つ速度の優位性は取引時間の短縮を通じて在庫費用を極小化し，高付加価値状態にある革新期の貨物の物流TC（トータルコスト＝運賃＋在庫費）[6]を，コンテナ船輸送に比して著しく減少させるであろう。景気変動に関わる中期においては，好況期に

図表3-3 荷主企業における海運と空運選択の時間軸と要因

短期選択：1～2年 （プロダクトサイクル）	革新製品（1～2年で消える）は空運に， 成熟製品は海運・コンテナ船に
中期選択：4～5年 （ビジネスサイクル）	好況期には空運に， 不況期には海運・コンテナ船に
長期選択：10～15年 （長期構造変化サイクル）	構造の革新期には空運に， 構造的成熟期には海運・コンテナ船に

74　第Ⅱ編　物流のグローバル化と日本経済

図表3-4　プロダクトサイクルと短期の物流選択

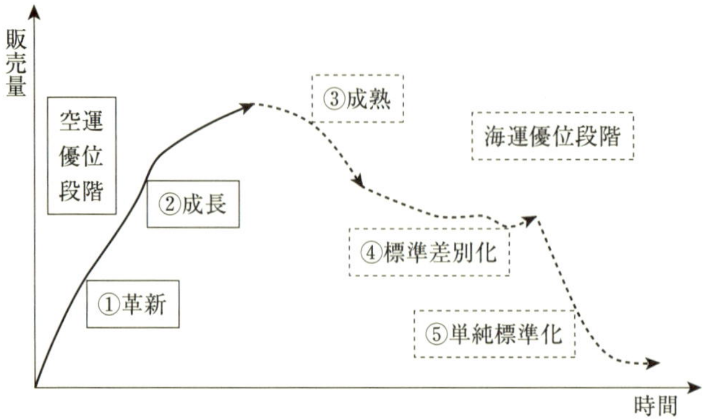

（縦軸：販売量　横軸：時間）
空運優位段階／海運優位段階
①革新　②成長　③成熟　④標準差別化　⑤単純標準化

は取引回転数を増加するために空運が相対的に利用され，不況期には取引の鈍化に伴ってコンテナ船輸送が好まれる。好況期には貨物の価格は需給逼迫の影響で相対的に上昇しているから，空運TCの方がコンテナ船TCよりも低くなるであろう。

　さらに経済の構造革新を伴う長期では，革新期には高付加価値貨物が多く現れ，空運物流の利用が活性化されるであろう。これに対し成熟期を越えると次第に低付加価値貨物が支配し，コンテナ船物流が主流になるであろう。このように，短期，中期，長期の3つの局面における高付加価値物流の発生期には，もし空運を利用せず，コンテナ船を利用するならば，得られたであろう利益を逸失することによって機会損失，つまり機会費用を被るからである。

　以上に見たコンテナ船物流と空運物流の選択の基本的関係は，空運TCは，貨物価値が上昇するにつれて，コンテナ船TCを下回り，優位に立つということに現れるのである（図表3-5）[7]。

　ここで，元の均衡点よりも右側が空運支配領域で，その左側がコンテナ船支配領域である。しかしコンテナ船の利用によって発生する短期・中期および長期の機会費用があり，それは貨物価値の上昇とともに増大するであろう。この費用をコンテナ船TCに加えたものが，コンテナ船が負担する上限となるコストであり，このコスト曲線と空運TC曲線の交点によって転位した均衡点が得

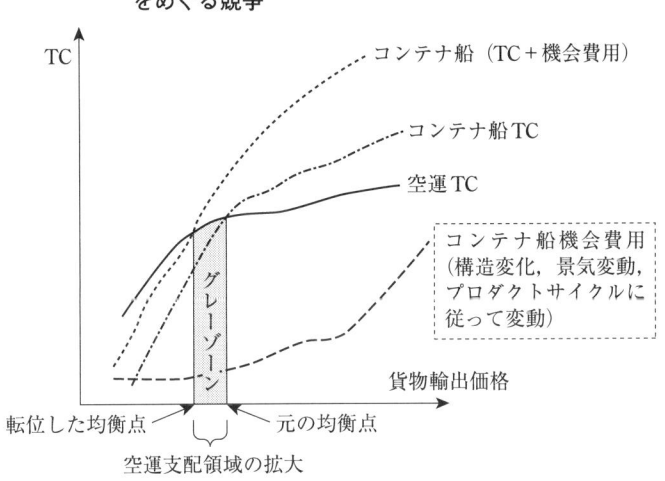

図表3-5　コンテナ船と空運の基本関係の変化：グレーゾーン
　　　　をめぐる競争

```
TC
│                    コンテナ船（TC＋機会費用）
│
│              コンテナ船TC
│          空運TC
│                    コンテナ船機会費用
│        ｜グ｜      （構造変化，景気変動，
│        ｜レ｜       プロダクトサイクルに
│        ｜ー｜       従って変動）
│        ｜ゾ｜
│        ｜ー｜
│        ｜ン｜       貨物輸出価格
└─────────────────────
  転位した均衡点    元の均衡点
           空運支配領域の拡大
```

られる。この新たな均衡点と元の均衡点の間にある領域は，コンテナ船と空運のいずれもが一方的には支配できないという意味で，競争的グレーゾーンと呼び得るものである。このグレーゾーンのコンテナ船輸送と空運への帰趨は，コンテナ船機会費用の発生の程度に依存して決定されるのである。

　長期の構造変化の中には，何度かにわたる景気循環があり，また景気の各局面において商品ごとに多様な段階のプロダクトサイクルが発生する。とりわけ短期と中期におけるコンテナ船輸送と空運の競争は，いずれのモードも競争的グレーゾーンを継続的に支配できないという意味で，その勝者は景気状態やプロダクトサイクルの段階に対応してめまぐるしく変化するのである。

　これに対して，1990年代以降に見られるような，競争領域の大半を確実かつ継続的に空運の領域に転位させるための空運優位の基本条件は，短期的，中期的視角を越えて，長期的に経済構造が革新されること，つまり高付加価値物流が構造的に発生することである。

　この点を日本の空運輸出物流に注目すれば，対アジア貿易の高付加価値化がグローバル規模での空運物流を促進させたことが理解できる。つまり図表3-

76　第Ⅱ編　物流のグローバル化と日本経済

図表3－6　日本の地域別輸出価格と交易条件

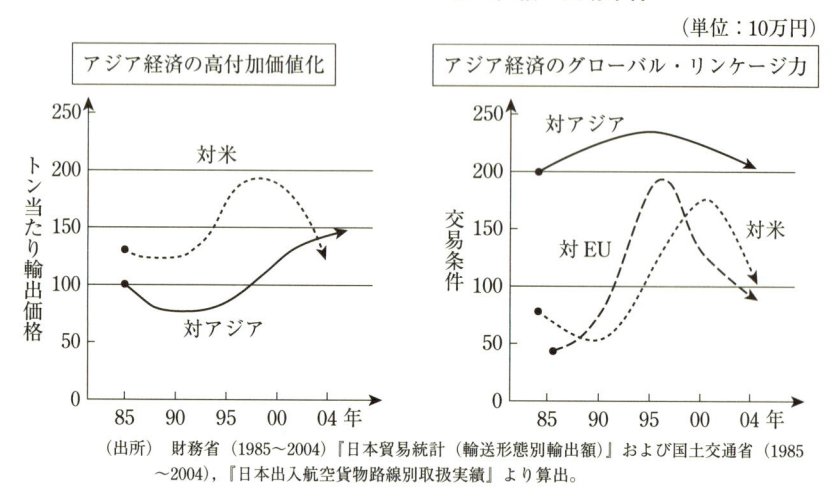

(単位：10万円)

アジア経済の高付加価値化　　　アジア経済のグローバル・リンケージ力

(出所)　財務省（1985～2004）『日本貿易統計（輸送形態別輸出額）』および国土交通省（1985～2004），『日本出入航空貨物路線別取扱実績』より算出。

　6に見られるように，1985年においては約500万円の差がついていた対米と対アジアのトン当たり空運輸出価格は，2005年になると，逆に対アジア輸出価格の方が対米輸出価格をわずかに上回るほどにまで高付加価値化したのである。この10年間で対アジア空運輸出価格は1.5倍に上昇し，対米，対EU貿易と肩を並べるに至っている。

　グローバルな高付加価値空運物流は，すでに第2章で実証したように，米国では1980年代後半，わが国では1990年代半ばより，第3世代の戦略物流時代に入った物流業の対応によって一層促進されることになる。製造業・流通業等の荷主企業は，ロジスティクスやSCMを競争優位の源泉として戦略的にビジネスモデルに組み込むとともに，この動きに対応する物流業が3PL業として出現したことである[8]。その背景にはいうまでもなく規制緩和政策の進展と情報化の促進がある。

　このように，経済の構造革新の下で，高付加価値物流がグローバルな規模で発生するとともに，荷主企業による物流戦略のビジネスモデルへの組み込みと物流業の3PL機能革新の流れが加速することによって，空運輸出物流領域が

一気に拡大したのである。これに加えて，日本の対アジア貿易の空運交易条件指数（日本の対アジア「トン当たり空運輸出価格／トン当たり空運輸入価格」×100，で算出）は，ここ20年間にわたりほぼ200台を推移しており，2004年には，対北米貿易と対EU貿易の交易条件指数の約2倍のレベルにある。言い換えれば，2004年の対米，対EU貿易の輸出価格と輸入価格はほぼ釣合っているのに対して，対アジア貿易では，平均して輸出価格が輸入価格の2倍のレベルにあり[9]，これが，日本企業がグローバルに展開する場合のバッファーとして機能する。たとえ対米交易条件（さらには対EU交易条件）が悪化しても，それは対アジア交易条件の改善によってカバーされるのである。つまり基本的には両者間には負の因果関係がある。このようにしてアジア貿易の構造が日本企業のグローバル展開を促進しているのである。

したがって1990年代半以降の構造革新期の特徴としては，以下の5点を特筆しなければならない（図表3-7参照）。

① アジア経済の高付加価値化によって日本経済の対外活動が活性化したこと，
② これによってグローバル経済規模のネットワークの下で，高付加価値物流が促進されたこと，
③ それに対応して高度化した荷主企業の物流戦略を3PL業として受託する戦略物流業の機能が，規制緩和とIT化の環境の下で高まったこと，
④ それがまた経済の一層のグローバル化と高付加価値物流の創出に導いたこと，
⑤ さらにはこの一連の因果関係が経済構造を一層革新させるという，長期にわたる成長循環を発生させたこと。

構造革新下の高付加価値物流の発生とその促進には，その背後にある環境変化，つまり経済のグローバル化，とりわけその中でのアジア経済の発展，さらには規制緩和とIT化，そこでのビジネスモデルの競争優位をめぐる競争と物流業の対応等が，決定的な役割を果たした。それは日本経済が今までに経験したことのない構造変化を果たす上で十分な機能を持っていたのである。

図表 3-7　日本経済の構造革新と空運競争優位の発生・促進のメカニズム

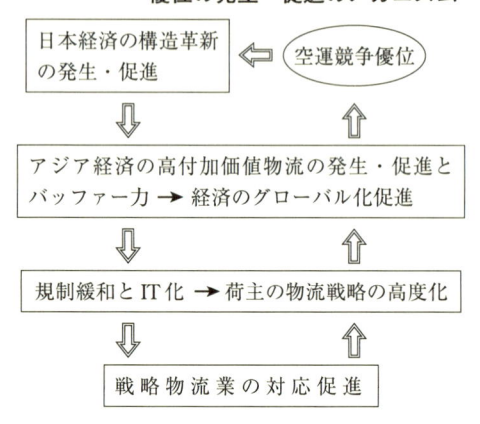

```
┌──────────────┐      ┌──────────┐
│日本経済の構造革新│ ⇐  │空運競争優位│
│の発生・促進    │      └──────────┘
└──────────────┘            ⇑
        ⇓                    
┌────────────────────────────────┐
│アジア経済の高付加価値物流の発生・促進と│
│バッファー力 ➡ 経済のグローバル化促進 │
└────────────────────────────────┘
        ⇓                    ⇑
┌────────────────────────────────┐
│規制緩和とIT化 ➡ 荷主の物流戦略の高度化│
└────────────────────────────────┘
        ⇓                    ⇑
┌────────────────────────────────┐
│戦略物流業の対応促進              │
└────────────────────────────────┘
```

3　物流モード選択モデルの構築

3-1　地域間事業モデル連携の構図

　日本の輸出貿易に占めるコンテナ輸送と空運の分担率比率の決定，つまり荷主によるコンテナ輸送と空運のモード選択行動の決定は，グローバルな地域連携の下で行われるであろう。特定地域で発生した経済的衝撃が若干の遅れを伴いながらも他の地域に速やかに波及するという，地域間経済連携機能の強化はグローバル経済の重要な特徴である。

　日本企業の対外経済活動を経済産業省の調査データを用いて分析した結果（図表3-8参照）によれば，わが国企業は，原則的には，物流活動レベルと投資のタイプを連動させて，利益率の確保に努めていることが分かる。特に，北米地域では，革新型投資を行うために製品利益水準が抑えられるため，それを物流面から補おうとして，ロジスティクスの高度化とSCMの導入に向かい，優れた物流活動をプロフィットセンターとして位置づけている。一方，アジア

図表3-8　わが国企業の海外事業活動の特徴

日本の現地製造業の立地場所	アメリカ地域	アジア地域（NIES・ASEAN）	EU地域
総合ロジスティクス機能	極めて効率的	中程度に効率的	非効率的
投資行動	革新型	成熟型	ラグを伴う革新型
利潤極大行動	短期利潤の極大	長期利潤の極大	長期利潤の極大
売上高経常利益率	中位	上位	下位
総合ロジスティクス機能の改善策	SCMの積極導入	企業内ロジスティクス統合	個別ロジスティクス機能の点検

（出所）　宮下國生（2002）『日本物流業のグローバル競争』千倉書房，図表3-5，85ページ参照。経済産業省（1990，1992，1993，1995，1996，1998，1999）『我が国企業の海外事業活動』および経済産業省（1991，1994）『海外投資統計総覧』のデータに基づく計量分析結果による。

地域では，成熟型投資によって高位の利益率水準が確保されるため，プロフィットに幾分プラスか中立状態の中程度の物流活動で十分に事が足りている。しかしヨーロッパ地域では，アメリカ地域の活動に比べて若干遅れを伴う革新型投資が行われるにもかかわらず，それに適合した物流活動が伴っていないという課題を抱えている。

　このように，日本企業は北米での革新型投資を，ヨーロッパでの事業活動につなげる一方で，確実に利益の上がる成熟型投資（その原型は数年前の北米での革新型投資である）をアジア地域で展開しているのである。ここでも，先に日本の空運交易条件で見たと同様に，アジア地域での事業活動が日本企業のグローバルな事業活動に対してバッファー効果を与えていることを確認できる。

　ここに重要な点は，投資活動にグローバル連携性が機能していることであり，その結果，事業のサイクルが，北米，ヨーロッパ，アジアの順に回転していると見られることである。したがってここで推論できることは，日本企業の主導的活動は北米地域において創生され，その影響がヨーロッパ地域を通じて，アジアに波及するであろうという点である。このようにしてわが国企業の地域間事業連携の展開は，わが国の国際物流にグローバルな連携を生み出すように機

能してきたのであろう。

3-2 日本企業の物流モード選択行動仮説

　以上の検討に基づけば，日本の輸出物流におけるモード選択行動は，図表3-9のような構図を描くであろう。これは対北米物流モード選択行動の影響が，対EU物流モード選択行動に作用した上で，この影響が対アジア物流モード選択行動を決定するであろうというものである。つまり対北米物流モード選択行動が間接的に対アジア物流モード選択行動の動きを支配しているであろうというものである。

　この仮説を実証するには，まず対米物流モードの選択構造を明らかにすることから始めなければならない。物流モードの選択行動の推移を，[対米空運物流分担率／対米コンテナ船物流分担率]によって捉えれば，このモード選択行動に作用する基本的決定因は図表3-10の通りである。

　本来であれば，図表3-9と3-10において，①と②は物流トータルコストとして一体化して捉えなければならないが，そのために必要なデータがない。そこで，ここでは①と②の要因を個別に機能させている。一般に，空間移動コストが高くなれば，物流需要は減少する。プロダクトサイクルに関わる短期選択

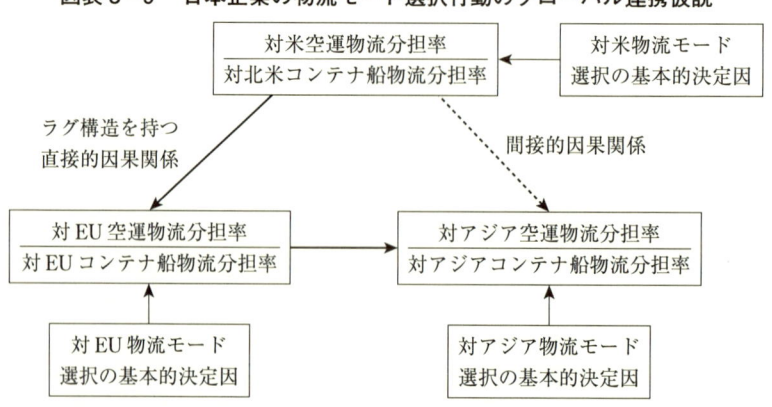

図表3-9　日本企業の物流モード選択行動のグローバル連携仮説

```
                    ┌─────────────────┐         ┌─────────────┐
                    │ 対米空運物流分担率      │ ◄────── │ 対米物流モード   │
                    │ 対北米コンテナ船物流分担率│         │ 選択の基本的決定因│
                    └─────────────────┘         └─────────────┘
          ラグ構造を持つ  │                    ┊
          直接的因果関係  │                    ┊ 間接的因果関係
                        ▼                    ▼
        ┌─────────────────┐         ┌─────────────────┐
        │ 対EU空運物流分担率    │ ──────► │ 対アジア空運物流分担率   │
        │ 対EUコンテナ船物流分担率│         │ 対アジアコンテナ船物流分担率│
        └─────────────────┘         └─────────────────┘
                │                            │
                ▼                            ▼
        ┌─────────────┐              ┌─────────────┐
        │ 対EU物流モード  │              │ 対アジア物流モード│
        │ 選択の基本的決定因│              │ 選択の基本的決定因│
        └─────────────┘              └─────────────┘
```

図表3-10　対米輸出貿易における空運とコンテナ船輸送の物流モード選択関数の構成

変　数		符号
（被説明変数） 空運とコンテナ船輸送の物流モード選択率の割合	対米空運輸出額分担率[1]／対米コンテナ船輸出額分担率[2]	
（説明変数） ①空間移動コスト比率	①日本の対世界空運輸出運賃[3]／対米電機製品コンテナ船運賃[4]	−
②時間移動コスト比率	②対北米トン当たり空運輸出価格[5]／対北米トン当たりコンテナ船輸出価格[6]	＋
③空運指向型構造変化（時間移動コスト比率の係数ダミー変数）	③1994〜2004年＝1.0，他はゼロ。	＋
④コンテナ船輸送の機会費用	④対米空運交易条件＝対米トン当たり空運輸出価格[5]／対米トン当たり空運輸入価格[7]	＋
⑤輸出のバッファー力	⑤対アジア空運交易条件＝対アジアトン当たり空運輸出価格[8]／対アジアトン当たり空運輸入価格[9]	−

（出所）
[1]，[2]：（単位：％），財務省（1980〜2004）『日本貿易統計（輸送形態別輸出額）』より算出。
[3]：（単位：2000年＝100），日本銀行（1980〜2004）『企業向けサービス価格指数（輸出）』のうち「国際航空貨物輸送価格指数（円ベース）」をドル換算。対米航空貨物運賃データが得られないので，後掲の対EU，対アジアの考察と同様に代理変数として対世界航空貨物輸出運賃を用いる。
[4]：（単位：ドル），Transpacific Conference from Japan to West Coast of USAのFEU当り運賃。日本郵船提供データ（1980〜2000年）および国土交通省（2001〜2004）『海事レポート』掲載データによる。
[5]，[7]，[8]，[9]：（単位：ドル），財務省（1980〜2004）『日本貿易統計』および国土交通省（1980〜2004）『日本出入航空貨物路線別取扱実績』より算出。
[6]：（単位：ドル），財務省（1980〜2004）『日本貿易統計』より得られた輸出額を，PIERS Global Intelligence Solutions（1980—2004），*Port Import Export Reporting Service* による日本の対米コンテナ貨物TEU表示データ（以下，「PIERSデータ」[10]と呼ぶ）のトン数換算値で除して算出。

においては，革新期や成長期には空運が選好され，成熟期，標準差別化期には逆にコンテナ船輸送が相対的に優位になるであろう（前掲，図表3-3参照）。製品の革新期には，創業者利益を確保し，海外市場の占有を目指すために，早急なマーケティング活動が必要になるからである。すでに先にふれたように，空運の持つ速度の優位性は取引時間の短縮を通じて在庫費用を極小化し，高付加価値状態にある革新期の貨物の物流トータルコストを，コンテナ船輸送に比

して著しく減少させるのである。これは空間移動コストを相対比率で捉えても同じであるから，①の符号はマイナスである。これに対して，時間移動コストが高くなると，具体的には空運輸出価格が相対的に高くなれば，輸送時間の節約のために一層空運が選好される。②の符号はプラスになる。

空運志向型構造変化は経済の構造変化に関わる長期的な要因である。それは，とりわけ先に見た1990年代半以降の構造革新期における一連の因果循環の中で醸成されたものである。この時期にグローバルな高付加価値物流の発生をめぐり荷主，物流業，政府が協業したからである。そこで③は，対北米時間移動コスト比率（②）の係数ダミー変数として捉えられており，その符号はプラスである。それは荷主の目からは，事業モデルの戦略的ダミー変数として機能する。

対米輸出では革新貨物が取り扱われているから，とりわけこのルートのコンテナ船物流には，短期のプロダクトサイクルの革新段階や，さらには中期の景気循環の好況期には，空運利用機会を逸したことにより，機会費用が発生する。④はこの事態を捉える要因である。これは逆に見れば，空運貿易が促進されるときが，最もコンテナ船物流の機会費用が高くなる時期であるといえる。したがって，このルートの空運交易条件が好転すればコンテナ船物流の機会費用も大きくなるから，④の符号はプラスである。

また図表3-6および図表3-8において触れたように，日本のアジア貿易が他の地域貿易にもたらすバッファー機能は，対アジア交易条件が好転すれば，それをバッファーとして，悪化した対米交易条件（わが国の輸出競争力の弱体化と輸出価格の低下）に対応した，空運物流からコンテナ船物流へのモード代替を促すであろう。したがって⑤の符号はマイナスである。

このようにして，機会費用の代理変数である対米交易条件と輸出バッファー力の代理変数である対アジア交易条件の間には，空運とコンテナ船輸送の物流モード選択を媒介として，負の因果関係が成立するであろう。

4 物流モード選択行動におけるグローバル連携の推定

4-1 対米物流モードの選択行動の推定

最小二乗推定法を用いれば,図表3-9に示した対北米輸出貿易におけるコンテナ船輸送と空運のモード選択行動モデルの1980～2004年を推定期間とする計測結果は図表3-11の(3.1)式の通りである。なお推定式は,対数線形型

図表3-11 対米物流モードの選択行動の推定式:(3.1)式

決定因	決定因の構成	係数の推定値	符号条件との整合性と評価
空間移動コスト比率	log(日本の対世界航空貨物運賃(-1)/アジア・北米電機製品コンテナ船運賃)	-0.08931 (-2.26)**	符号整合。空間移動の運賃要因は推定期間全体を通じて有意に機能する。
時間移動コスト比率	log(対北米トン当たり空運輸出価格(-1)/対北米トン当たりコンテナ船輸出価格)	-0.2491 (-1.30)	符号は非整合。しかしt値が低いので,時間要因は全推定期間については,実質的には機能しない。
空運志向型構造変化の進展(時間移動コスト比率の係数ダミー)	(空運志向型構造変化ダミー)×log(対北米トン当たり空運輸出価格(-1)/対北米トン当たりコンテナ船輸出)	0.3767 (5.90)***	符号整合。時間要因は,1994年以降に,高度に有意に機能している。
コンテナ船輸送の機会費用	log(対米空運交易条件(-1))	0.3573 (1.64)	符号整合。20%レベルで有意なt値は,継続的に機能する決定因なので許容できる。
輸出のバッファー力	log(対アジア空運交易条件(-1))	-0.7039 (-2.44)**	符号整合。対アジア貿易のバッファー機能は対米空運貿易の衰退期に高揚する。
定 数 項	1.0299		
統 計 値	RB2=0.897, SE=0.142, DW=1.70, N=25		

(注) 被説明変数は,log(対北米空運物流分担率/対北米コンテナ船物流分担率)である。図表3-9も参照のこと。推定期間は1980～2004年である。

に特定化されているので,係数は弾性値を示している。

物流モード選択行動に関する図表3-11の推定結果によれば,空運とコンテナ船輸送の空間移動コスト比率は1980~2004年の推定の全期間にわたって有意で,かつ符号条件も満足している。これは,物流モードの選択が,両物流モードの運賃の変動によっても発生することを十分に示唆するものである。

これに対して,空運とコンテナ船輸送の時間移動コスト比率の機能は,物流構造が空運志向型に変化したと特に仮定した期間(1994~2004年のダミー変数設定期間)についてだけ有意である。したがって,空運優位を支えてきたトータルコストへの荷主の合理的意識は,1994年以降において,荷主の事業モデルが構造的に空運志向型に変革されるに伴って,対米物流において顕在化してきたことが分かる。つまり裏を返せば,1994年以前においては,ロジスティクスさらにはSCMという戦略的事業モデルに空運物流を取り込むことは,特定のケースを除けば,一般的にはなかったといえるのである。

ところで,短期および中期の循環において機能すると見られていた,コンテナ船輸送を利用する機会費用(対米空運交易条件)の係数のt値は,10%レベルでも有意でない状況にある。しかしこの要因は,モード競争のグレーゾーンの帰趨に関わるものであり,恒常的に作用しているというものではない。その意味では,20%レベル程度のt値の有意性が確保されれば,機会費用の存在を認定するに十分であろう。

最後に,アジア貿易の持つ先進国貿易へのバッファー(対アジア空運交易条件)機能が,対米物流を喚起している状況を確認することができる。

4-2　3極間グローバル連携関係の推定

図表3-9において明らかにしたグローバル連携仮説に従えば,ここに決定された対米物流に関するモード選択行動が引き金となって,対EU物流,ついで対アジア物流におけるモード選択行動が誘発されると考えられる。このような3極間の因果連鎖の関係は,ラグ(遅れ)を伴って波及していくのである。しかもその波及期間は数期に,年単位で捉えると数年にもわたるであろう。

図表 3-12　対 EU 物流モードの選択行動の推定式：（3.2）式

決定因	決定因の構成	係数の推定値	符号条件との整合性と評価
空間移動コスト比率	log（日本の対世界航空貨物運賃/アジア・EU コンテナ船運賃）	−0.1476 （−3.18）***	符号は整合。運賃比率である空間要因は全推定期間を通じて有効に機能。
時間移動コスト比率	log（対 EU トン当たり空運輸出額（−1）/日本の輸出物価指数）	−0.3695 （−2.02）*	符号は非整合。全推定期間を通ずる空運優位はない。
対米物流モードの選択行動の推定値（0）	図表 3-11 の（3.1）式で推定された，log（対北米空運物流分担率/対北米コンテナ船物流分担率）のゼロ期の値。	0.3877 （5.98）***	・シラーラグ分析を採用。攪乱項の分散と標準偏差の比＝1 の仮定。 ・対米物流モードの選択行動は，今期を含めて 5 期のラグを伴って，対 EU 物流モードの選択行動に影響を与える。そのラグつき合計の係数値は，1.1506 と 1 を超えて弾力的である。 ・長期の作用については，後掲の図表 3-15 を参照のこと
対米物流モードの選択行動の推定値（−1）	上記推定値のマイナス 1 期の値。	0.2687 （8.11）***	
対米物流モードの選択行動の推定値（−2）	上記推定値のマイナス 2 期の値。	0.1819 （4.55）***	
対米物流モードの選択行動の推定値（−3）	上記推定値のマイナス 3 期の値。	0.1518 （3.78）***	
対米物流モードの選択行動の推定値（−4）	上記推定値のマイナス 4 期の値。	0.1605 （2.70）**	
（ラグつき変数計）		1.1506	
定数項	−2.4038		
統計値	$RB2=0.979$, $SE=0.073$, $DW=1.98$, $N=25$		

（注）　被説明変数は，log（対 EU 空運物流分担率 / 対 EU コンテナ船物流分担率）。推定期間は 1980～2004 年である。対北米物流とは異なり，日本の輸出物価指数を用いたのは，EU およびアジア向けの日本のコンテナ輸出量（TEU 単位）の連続データが得られないためである。

図表3-13 対アジア物流モードの選択行動関数の推定:(3.3)式

決定因	決定因の構成	係数の推定値	符号条件との整合性と評価
空間移動コスト比率	log(日本の対世界航空貨物運賃/日本・アジア間コンテナ船運賃)	−0.3205 (−2.27)**	符号は整合。運賃比率である空間要因は全推定期間を通じて有効に機能。
時間移動コスト比率	log(対アジアトン当たり空運輸出額/日本の輸出物価指数)	−0.4512 (−2.10)**	符号は非整合。全推定期間を通じては時間要因は重視されない。
対EU物流モードの選択行動の推定値(0)	図表3-12の(3.2)式で推定された,log(対EU空運物流分担率/対EUコンテナ船物流分担率)のゼロ期の値。	0.7376 (7.34)***	・シラーラグ分析を採用。撹乱項の分散と標準偏差の比＝1の仮定。 ・対EU物流モードの選択行動は,今期を含めて4期のラグを伴って,対アジア物流モードの選択行動に影響を与える。そのラグつき合計の係数値は,1.3498と1を超えて弾力的である。 ・対米物流モード選択行動の影響はEUを通じて,アジアにおいて最終的に1.553倍にまで増幅される。
対EU物流モードの選択行動の推定値(−1)	上記推定値のマイナス1期の値。	0.4483 (6.72)***	
対EU物流モードの選択行動の推定値(−2)	上記推定値のマイナス2期の値。	0.1853 (3.81)***	
対EU物流モードの選択行動の推定値(−3)	上記推定値のマイナス3期の値。	−0.0214 (−0.47)	
(ラグつき変数計)		1.3498	
定数項			
統計値	$RB^2=0.9636$, $SE=0.085$, $DW=1.62$, $N=25$		

(注1) 被説明変数は,log(対アジア空運物流分担率/対アジアコンテナ船物流分担率)。推定期間は1980～2004年である。

(注2) 日本・アジア間コンテナ船運賃は,株式会社商船三井営業調査室編集・発行(1980～90)『海運調査月報』の他,株式会社オーシャンコマース編集・発行(1987～2007)『国際輸送ハンドブック』掲載の台湾,香港,インドネシア,バンコク4航路における運賃変更内容等をベースに作成した。

(注3) 対米物流モードの選択行動のアジア物流への影響は,図表3-12と3-13のラグつき変数の推定値の合計を掛合わせた値でとらえられる。

そこで過去のラグ効果の影響が，過去から現在に向かって滑らかに変化しつつ累積していくと仮定して，（3.2）式（図表3-12掲載）と（3.3）式（図表3-13掲載）では，それぞれの説明変数として作用する対北米物流モード選択行動の推定値と対EU物流モード選択行動推定値に関してシラーラグ推定法を用いる。

対EU物流モードの選択行動の推定式は図表3-12の（3.2）式のようである。空間移動コスト比率の符号条件は整合しているから，運賃比率である空間要因は全推定期間を通じて有効に機能している。しかし，時間移動コスト比率の符号は非整合であり，全推定期間を通ずる空運の時間移動コストの優位を受け入れる状況ではない。これは対米物流とも同様である。

このように空間移動コスト比率と時間移動コスト比率に関する対EU向けの固有の機能には特別のものはなく，穏やかである。ここに対米物流モードの推定値に関する5つのラグ変数の影響が加わってはじめて，対EU物流モードの選択行動の全体像が明らかとなるのである。

同様のことは，図表3-13の（3.3）式で示した，対アジア物流モードの選択行動関数の推定結果においても，その固有機能と全体像に関していえるのである。これらを踏まえて，次節では，3極連携メカニズムの実態を浮き彫りにしよう。

5　3極連携の長期メカニズムの実態

5-1　グローバル物流の波及効果

対北米輸送モード選択に関わる（3.1）式ならびに対EU物流と対アジア物流のモード選択に関係する（3.2）式と（3.3）式によって描かれた3極の物流構造は，図表3-9に示したラグを伴った因果連鎖仮説の現実妥当性を実証している。対EU物流モードの選択においては，対米物流モード選択構造の過去4年の影響がなだらかに吸収され，さらに対アジア物流モードの選択で

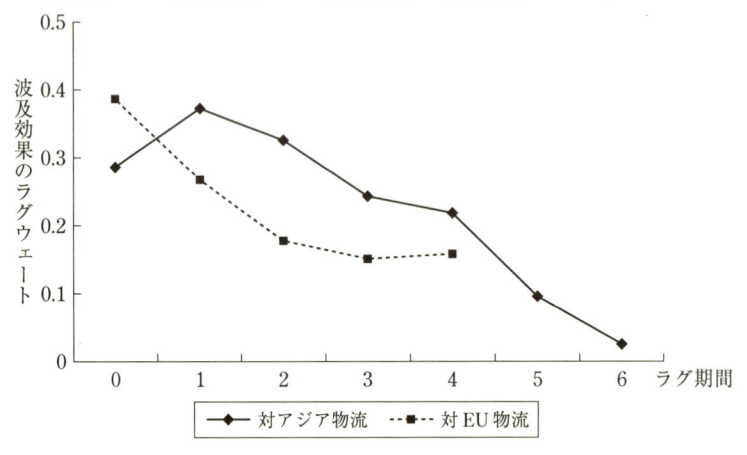

図表 3-14　対米物流モード選択行動の波及効果のラグウェート

は，対米物流モード選択構造の過去3年（ただし3期目のラグ係数の有意度は低いので，実質的には過去2年）の影響が同様に吸収される。つまり最初の対北米モード選択行動と最後の対アジア物流モード選択の間には，最長で実質6年の遅れがある。

その地域間ラグ構造を，対北米物流モードの波及効果によって測定すれば，図表3-14を得る。ここでは，ラグ0期も含めてラグ6期までの7期にわたるラグウェートの変化を捉えている[11]。

対EU物流では，ラグ0期に波及効果のピークがあり，ラグ2期までの3期間で，対米物流モード選択行動全体の約70%の波及効果を吸収している。ここに明らかに見てとれるように，日本から輸出される対米向け革新製品が短期間のうちにラグを伴ってEU地域に定着し，その波及効果は期を追うごとに減衰している。EUは，日本からの革新製品の受け入れ市場としては極めて淡白で，粘りがないのである。

これに対して，アジア地域に対する対米物流モードの波及過程は，息の長いものである。その中でアジア物流でも革新製品輸出がラグ0期から開始されていることに注目する必要がある。ここでのラグは年単位であるから，アジアに

はEUを通じて対米輸出物流の影響を受けるものの、1年以内の同期に、その影響が到達している。つまり迅速に影響が波及しているのである。その場合、アジア物流のラグ0期における対米物流の波及度は18.5%であり[12]、EU物流の同様の波及効果33.7%には遠く及ばない。しかしここにアジア物流高付加価値化の進捗状況を読み取ることができる。

またアジア物流では、今期を含む当初の3期間で、対米物流の波及ラグ効果の62%を毎年バランスよく吸収している。アジア地域は革新製品の受け入れに粘り強く対応するために積極的な受け皿を用意できていることが分かる。この流れが強まれば、現在は間接的につながっているアジア物流と対米物流の間に強力な直接的因果関係が創生されるであろうし、ラグ期間も短縮されるであろう。しかしその一方で、アジアの欧米化が進めば、緩衝地域としてのアジアの経済の持つバッファー機能の魅力を低下させるであろう。このようなグローバル経済における緩衝材の消滅が現実に発生すれば、日本の企業経営に新たな課題を生むであろう。その意味からもアジア経済の動向からは目を離すことはできない。

5-2　長期における物流モード選択決定因の作用

3極の物流モード選択行動の長期にわたる因果連鎖関係を、基本となる5つの決定因についてまとめると、図表3-15を得る[13]。ここから以下のような3つの関係を読み取ることができる。

（1）　日本企業のロジスティクス戦略の高度化対応

図表3-15に見るように、時間移動コスト比率は、1993年までに限れば、3つの地域物流において、ゼロか非合理なマイナス符号を持っている。そのころまでは、わが国企業は、伝統的に、ロジスティクス戦略における時間コストや製品価値の持つ重要性を十分に理解していなかった、といえる。その中で、対米物流は唯一時間要因には中立的で、他地域向け物流のように非合理な対応をしていない。しかし、何か積極的な対応が見られるわけでもない。本来、先進

図表3-15　長期における物流モード選択行動の弾性値対比（1980〜2004年）

決定因	対米物流	対EU物流	対アジア物流
1．空間移動コスト比率	−0.08931	−0.2500	−0.6580
2．時間移動コスト比率（1980〜93年）	0	−0.3695	−0.8683
3．時間移動コスト比率（1994〜2004年，空運志向型構造変化要因）	0.3767	0.06393	0.1336
4．機会費用	0.3573	0.4111	0.5549
5．輸出バッファー力	−0.7039	−0.8099	−1.0932

（注）　係数のt値が20％に満たないときは，その値をゼロと置いている。

性に富むべき日本の対米物流が，世界の潮流から遅れたレベルにあったという事実は，日本企業の物流行動が世界レベルに遅行していた状況を示唆しているといえる。

ところが1994年以降においては，荷主が時間移動コストを重視し，高付加価値物流の発生をベースに空運志向性を強めたという仮説が，対米物流のみならず，対EUおよび対アジア物流におけるモード選択行動においても実証されている。例えば，1994年以降におけるEU物流モード選択の時間移動コスト比率弾力性は，対米物流のラグ累積作用効果を取り入れて算定すれば，0.0639（＝対EU物流モード選択係数＋ラグ係数値合計＊対米物流モード選択係数＝−0.3695＋1.1506＊0.3767）で，符号はプラスに転換している。一方，対アジア物流における1994年以降における時間移動コスト比率弾力性も，対EU物流のラグ累積作用効果によって，0.1338のプラスの機能を果たしている。高付加価値貨物に対する荷主の物流戦略がグローバル規模で連携拡大する状況を見ることができる。

しかも1994年以降における時間移動コスト比率のモード選択弾力性は，対米，対EUおよび対アジア物流で，それぞれ0.3767，0.0639，0.1338となり，とりわけ対米物流における顕著な戦略対応を確認できるとともに，対アジア物流において，対EU物流を上回る時間コストへの敏感な反応を強調できよう。これは，創出された革新貨物が最初に投入される場が従来通り対米物流市場であるという事実は変わらないにしても，最近の10年においては，アジア物流におけ

る高付加価値化が加速度的に進んだことを傍証している。

（２）　対米物流の先進性と対アジア物流の二重構造性

1994年以降において，モード選択に影響を与える決定因1（空間移動コスト比率）と3（時間移動コスト比率）には，対米物流とその他2地域の物流に関して，決定因機能のトレードオフ関係が見られることである。いずれの決定因も物流モード選択の基本的要因であり，これによってモード選択の基本形態が決定される。対米物流では，時間移動コスト比率が，一方その他2地域の物流では，空間移動コスト比率が相対的に強く作用している。

その意味で，対米物流がロジスティクスのフロンティアを切り開いていることが鮮明である。事業モデルとしてロジスティクスを確立し，それをプロフィットセンターとして運用している荷主企業にとって，対米事業モデルとその他の地域の事業モデルにはなお大きな差が存在している。

対EU物流と対アジア物流では，モード選択の時間移動要因と空間移動要因の作用の組み合わせは，弾性比で1：4と1：5の関係にあり，これで見る限り大きな差はない。共通して空間移動指向性の方が強く，物流戦略の後進性が高い。しかし両地域でも，93年以前とは異なり，94年以降には，時間移動コスト要因がプラスで作用し始めたという意味で，ロジスティクス時代の萌芽期に入ったものと評価できる。

この状況を詳しく比較すると，アジア物流では，空間要因への依存度を対EU物流に比して高いレベルで放置し，伝統戦略での後進性を強く残している。その一方で，時間要因への依存度は対EU物流よりも高く，先進物流戦略をも重視している。このようにアジア物流では物流戦略が先進性と後進性の二重構造を持っている。この状況は，例えば，中国物流でも沿海地域と内陸地域で，物流の発展段階に大きな格差があることを考えれば，容易に理解できるであろう[14]。これもまたアジア物流の持つ懐の大きさを示すものである。

これに対して，対EU物流では，物流の空間移動という後進性要因では，対アジア物流よりも優位にある。ところが時間移動という先進性要因では，アジ

ア物流のはるかに後塵を拝しているのである。したがって日本の対EU物流は，対アジア物流に比して後進的であると見られる[15]。

（3） 対アジア物流の懐の深さ：バッファー力と機会費用の効果

これに対して，機会費用とバッファー力は，上記で決定されたトレードオフ関係を，シフトさせる機能を持っている。コンテナ船物流を利用することによる機会費用は，アジア物流で最大である。これは対米物流で発生した機会費用を，ラグを伴って対EU物流と対アジア物流に伝播し，アジアにおける空運物流活性化が促進された結果である。これに対し，対アジア物流の持つ輸出バッファー力は，対米物流と対EU物流には奉仕するもので，その物流モード選択行動をアジアの交易条件とは逆方向に積極的に調整しているのに対し，アジア物流自体は不合理なマイナスの影響を直接被っている。これは期待されたアジア貿易の懐の深さを実証するものである。

日本のグローバル貿易がアジアをバッファーとして，リスク負担を軽減するメカニズムの中で促進される限り，バッファー力と機会費用が増幅効果を持つ対米物流と対EU物流に対して，それらが相殺効果を持つ対アジア物流が並存することを示す図表3-15の関係は，今後も継続するであろう。しかしグローバル経済危機の後，アジア経済において積極的にリスクを取る日本企業の行動が強化されれば，アジア経済をグローバル経済からの相対的に独立した地域経済として捉える傾向が今後強くなるかもしれない。その進展の速度は，日本企業の戦略的決断に依存する。

もっとも図表3-2からも明らかなように，アジア経済が急激に米国経済にとって代わることはあり得ない。経済構造に根本的な相違があるからである。しかしグローバル経済危機は，アジア経済の構造転換を促進し，アジア域内経済における分業構造を変革する強い契機を与えるであろう。その中で，中国もまた，いつまでも単純標準化産業における独占力を行使し得なくなるであろう[16]。

6 地域物流のグローバル連携機能の要諦

3地域向け物流モード選択行動の特徴をまとめると図表3-16になる。対米物流のロジスティクス先端性と対アジア物流のロジスティクスの二重構造性に挟まれて、対EU物流は明確な発展戦略を描ききれていないように見える。アジア物流の持つこのようなダイナミズムは、グローバル物流のバッファーとして、物流の最終の調整を委ねられたことによって生み出されている。アジア経済の成長によって裏打ちされた緩衝力があってこそ、グローバル物流の発展とアジアにおける二重構造的なロジスティクスの発展が共存できるのである。アジア物流はグローバル物流の恩恵を消極的に被るだけでなく、グローバル物流の発展を、わが身を切りながら支えている。これこそがアジア物流の醍醐味である。

一方、図表3-14の計測結果に基づけば、アジア物流は、2004年までの25年

図表3-16 日本企業の地域物流のグローバル連携機能の構造

	対米物流	対EU物流	対アジア物流
空間移動サービス志向性	弱い	強い	強い
時間移動サービス志向性	強い	弱い	弱い
地域物流の先進性	先端ロジスティクス志向性：物流のフロンティアを拓く	ロジスティクス後進性：対アジア物流よりも遅行	ロジスティクスの二重構造：先進性と後進性が併存する懐の深さ
機会費用とバッファー力の機能	増幅効果	増幅効果	相殺効果：対米物流と対EU物流に対するバッファー機能
波及ラグ構造	ラグ効果の発信機能	ラグ効果の受信と媒介機能：4期間	ラグ効果の受信機能：6期間
総合評価	対アジア物流がグローバル物流の緩衝材として、他地域の影響を受け入れて中和する機能を持ち、その結果、先進性と後進性の二重構造を持つ、懐の深い地域物流を展開している。		

間においては，対米物流の影響を，ラグ0年で18.1%，ラグ1年で41.7%，ラグ2年で62.4%，ラグ3年で77.8%，ラグ4年で91.8%，ラグ5年で98.7%，ラグ6年で100%を吸収するという，タイムラグの影響の中に置かれてきた。つまり6年前に発生した物流へのインパクトを，今期を含めて7年がかりで吸収し，消化するということである[17]。これを利用すれば，グローバル経済危機の物流への影響について一定の判断を得ることができる。

グローバル経済危機には前兆はなかったのであろうか。全米経済研究所（NBER）によれば[18]，米国経済は，2001年3月の景気の山を経て2001年10月の景気の底までの8カ月の景気後退期の後，2007年12月を次の景気の山とする73カ月，つまり6年あまりにわたる景気拡張期を経験していた。したがってグローバル経済危機が2008年10月に顕在化したときには，米国経済はすでに2007年12月をピークにして景気下降局面に入っていた。

この点は，対米アジア物流においても確認できる。PIERSデータによると，2008年1月〜12月のアジア発の対米コンテナ船物流量は，対前年比ですでに8.3%も減少していたからである[19]。しかも当航路においてコンテナ物流量の成長が対前年度比でマイナスになったのは，データの公表が開始された1980年以降において未曾有の事態でもあった。したがって，2007年12月以降の米国経済の景気後退がグローバル経済危機の底流にあり，その引き金になったことは間違いがない事実といってよいであろう。

そこでグローバル経済危機は潜在的には2007年12月に発生したと見てよいであろう。上記の波及効果の累積ラグ効果の推移を単純に援用すれば，経済危機の影響がほぼ全くなくなるのは，2013〜14年ごろになるであろう。もっとも各国が協調して経済活動の活性化策を発動した結果，日本では2009年3月に景気回復の局面に入ったと見られているし，現実の推移は異なったものになるかもしれない。またアジア経済，とりわけ中国経済がグローバル経済危機を契機にして，従来の経済緩衝材の機能を超えて，グローバル経済の牽引者としての役割を担おうとしている点も注目できる。それはのちに第5章で見るように，中国などのアジアの新興工業国群が経済発展の新たな段階に入ったのかどうかと

第 3 章　日本の国際物流の地域間連携　95

いう議論と密接に関係している。

（ 1 ）　Sletmo, G. K. (1984) *Demand for Air Cargo : An Econometric Approach*, Institute for Shipping Research, Norwegian School of Economics and Business Administration, pp. 9-10 and 91-99. スレトモは1960年代後半の大西洋貿易に占める空運貿易の割合がすでに平均して10％以上，とりわけフランスからの輸出貿易の約40％を占めることを明らかにしている。彼の関心は航空貨物需要の価格弾力性と所得弾力性を合理的レベルで計測することにあり，前者については非弾力的レベルに，後者については1を中心とするレベルにあることを導いている。
（ 2 ）　Sletmo, G. K. and E. W. Williams, Jr. (1981) *Liner Conference in Container Age*, Macmillan, pp. 117-119. スレトモ＝ウイリアムスは，1970年代の米国コンテナ船企業が社会主義国海運からの競争に敏感であるにもかかわらず，空運による貨物輸送の影響にあまり注意を払わず，その結果，空運がコンテナ船から高価値貨物を奪取し，その上澄みをすくい取る行為を見過ごすことに対して強い警告を発している。
（ 3 ）　宮下國生（1988）『海運』現代交通経済学叢書第 6 巻，第10章「国際物流の航空化と海運」157-182ページ参照のこと。なお国際物流における空運の重要性を，トータルコストの面から論じたのはオコナーである。O'Connor, W. E. (1978) *An Introduction of Airline Economics*, Praeger, pp. 107, 129 and 132-133.
（ 4 ）　この課題への最近の論及については，宮下國生（2005）「国際物流と日本経済」『ていくおふ』No. 111, 2 - 7 ページ，宮下國生（2005）『国際空運物流はどう変わったか：海空物流モードの選択と日本経済』航政研シリーズ，No. 454, 1 -35ページおよび宮下國生（2006）「日本の国際物流の地域間連携：グローバル経済下の海空物流モードの選択」『海運経済研究』40号，57-66ページを参照されたい。
（ 5 ）　Casson, M. (1986) *Multinationals and World Trade*, Allen & Unwin, pp. 27-39. 宮下國生（1994）『日本の国際物流システム』千倉書房，前掲，212-213ページ参照。
（ 6 ）　トータルコストについては，吉田　茂，髙橋　望（2002）『新版 国際交通論』世界思想社，235ページ参照のこと。
（ 7 ）　Miyashita, K. (2002) International Logistics and Modal Choice, C. T. Grammenos, ed., *The Handbook of Maritime Economics and Business*, Informa Professional, Ch. 38, pp. 863-876. 宮下國生（2004）『日本物流業のグローバル競争』千倉書房，図表 8 . 3 ，231ページ。Miyashita, K. (2009) Structural Change in the International Advanced Logistics, *The Asian Journal of Shipping and Logistics*, Vol. 25, No. 1, pp. 121-138.
（ 8 ）　第 1 章 3 節参照。
（ 9 ）　同上データより算出。
（10）　PIERSデータは，財団法人日本海事センターのHPより，月次データサービスとして得られる。さらにその詳細な構成内容については，同センター企画課長奈良　孝氏な

らびに株式会社商船三井営業企画室篠田匡史氏よりご教示を得た。

(11) 対EU物流が対米物流の影響を5期にわたって被る程度は，直接に（2）式のシラーラグの係数値によって捉えることができる。一方，対アジア物流の対米物流を基点とした最長のラグ期間は，－2期の対アジア物流が－4期の対EU物流の影響を被るケースである。ラグ0期をラグ1期と捉えて表示した図表3-14では，対アジア物流のラグ期間は7期になる。

(12) ちなみに，累積された対米物流の対アジア物流への波及効果は，0期：0.286，1期：0.372，2期：0.327，3期：0.243，4期：0.221，5期：0.1，6期：0.029であり，合計で1.578であるので，0期のウェートは，0～6期のラグ係数値の合計に占める0期のラグ係数値の割合（＝0.286/1.578＝0.181）を示す。

(13) ここに長期とは，短期のラグ変数がすべて今期に集中して機能する状態をいう。短期のラグを無視できるほどに考察期間が長い状態を考えている。

(14) 例えば，宮下國生（2006）「中国物流の高度化・グローバル化の展望」『運輸と経済』66巻8号，15-28ページおよび，本書，第4章参照。

(15) この結果は，経済産業省『我が国企業の海外事業活動』および同『海外投資統計総覧』のデータを利用して別途計測した1990年代における3地域の物流戦略の比較評価の順位と同じものである。本章掲載の図表3-8「わが国企業の海外事業活動の特徴」を比較参照のこと。

(16) 中国を中心とするアジア物流の動向については，本書，第5章を参照のこと。

(17) 前掲注（10）を参照のこと。

(18) NBER (2008) *Determination of the December 2007 Peak in Economic Activity*, pp. 1-7.

(19) ちなみにグローバル経済危機が顕在化した2009年における対米アジア物流成長率はマイナス17.3％である。

第4章 国際ロジスティクス・サイクルと
日本経済の構造転換

1 国際ロジスティクス・サイクルの機能

　本章の目的は，日本の国際物流指標に基づいて，国際ロジスティクス・サイクルを導出した上で，日本経済の景気変動や構造変化との関係を論じようとするものである。ここに国際ロジスティクス・サイクルとは，荷主によって決定される空運とコンテナ船のモード選択の組み合わせが体現するモード選択循環を指している。一般に物流指標は経済活動の先行指標として捉えられている。例えば外航海運企業の株価の動向が世界景気の先行的バロメーターといわれるのも，これとよく似ている。さらに経済活動の先端的エッジを担う宅配便貨物や航空貨物の動向もまた，他の経済活動に先駆けて動く傾向がある。

　2000年代に入り，わが国では総合的な金融・マクロ経済指標に基づいて，いわゆる「失われた10年」の議論がなされてきた。第1章と第2章でも見たように，確かに物流の発展段階を例にとっても，わが国企業のロジスティクスやSCMへの転換は米国などと比較すれば10年程度は遅れているし，それに対する物流業の戦略対応も同様である。だが，はたしてわが国の製造業は総合的なマクロ指標の中で10年間も沈滞していたのだろうか。わが国を中心とするグローバルな輸出ロジスティクス・サイクルの動きは，このような疑問に対してどのような答えを求めているのだろうか。本章ではこの課題に，日本の国際ロジスティクス・サイクルに現れる，荷主による海運と空運の間のモード選択の分布ラグを実証的に分析することにより接近し，その中で日本経済の構造転換を捉えよう[1]。

2 国際ロジスティクス・サイクルモデルの構築

コンテナ船輸送は,輸送貨物のプロダクトサイクル(短期循環),景気変動(中期循環),経済の構造変化(長期循環)の3局面において,まずは空運からの先制攻撃をうけ,それに遅行して行動するのである。つまり短期,中期および長期の各循環における海運機会費用の存在は,空運とコンテナ船輸送が競争のために融合するグレーゾーンの拡大を促進する。このグレーゾーンにおいて,空運がビジネスの回転率の向上によって資する程度は,短期循環よりも中期循環,さらには長期循環の方が大きくなる。このようにして,ダイナミックな経済活動において,空運活動は,コンテナ船輸送活動に先行して展開され,新たな経済循環を牽引するのである[2]。

この点は,現在のコンテナ貨物が,過去のプロダクトサイクルにおいて革新段階あるいは成長段階にあった空運貨物であるか,あるいは過去の好況期や経済構造の革新期において国際物流を主導していた空運貨物の姿に一致すると見れば,容易に理解できるであろう。そうであれば,現在のコンテナ船物流量は,過去の空運物流が成熟し,標準差別化したものの累積量であると捉えることができる。

そこで経済の構造変化が発生する10~15年の長期を考えれば,時間は常に流れているものの,図表4-1に見るように,日本経済のライフサイクル・ステージに応じて,特定地域向け輸出物流(例えば対米輸出物流)において展開するコンテナ船業と空運業の成長経路を特定することができるであろう。ここでは日本の経済構造のライフサイクル・ステージを,潜在的革新段階~単純標準化段階までの6段階に分けている。

ライフサイクル・ステージが進むにつれて,モード選択行動は空運物流支配からコンテナ船物流支配へと移行する。両者の分担率の推移を比較対照すれば明らかなように,現在のコンテナ船物流分担率は,過去の空運物流分担率の推移の影響を数期にわたって累積的に反映したものであると捉えることが可能で

図表4-1　日本経済のライフサイクル・ステージと特定地域向けロジスティクス・サイクル

日本の経済構造のライフサイクル・ステージ	特定地域向け物流におけるモード選択	
	コンテナ船輸出物流分担率	空運輸出物流分担率
①潜在的革新	分担率はゼロレベル・マイナス成長	低分担率・プラス成長始動
②革　　新	分担率は低レベル・ゼロ成長	中分担率・プラス高成長
③成　　長	分担率は低レベル・プラス低成長	高分担率・プラス高成長
④成　　熟	分担率は中レベル・プラス高成長	高分担率・マイナス成長
⑤標準差別化	分担率は高レベル・ゼロ成長	中分担率・マイナス成長
⑥単純標準化	分担率は低レベル・マイナス成長	低分担率・マイナス成長

図表4-2　対先進国向けロジスティクス・サイクルのイメージ図

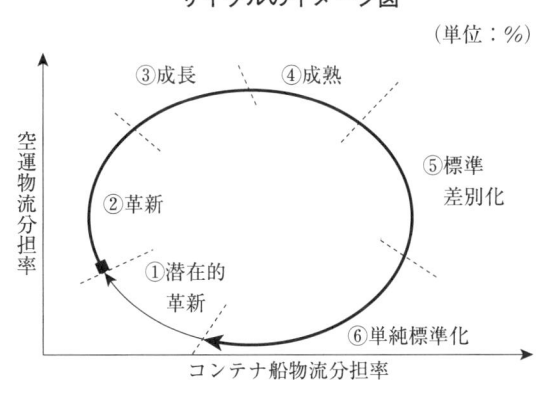

(単位：％)

あろう。

　図表4-1の状況を踏まえて，これを先進国向けの物流についてモデル的に図示すれば，図表4-2のようになるであろう[3]。ここでは，潜在的革新から単純標準化に至るまでの日本経済の6つのライフサイクル・ステージに応じて，コンテナ船輸出物流分担率と空運輸出物流分担率の間に多様な組み合わせが成立する。

　なおこのイメージ図からも明らかなように，潜在的革新期は，特定のサイク

ルが単純標準化期によって終結した後に,新たなサイクルが革新期の到来とともに開始するまでの,旧サイクルと新サイクルをつなぐ期間であり,新サイクル立ち上げの準備期間である。そのとき,この地域の空運輸出物流分担率の成長はプラスに転ずるものの未だ低レベルにとどまっており,またコンテナ船に向かう次代の新たな物流は発生していない段階である。

このように海空の物流分担率の組み合わせには,グローバル経済下における地域間での連携のほかに,地域内においても強い連携が反映されるであろう。地域間連携が地域のグローバル化進展の指標であるとすれば,地域内連携の状況は,その地域との関わりで日本経済の置かれている経済構造の現状を示す指標になるのである。

図表4-2は物流が1サイクル展開する期間中に,全く対米輸出構造の変化が起こらず,サイクルの位相も移動していないと仮定して描かれている。しかし現実には,10年乃至20年にも及ぶ長期のロジスティクス・サイクルにおいては,このサイクルは何度か構造的に変化し,その都度特定されたサイクル上で,6つの局面が連続的に現れることになる。サイクルの移動は,直接には日本の対先進国物流構造の変化によって発生するけれども,その基にあってこれを誘発するのは日本経済の構造転換である[4]。

3 国際ロジスティクス・サイクルの発生プロセス

空運志向性の強くなった1994年以降,これは図表4-1あるいは図表4-2では革新期と成長期に当たるが,その段階になって,コンテナ船荷主は,彼らのモード選択行動にはじめて空運の存在を積極的に組み入れるようになったと考えることができる。つまり,そのときコンテナ船荷主は,与えられた経済環境の各段階において,今期のコンテナ船物流分担率の最適値を決めるに当たって,過去の空運物流分担率の動きを強く意識するようになったといえるであろう。

このようにして,90年代半ば以降に現れた両モードが構造的に競合する場面[5](図表4-1参照)では,今期のコンテナ船物流分担率は,過去の空運物流

分担率の推移の影響を累積的に被るのである。その際，コンテナ船荷主が受ける過去数期のラグを伴った空運物流の変化の影響を，図表4-2のロジスティクス・サイクルのイメージ図のように，過去から現在に向かって滑らかに被るという意味において，シラーラグ推定構造に類似した特徴を持っていると仮定することができる。

これに対し，コンテナ船物流と空運物流がともに成長し，補完関係にあった1993年以前の時期においては，空運物流の重要性は認識されていたとはいえ，コンテナ船物流は，自らが圧倒的主導権を握っていると見て行動してきたのである。そのため1990年代前半ごろまでの国際物流市場では，コンテナ船荷主は，自らの物流分担率を他からの影響を被ることなく，毎期，独自に調整可能であると基本的に考えていたとみなしてよい。

そこで1993年以前ここでは，コンテナ船荷主は，過去のコンテナ船物流の値と現在の期待されるその最適値との差を埋めるために，毎期，部分的に調整するという，自己完結型の行動をとっていたと見ることができよう。それは部分的調整過程を持つコイックラグ推定構造の妥当する世界である。確かに，このラグ推定構造の下でも，空運物流モードの影響は存在するとしても，それはあくまでも副次的なものである。

さらにコンテナ船荷主は，モード選択に当たり，以上で取り上げた空運要因が長期のラグを伴った因果ラグ構造を持つことに注目するのみならず，運賃，貨物価格，機会費用，バッファー力などの基本的な空運分担率決定因をも総合的に考慮して行動する。

以上で描いたコンテナ船荷主の物流分担率の決定構造，つまり空運物流とコンテナ船物流の間に存在する因果関係のラグ構造は図表4-3のようになる。ここでは，コンテナ船物流が主導した1993年以前と空運物流がリードした1994年以降に分けて，ロジスティクス・サイクルの発生プロセスをイメージ化している。

1993年以前でも，好むと好まざるとにかかわらず，コンテナ船荷主のモード選択行動は過去の空運物流の影響を被っていたので，この作用は全期間を通じ

**図表 4-3 特定地域におけるコンテナ船荷主の物流分担率の決定構造：
ロジスティクス・サイクルの発生プロセス**

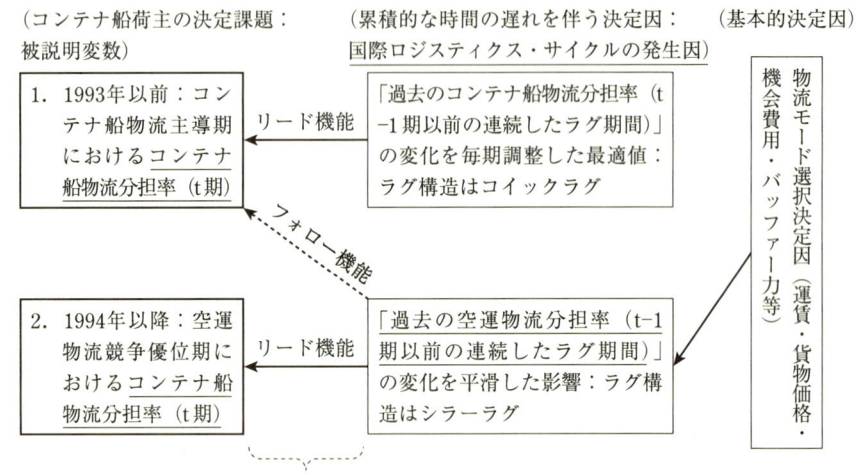

(コンテナ船荷主の決定課題：　　(累積的な時間の遅れを伴う決定因：　　(基本的決定因)
　被説明変数)　　　　　　　　　国際ロジスティクス・サイクルの発生因)

1. 1993年以前：コンテナ船物流主導期におけるコンテナ船物流分担率（t期）
　　──リード機能──→「過去のコンテナ船物流分担率（t−1期以前の連続したラグ期間）」の変化を毎期調整した最適値：ラグ構造はコイックラグ

　　　　　　　←──フォロー機能──

2. 1994年以降：空運物流競争優位期におけるコンテナ船物流分担率（t期）
　　──リード機能──→「過去の空運物流分担率（t−1期以前の連続したラグ期間）」の変化を平滑した影響：ラグ構造はシラーラグ

物流モード選択決定因（運賃・貨物価格・機会費用・バッファー力等）

(国際ロジスティクス・サイクルの発生プロセス)

て作用する。ただ1993年以前の空運物流の影響は副次的機能，つまりコンテナ船物流にフォローする機能を持つに過ぎなかったのに対し，1994年以降の空運物流の影響はコンテナ船物流をリードする機能へと転換した。またコンテナ船物流における部分的な自己調整機能は，1993年以前にはリード機能の役割を果たしていたけれども，1994年以降の海空の競合関係の中ではその機能を全く喪失したと見られている。そのため図表4-3においては，この機能は，1994年以降のコンテナ船荷主の決定行動には関与せず，因果のフローを示す矢印を形成していないのである。

　ここに示した1993〜94年におけるコンテナ船物流と空運物流の関係の変化は，いわば構造的なものである。特に1993〜94年ごろにおけるコンテナ船荷主のモード選択行動の変化は，国際ロジスティクス・サイクルの構造変化を伴っているであろう。つまり国際ロジスティクス・サイクル自体が，サイクル全体として形を変えつつ，移動するのである。また空運物流分担率の持つ構造転換のリード機能とフォロー機能も，このようなロジスティクス・サイクルの構造変化

第4章 国際ロジスティクス・サイクルと日本経済の構造転換　103

を伴った移動を促進するであろう。

現在では，コンテナ船荷主は，空運物流を常に意識し，その正常財としての影響が劣等財であるコンテナ船物流サービスに対する需要行動に及ぶものと考えている。コンテナ船業の空運業への進出がメガキャリアとして，または空運フォワーダー業，さらには3PL業として急速に加速している状況[6]は，このような理解を現実面からサポートしている。一方，空運業もまたグローバル物流での安定的な成果を求めて，コンテナ船業との連携を強めている[7]。まさに時代は大きく変わりつつあるのである。

4　国際ロジスティクス・サイクルの波及構造の検証

ここで，対米，対EU，および対アジア向けの日本の輸出物流に注目すれば，そのロジスティクス・サイクルの発生と波及に関する全体構造は，図表4-4のようになる。

ここでは国際ロジスティクス・サイクルの発生源は，対米物流分担率の決定行動にあると見ている。これが起点となって，1つの流れとして対米コンテナ

図表4-4　日本の輸出物流に関するロジスティクス・サイクルの発生と波及の全体構図

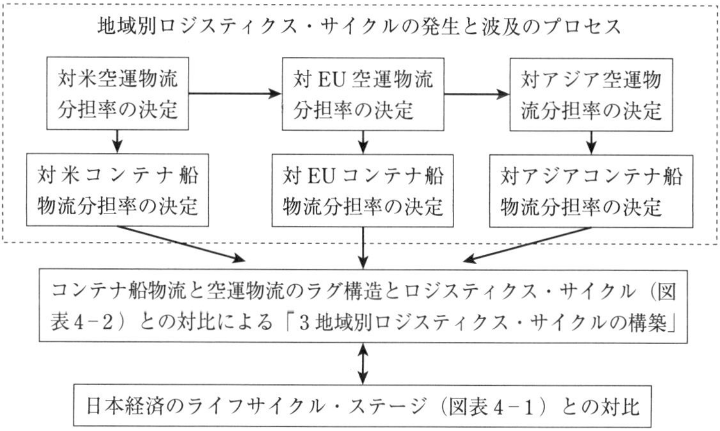

```
┌─────────────────────────────────────────────────────────┐
│          地域別ロジスティクス・サイクルの発生と波及のプロセス          │
│                                                         │
│  ┌──────────┐    ┌──────────┐    ┌──────────┐            │
│  │対米空運物流│ →  │対EU空運物流│ →  │対アジア空運物│            │
│  │分担率の決定│    │分担率の決定│    │流分担率の決定│            │
│  └─────┬────┘    └─────┬────┘    └─────┬────┘            │
│        ↓               ↓               ↓                │
│  ┌──────────┐    ┌──────────┐    ┌──────────┐            │
│  │対米コンテナ船│  │対EUコンテナ船│  │対アジアコンテナ船│       │
│  │物流分担率の決定│ │物流分担率の決定│ │物流分担率の決定│       │
│  └──────────┘    └──────────┘    └──────────┘            │
└─────────────────────────────────────────────────────────┘
           ↓
┌─────────────────────────────────────────────────────────┐
│ コンテナ船物流と空運物流のラグ構造とロジスティクス・サイクル（図     │
│ 表4-2）との対比による「3地域別ロジスティクス・サイクルの構築」     │
└─────────────────────────────────────────────────────────┘
           ↕
┌─────────────────────────────────────────────────────────┐
│     日本経済のライフサイクル・ステージ（図表4-1）との対比         │
└─────────────────────────────────────────────────────────┘
```

104　第II編　物流のグローバル化と日本経済

船物流分担率が決定され，他の流れでは，対EU空運物流と対アジア空運物流の分担率に波及して，それぞれ逐次決定された後に，さらに対EUおよび対アジアのコンテナ船物流分担率が決定される。その結果を図表4-2のロジスティクス・サイクル図と対比すれば，3地域に応ずるロジスティクス・サイクルを導くことができる。さらに，これを図表4-1の日本経済のライフサイクル・ステージと対照すれば，この全体的構図によって捉えようとしているグローバル物流と日本経済のリンクの強さを検証できるのである。

そこで，以下では，対米物流をイメージしながら，国際ロジスティクス・サイクル発生の起点となる対米空運物流分担率の決定モデルと，それが波及するコンテナ船物流分担率の決定モデルを形成しよう。

対米物流空運物流分担率の決定モデルは，地域間連携における物流モード選択行動の考察から得られた決定因を参照すれば[8]，その基本型は，図表4-5のようになる。

説明変数に付されたカッコ内の正負の符号は，それと対米空運物流分担率の因果関係の方向を示している。特にここで説明が必要な要因は，機会費用とバッファー力である。

コンテナ輸送の機会費用は，製品，景気，構造変化の短・中・長期の各局面において，最も革新化の進んだ革新製品輩出期，好景気，構造革新期において最大になる。これらの革新の諸相を最も反映する指標が，対米物流の交易条件であり，それは対米物流分担率の動きを同方向に決定するから，符号条件はプ

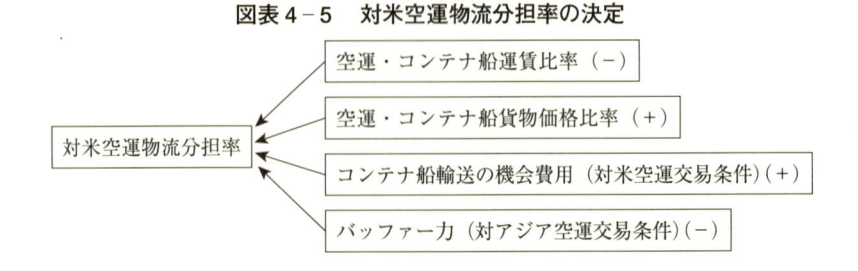

図表4-5　対米空運物流分担率の決定

対米空運物流分担率 ←
- 空運・コンテナ船運賃比率（−）
- 空運・コンテナ船貨物価格比率（＋）
- コンテナ船輸送の機会費用（対米空運交易条件）（＋）
- バッファー力（対アジア空運交易条件）（−）

ラスである。

　一方，バッファー力が対アジア空運交易条件で捉えられているのは，アジア貿易がリスクの大きな対米貿易のバッファーになっているという，日本の貿易の特徴に基づくものである[9]。つまり対アジア空運交易条件が改善し，貿易のバッファー力が大きなときには，対米貿易は次の飛躍を目指した潜在的革新期にあるものの，対米貿易全体としては不振に陥っている。対アジア空運交易条件の改善は，その不振をカバーしようとしているのである。バッファー力が大きくなると，対米空運物流比率は低下するから，符号条件はマイナスになるであろう。

　このように，機会費用は，対米交易条件の変化と同方向に，またバッファー力はアジアの空運交易条件の動向とは異方向に，それぞれ対米空運物流分担率を決定するのである。なお図表4-5に示す基本型の推定に当たっては，1994年以降の空運志向に向かう構造変化を捉えるために，貨物価格比率の係数ダミーとして，空運志向型構造変化ダミー（1994～2004年＝1.0）を導入する。

　その推定結果（推定期間：1980～2004年）は，図表4-6の（4.1）～（4.3）式の通りである[10]。

　ここでは対米物流分担率の推定値が対EU物流分担率関数の決定因として，またEU物流分担率の推定値が対アジア物流分担率の決定因として，それぞれ機能している。その意味で，3つの地域別物流分担率の因果連鎖仮説は実証されている[11]。その際，因果連鎖のラグ構造に注目すれば，対米空運物流分担率は2期（2年）遅れて対EU空運物流分担率に作用し，さらに対EU空運物流分担率はその後3年にわたって，対アジア空運物流分担率に影響を与え続けるのである。つまり，一旦，日本の対米輸出貿易で創生された空運物流分担率のインパクトが，対ヨーロッパ物流を経てアジア物流において収束するには都合5年を要するのである。なお推定にあたって，地域別物流分担率の因果連鎖のラグ構造はシラーラグ分布に従うと仮定されている。

　ところでこれら3つの推定式のうちで，対米物流と対アジア物流を媒介する役割が求められる対EU空運物流分担率の決定構造が不安定であるように見え

図表4-6 地域別空運物流分担率決定の因果連鎖構造の推定

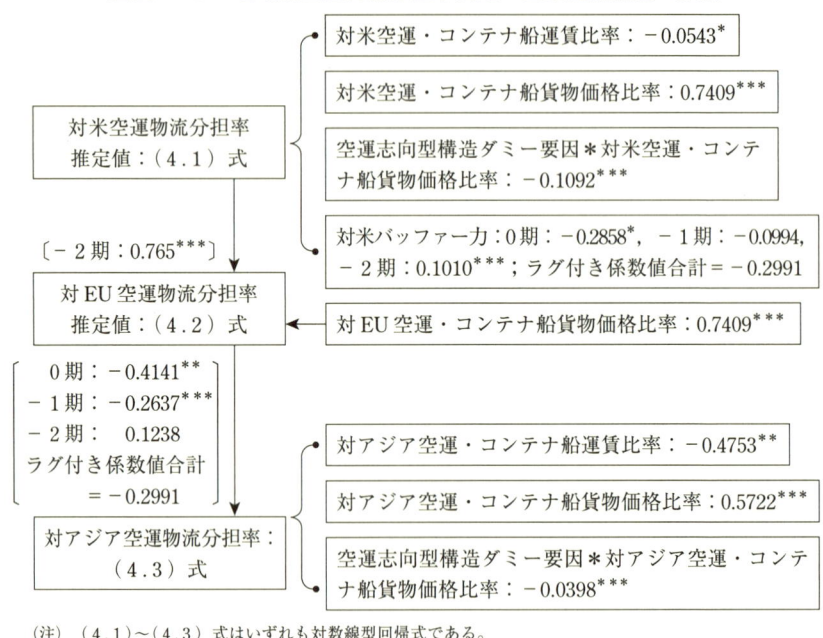

```
                              ┌─ 対米空運・コンテナ船運賃比率：-0.0543*
                              │
    対米空運物流分担率         ├─ 対米空運・コンテナ船貨物価格比率：0.7409***
    推定値：（4.1）式  ───────┤
                              └─ 空運志向型構造ダミー要因＊対米空運・コンテ
                                 ナ船貨物価格比率：-0.1092***

  〔-2期：0.765***〕           ┌─ 対米バッファー力：0期：-0.2858*，-1期：-0.0994，
                              │   -2期：0.1010***；ラグ付き係数値合計＝-0.2991
    対EU空運物流分担率  ──────┤
    推定値：（4.2）式         └─ 対EU空運・コンテナ船貨物価格比率：0.7409***

  ┌ 0期：-0.4141**
  │ -1期：-0.2637***
  │ -2期： 0.1238             ┌─ 対アジア空運・コンテナ船運賃比率：-0.4753**
  │ ラグ付き係数値合計         │
  │   ＝-0.2991               ├─ 対アジア空運・コンテナ船貨物価格比率：0.5722***
    対アジア空運物流分担率 ───┤
    （4.3）式                 └─ 空運志向型構造ダミー要因＊対アジア空運・コンテ
                                 ナ船貨物価格比率：-0.0398***
```

(注) （4.1）～（4.3）式はいずれも対数線型回帰式である。
　　 （4.1）式：定数項＝3.882，RB2＝0.899，SE＝0.097，DW＝1.64，N＝25。
　　 （4.2）式：定数項＝5.409，RB2＝0.904，SE＝0.105，DW＝0.85，N＝25。
　　 （4.3）式：定数項＝4.749，RB2＝0.981，SE＝0.099，DW＝1.29，N＝25。

る。決定に関わる要因も2つにとどまり，他地域におけるように4つの決定因で支えられてはいないからである。そのため，アジア空運物流分担率を推定するに当たり，EU空運物流分担率推定値をスキップして，対米物流分担率の推定値を直接利用した推定結果も求めてみた。その場合でも，対米空運物流分担率の作用は，対アジア空運物流分担率の作用に2期（＝2年）遅れて作用しており，それはEU物流を通じて間接的影響を被った場合と概ね同様であった。しかしその決定係数は（4.3）式と比べて約4％低くなった。そのためここでは，地域別空運分担率間の3地域連携（図表4-4参照）を想定した図表4-6の推定結果を，より現実妥当なものと考えて選択している[12]。

5 地域別ロジスティクス・サイクル発生プロセスの推定

ここでは，図表4-3に示したコンテナ船荷主の物流分担率の決定構造仮説に従って対米コンテナ船物流分担率関数を推定することによって，対米ロジスティクス・サイクルの発生プロセスを解明しよう[13]。

すでにふれたように，1993年以前の対米コンテナ船荷主は，空運物流の影響を軽視して，専らコンテナ船物流分担率が毎期最適な分担率を達成するように調整されると見ていた。つまり部分的調整過程[14]が機能して，コンテナ物流分担率が空運物流から独立して決定されていると信じていた。大筋ではその通りであるとしても，コンテナ船荷主は，その底流において，空運荷主がラグを伴った空運物流分担率の影響によって，コンテナ船物流分担率に影響を与えていることに気づいていなかったのである。

そのためラグを伴った空運物流分担率は，1994年以前には，部分的調整過程の枠外において，時期にかかわらず継続的に機能している。1994年以降になると，このラグを伴った空運物流分担率が主導的決定因へと躍り出る。

以上の検討を総合して，図表4-3に示したコンテナ船荷主の物流分担率の決定構造（つまりロジスティクス・サイクル発生プロセス）仮説を関数型で示せば（4.4）式を得る[15]。

（4.4）$\log$(対米コンテナ船物流分担率(t))
$= b_0 +$(コンテナ船主導構造ダミー変数(t))$\times (1-\lambda) \times \log$(対米コンテナ船物流分担率推定値$(t-1)$)$+ (\Sigma$ラグ係数$) \times \log$
(対米空運物流分担率の累積ラグ分布)

なお，$\lambda (0<\lambda<1, \lambda=1)$はコンテナ船荷主の調整速度である。またここにコンテナ船主導構造ダミー変数とは，コンテナ船業が主導的に国際物流を担っているため，荷主がコンテナ船物流分担率の各期の調整によって，その最適値に達する努力を継続している期間を示すダミー変数（1980〜1993=1.0，他はゼロ）である。したがって，（4.4）式では，1994年以降については，構造ダ

図表 4-7　特定地域向けコンテナ船物流分担率決定関数の推定（1980〜2004年）

特定地域向け決定因	特定地域向けコンテナ船物流分担率の決定関数			推定結果の評価
	対米：(4.5)式	対EU：(4.6)式	対アジア：(4.7)式	
（コンテナ船物流主導構造ダミー変数）＊（コンテナ船物流分担率(-1期)）	0.07327(2.35)***	0.09384(2.96)***	0.10779(3.10)***	・1980—93年において，対米物流調整速度 λ = 1 − 0.07327 = 0.92673 ≒ 1.0で，ほぼ毎期完全な調整が完了。他地域も同様。コンテナ船物流主導時代の意思決定の特徴が見えている。
空運物流分担率推定値（-1期）	0.3377(2.27)**	0.3240(2.50)**	0.7749(3.75)***	・シラーラグ分析を採用。撹乱項の分散と標準偏差の比＝1を仮定。 ・対米物流モードの選択行動は，-1期から開始し8期のラグを伴っている。 ・対EU物流モードの選択行動は-1期から開始し，5期のラグの影響を被る。 ・対アジア物流モードの選択行動は，-1期から開始し6期のラグを伴っている。
空運物流分担率推定値（-2期）	0.2238(2.20)**	0.1261(1.68)	0.4774(4.63)***	
空運物流分担率推定値（-3期）	0.1130(1.39)	-0.0440(-0.53)	0.2072(2.73)**	
空運物流分担率推定値（-4期）	0.0138(0.20)	-0.1899(-2.18)**	-0.0117(-0.13)	
空運物流分担率推定値（-5期）	-0.0731(-1.20)	-0.3356(-2.25)**	-0.1852(-1.96)*	
空運物流分担率推定値（-6期）	-0.1553(-2.83)**	—	-0.3308(-2.30)**	
空運物流分担率推定値（-7期）	-0.2391(-3.64)***			
空運物流分担率推定値（-8期）	-0.3282(-2.96)**			
（ラグつき変数計）	-0.107471	-0.11933	0.9318	
定　数　項	2.6209	2.1042	1.9604	
統　計　値	RB2＝0.8202, SE＝0.065, DW＝2.08, N＝25	RB2＝0.6224, SE＝0.13, DW＝1.16, N＝25	RB2＝0.7870, SE＝0.113, DW＝0.80, N＝25	

（注）　特定地域向けの空運物流分担率推定値は，図表4-6の（4.1）式〜（4.3）式によって求められた値である。

第4章　国際ロジスティクス・サイクルと日本経済の構造転換　109

ミー変数値はゼロとなり，対米空運物流分担率の累積ラグ分布のみが決定因として機能する。

（4.4）式に1980～2004年の年次データ[16]を投入して推定した対米コンテナ船物流分担率関数の推定結果は，図表4-7の（4.5）式のようになる。同様に，対EUおよび対アジアのコンテナ船物流分担率関数の推定結果は（4.6）式と（4.7）式の通りである。

ここで，その検討すべきポイントである1993年以前のコンテナ船荷主の特異行動に触れておこう。図表4-7に示しているように，コンテナ船物流主導構造ダミーの係数は，（4.5）～（4.6）式では，0.07327, 0.09384, 0.107799であるから，コンテナ船荷主の調整速度は0.92673, 0.90616, 0.89221となり，その上限値である1に近い。

調整速度が1のとき，毎期の調整が遅れを伴わずに完了するので，この推定結果を見る限り，コンテナ船主はわずかな調整の余地を来期以降に繰り延べているに過ぎないのである。コンテナ船主の調整速度はほぼ1であるとみなしてよく，その場合には，対米コンテナ船物流分担率(t)＝対米コンテナ船物流分担率最適値(t)，の関係が成立する。したがって，コンテナ船物流主導状態にあった1993年以前には，コンテナ船荷主が，この関係を暗黙のうちに前提にして行動していることが実証されたのである。

6　地域別ロジスティクス・サイクルの導出

地域別にロジスティクス・サイクルを発生させ，それを日本経済のライフサイクル・ステージと対比するには，図表4-7に掲載された（4.5）～（4.7）式において，コンテナ船物流分担率の空運物流分担率弾性値のラグ分布の符号が，順にプラス，ゼロ，マイナスの経過をたどることによって，ロジスティクス・サイクル仮説を満たさなければならない。

（4.5）～（4.7）式の推定結果に従って，係数のt値が10％レベルを満たさないラグ期間の係数をゼロと置くと，コンテナ船物流分担率は，3地域とも

に，空運物流分担率の変化に対して，仮説で想定したと同様のプラス，ゼロ，マイナスへと循環的に反応するロジスティクス・サイクル成立の条件を満たしている。例えば，対米コンテナ船物流のラグ分布では，プラスが2期，ゼロが3期，マイナスが3期にわたって現れている。

6-1 典型的循環を描く対米ロジスティクス・サイクル

例えば，対米物流に関して，(4.5)式はどのようなロジスティクス・サイクルをたどるのか。図表4-8においてそれを表示している。1列と2列は，8期のラグ期間に対応する係数の符号を示している。3列と4列は，決定因である空運物流分担率がプラスの符号を持つ時期（プラス成長期）とマイナスの符号を持つ時期（マイナス成長期）に分けて，コンテナ船物流分担率の成長の方向（符号）とそのロジスティクス・サイクルの段階を，1列，2列と整合的に確定したものである。その場合，空運物流分担率のプラス成長期に，コンテナ船物流分担率の成長率がマイナスの方向を示すとき，ロジスティクス・サイクルは「潜在的革新期」にあると見ている。

図表4-8　推定結果に基づいた対米ロジスティクス・サイクルの構造

ラグ期間	(4.5)式のラグ係数の符号	ロジスティクス・サイクルの成長率符号と段階			
		【空運物流分担率プラス成長期】		【空運物流分担率マイナス成長期】	
		サイクルの成長率符号	サイクルの段階	サイクルの成長率符号	サイクルの段階
1	プラス	プラス	成　長	マイナス	単純標準化
2	プラス	プラス	成　長	プラス	単純標準化
3	ゼロ近似	ゼロ近似	革　新	ゼロ近似	標準差別化
4	ゼロ	ゼロ	革　新	ゼロ	標準差別化
5	ゼロ近似	ゼロ近似	革　新	ゼロ近似	標準差別化
6	マイナス	マイナス	潜在的革新	プラス	成　熟
7	マイナス	マイナス	潜在的革新	プラス	成　熟
8	マイナス	マイナス	潜在的革新	プラス	成　熟

これを見ると,「空運物流分担率プラス成長期」において,－8期（ラグ期間8）の潜在的革新段階から開始したサイクルは,－5期から－3期に向かって,新たな革新サイクルを経て,－2期に成長段階を形成した後に,「空運物流分担率マイナス成長期」の－8期目に成熟段階に移行し,以後－5期の標準差別化段階を経て,－2期から単純標準化段階に入る。そして同様のロジスティクス・サイクルが再び開始すると仮定すれば,それはこのロジスティクス・サイクルの原点であった16期前（「空運物流分担率プラス成長期」における－8期（ラグ期間8））の潜在的革新段階につながるのである。

つまり「空運物流分担率プラス成長期」における8つのラグ期間と「空運物流分担率マイナス成長期」の同様に8つのラグ期間が合わさって,合計16期のラグ期間より成るロジスティクス・サイクルが完成する。このようにして対米物流では,ロジスティクス・サイクルの完了には16年を要するのである。図表4－8では,8期ごとに分断して示したサイクル展開の状況を,図表4－9では,サイクルの開始する「空運物流分担率プラス成長期」（－16期）にさかのぼって,「空運物流分担率マイナス成長期」の最終期（－1期）に至るまでの16年間の連続ラグとして示している（図表4－9の連続ラグの項参照）。

図表4－9に基づけば,対米ロジスティクス・サイクルの単純化した基本的な姿は,図表4－10のように描けるであろう。ここで①～⑥は図表4－9のロジスティクス・サイクル段階の番号に,またラグ期間は,3行目の連続ラグにそれぞれ対応している。

このサイクルの左半分が空運物流分担率プラス成長期で,その右半分がその

図表4－9 対米ロジスティクス・サイクルの連続的構成

局　面	空運物流分担率プラス成長期								空運物流分担率マイナス成長期							
分断ラグ	－8	－7	－6	－5	－4	－3	－2	－1	－8	－7	－6	－5	－4	－3	－2	－1
連続ラグ	－16	－15	－14	－13	－12	－11	－10	－9	－8	－7	－6	－5	－4	－3	－2	－1
ロジスティクスサイクルの段階	①潜在的革新			②革　新			③成　長		④成　熟			⑤標準差別化			⑥単純標準化	

112　第Ⅱ編　物流のグローバル化と日本経済

図表4-10　対米ロジスティクス・サイクルの
単純化した基本型の図解（単位：％）

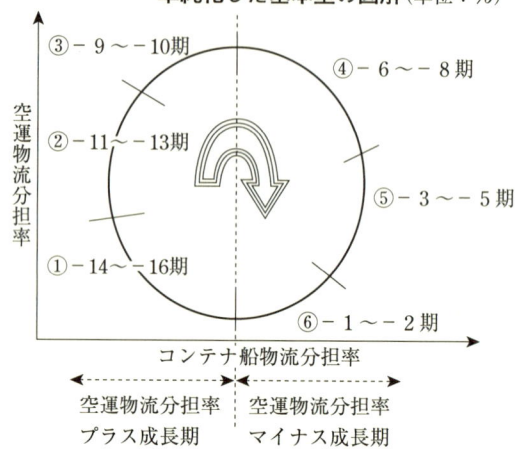

（縦軸：空運物流分担率／横軸：コンテナ船物流分担率）

③ －9～－10期
④ －6～－8期
② －11～－13期
⑤ －3～－5期
① －14～－16期
⑥ －1～－2期

空運物流分担率　　　空運物流分担率
プラス成長期　　　　マイナス成長期

マイナス成長期である。対米コンテナ船物流分担率は，長期にわたる空運物流分担率の変化を吸収するという方法で，典型的なロジスティクス・サイクルを形成する。それはコンテナ船物流と空運物流が，最も先端的な市場を形成し，譲らぬ競争を展開しているからである。

　ちなみに，現実の対米物流における空運物流分担率とコンテナ船物流分担率の変動経路は，サンプル期間の1980～2004年において，図表4-11のようである。

　これは，上に導いた16年間の単純な円形のサイクルからは大きく外れているように見えるが，そうなったのは，ロジスティクス・サイクルに構造的シフトが発生しているからである。図表4-11に描かれた25年間には，2つの大きな構造転換ゾーンが見られる。円形の破線で囲んだ1984～92年と1998～2001年の期間のサイクル部分である。

　この構造的シフトを考慮すると，ロジスティクス・サイクルの変動経路は例えば図表4-12のようになるであろう。このときロジスティクス・サイクルは，①→②→③へ移動しているが，その際，サイクルの大きさと傾きも変化し，そ

第4章　国際ロジスティクス・サイクルと日本経済の構造転換　113

図表4-11　対米ロジスティクス・サイクルの変動経路と構造変化（1980～2004年）　　（単位：％）

縦軸：対米空運物流分担率
横軸：対米コンテナ船物流分担率

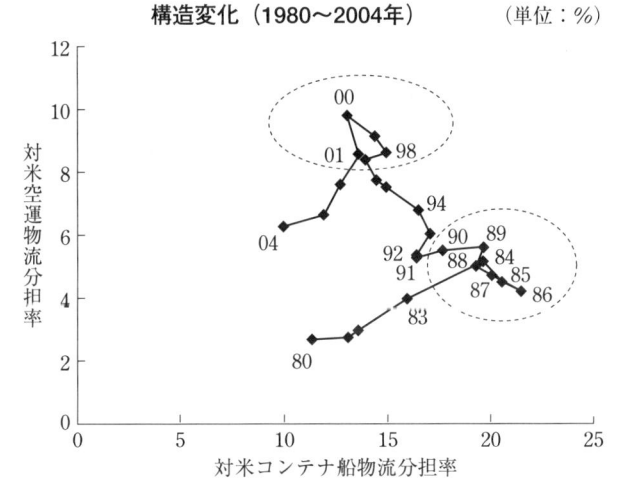

図表4-12　ロジスティクス・サイクルの構造変化と移動に伴う物流分担率変動経路（単位：％）

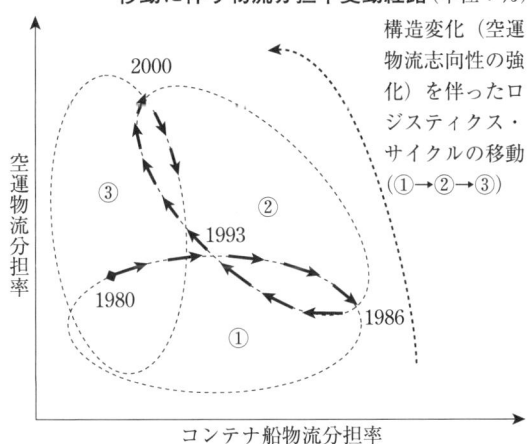

構造変化（空運物流志向性の強化）を伴ったロジスティクス・サイクルの移動（①→②→③）

縦軸：空運物流分担率
横軸：コンテナ船物流分担率

れに伴って物流分担率の変動経路は太い矢印の動きをたどることになる。ロジスティクス・サイクルは，構造的に空運志向性を持って左上に向かって移動しているのである。それが，構造変化の原因であり，本章のモデル構築の基本を貫くコンセプトでもあった（図表4-2のサイクルのイメージ図参照）。

ロジスティクス・サイクル①の上での変動経路は1986年ごろに終結し，そこからロジスティクス・サイクル②がスタートし，変動経路は2000年ごろまで継続する。このサイクル②は先のサイクル①に比して，空運物流分担率を増加するように，物流軸の傾きが変化して，明らかに構造的変化を起こしている。それによって同時に，コンテナ船物流分担率は継続的に減少している。この1986～2000年の変動経路は，大雑把に総括すれば潜在的革新期に当たる。しかしそれにとどまらず，とりわけ空運物流分担率の上昇が著しいので，93年以降は，初期の革新期とも呼ぶことができる。でもそれがコンテナ船物流分担率の上昇を伴っていないという意味で，特異な現象であるといわざるを得ない。さらにこのロジスティクス・サイクル②が空運志向性を構造的に一層強化して，成熟から標準差別化に移行するには，そのような機能を持った新たなロジスティクス・サイクル③の変動経路へと移動しなければならないのである。

その際，矢印で示した変動経路はすべて時計回りの方向で回っているから，ロジスティクス・サイクルの基本型は図表（4.8）～（4.9）に同じである。空運志向性を強化した物流システム②と③が，先に導出した図表4-7の（4.5）式が示すように，8期のラグを持つ，1サイクル16年のロジスティクス・サイクルを創出しているのである。

6-2 対EUおよび対アジアのロジスティクス・サイクル

（1） グローバル物流の中に埋没する対EU物流

これに対し，対EU物流は，図表4-7の（4.6）式に見るように，対米空運物流分担率の推定値が影響するラグ期間が，5期，5年と，短いために，ロジスティクスの1サイクルがその2倍の10期，10年で終結する上に，その全体の形状も，対米物流に類似したそのミニ版である。16年を周期とする対米物流

第4章 国際ロジスティクス・サイクルと日本経済の構造転換　115

のサイクルが継続している中で，対EU物流は，対米物流との間に存在する2期，2年のラグ期間（図表4-6参照）を加えても，12年のうちにサイクルを終結するのである。そのため対米物流と区別される特徴を何も持たない対EU物流は，わが国のグローバル物流の舞台において，わが国経済に及ぼす影響を発揮できず，埋没してしまう傾向が強いといわざるを得ないのである。

（2）　存在感のある対アジア物流

確かに対アジア物流のロジスティクス・サイクルは，図表4-7の（4.7）式に見るように，6年の2倍の12期，12年で終結する。その意味では対EU物流のロジスティクス・サイクルの1周期10年とほぼ変わらないといえる。

しかし，図表4-6で示した地域別空運物流分担率決定の因果連鎖構造の推定において明らかなように，対アジア物流は対EU物流との間に0期～2期のラグ期間がある。またEU物流と米国物流には2期のラグがあったから，対米物流の影響がEU物流を通じてアジア物流に波及するには，2～4年のラグ期間を要するのである。その後開始する12年のサイクルを考慮すれば，対アジア物流は，対米ロジスティクス・サイクルが開始して後，14～16年後に終結するのである。それは16年を周期とする対米物流の終結にほぼ歩調を合わせているといえる。

このように1980～2004年ごろのグローバル経済では，対米物流と対アジア物流の地域別ロジスティクス・サイクルは，開始時期が異なっても，終了時期がほぼ同時である傾向が強かった。対米物流と対アジア物流はこのようにしてグローバル経済を牽引してきたのである。その際リーダーである対米物流とフォロワーである対アジア物流の関係を，図表4-13に示すように，（4.5）式と（4.7）式の推定結果から導いたロジスティクス・サイクルのラグウェートの形状で比較すると，両者は極めて対照的な形状を持っていることが分かる。

傾斜のより鋭い対アジア物流はラグ1～2期，つまり過去1～2年の影響を強く被り，それを梃子にしてロジスティクス・サイクルを回転させている。つまり対アジア物流では，大半のサイクルエネルギーが短期間に集中するため，

図表 4-13　ロジスティクス・サイクルのラグウェートの比較

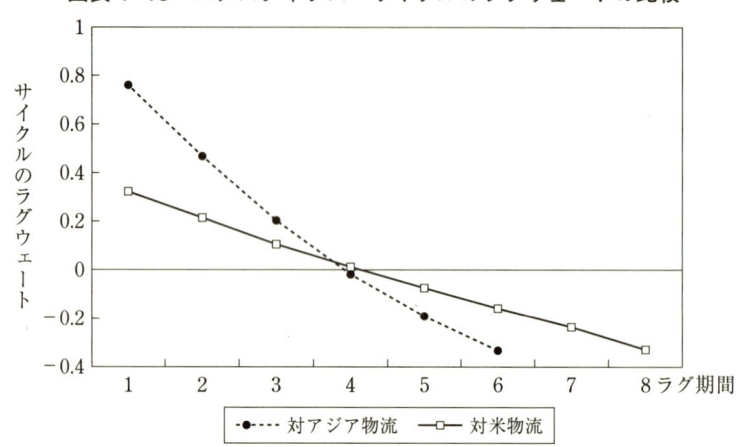

（縦軸：サイクルのラグウェート、横軸：ラグ期間）

・・・●・・・ 対アジア物流　　─□─ 対米物流

対米物流の直近の影響がより大きな振幅を持って現れるのである。これに対して対米物流では，空運物流分担率の変化の影響は8期のラグ期間にほぼ均等に分布して吸収されている。そうであるからこそ，対米物流に対するグローバル信頼度が高まるのであり，それに対して，アジア物流は遅れてその潮流を一気に飲み込もうとするのであり，これはフォロワーとして，極めて合理的な行動である。

7　日本製造業と失われた10年の評価

　本章において展開した国際ロジスティクス・サイクル分析の結果は，図表4-14のように総括できる。
　これを敷衍すれば，以下の3点になる。
① 日本経済は，7〜8年かけて成長期を上りきり，また同じ程度の年月をかけて衰退期を経験するという長期のシナリオ，すなわち長期の構造変動を経験しているといえるのである。それはロジスティクス・サイクルの形状から判断する限り，潜在的革新段階を含む6段階より成る。

図表4-14 日本の地域別ロジスティクス・サイクルの特徴

	対米物流	対EU物流	対アジア物流
ロジスティクスサイクルの形状	潜在的革新を含む6段階	潜在的革新を含む6段階	潜在的革新を含む6段階
コンテナ船荷主の調整速度（1993年以前）	極めて速い 調整速度=0.9267	極めて速い 調整速度=0.9062	極めて速い 調整速度=0.8922
空運物流分担率のラグ構造	―	－2期（対米基準）	－4～－2期（対米基準）
コンテナ船物流分担率のラグ構造	－16期	－12期（対米基準）	－16期～－14期（対米基準）

② 考察期間中において発生した大きな構造変化は，1994年以降に顕著になった輸出物流における空運物流の台頭である。それまでは，コンテナ船荷主はコンテナ船物流の世界の中でグローバル物流の最適化を追求していたし，そのことは彼らの最適化への調整速度が1に近いところからも，現実の行動として確認できる。

③ 過去の経験では，対米経済をベースに発生した日本の経済循環は，2年のラグを経てEU経済との関係にも拡大され，さらに遅れてアジア経済との間で継承されるけれども，長期循環の終結は比較的短期に収束する対EU物流を除き，対米地域と対アジア地域ではほぼ同時に発生する傾向がある

以上の3点に加えて，デカップリング論と日本経済の失われた10年との関係に論及しておこう。

ここで確認したグローバル物流の地域間相互連携の存在に基づけば，アジア経済の「デカップリング論」は当たらない。アジア経済の独立的発展が起こっているように見えるのは，米国経済とアジア経済を連携するEU経済のグローバル経済へのインパクトが弱いからであって，そうだからといって，アジア経済がグローバル経済の動きから独立して発展しているのではない。むしろ米国経済とアジア経済の関係は，アジア経済の持つ短期集中的な感受性の強さによって増幅されつつあると見られる。近い将来において，アジア経済はEU経済

を媒介とせずに直接に米国経済と結合するであろうが、その場合でもこの基本的関係は変わらないであろう。

本章で考察した1980～2004年には、いわゆる日本のバブル景気崩壊後の「失われた10年」の期間（1991～2001年）が含まれている。この間を、日本の対米物流から見て日本経済のライフサイクル・ステージに対応させれば、図表4-11のロジスティクス・サイクル②の矢印の推移の期間に当たっており、そこでは空運物流分担率は増加しているものの、コンテナ船物流分担率が減少しているのである。その特徴はちょうど潜在的革新期と呼ばれるものに当たる。この事実は、失われた10年が、日本経済のいわゆる潜在的革新期に当たることを示唆している。もっともそこには空運物流分担率の顕著な上昇が見られるから、潜在的革新期に加えて、革新の初期段階も含まれているといっても良いであろう。

確かに国際物流の視点からも、明確に革新とは呼べない潜在的な状態が10年にも及ぶことは異常ではある。しかしあえていえば、それはまた日本製造業の構造革新の10年、より空運志向性の高い高付加価値製品の創出に向けた日本製造業の努力の10年であった。

日本経済の景気が2002年1月に底を打った後に、景気の拡大局面に入ったため、その前の10年は長期不況という長いトンネルとして位置づけられている。それは、金融面のみならず、実物面においても経済活動が閉塞した状況であった[17]。しかし本章で論じたように、この期間は潜在的革新期あるいは革新の初期の段階にあり、技術進歩も大きかったのである。それに支えられ、日本経済にとって技術進歩を背景に好ましい国際ロジスティクス・サイクルを創出したにもかかわらず、日本経済は浮揚しなかったのはなぜか。

この点に関しては、技術進歩は経済成長とはそれほど関係しない、という橘木の主張[18]と相容れるところがあるけれども、より重要な指摘は、90年代の日本経済の低迷が長期的な「需要不足」によって生じたとする吉川の議論である。つまり、失われた10年の日本経済の成長経路は、明らかに供給サイドの潜在能力を下回るものであったというのである。この持続的需要不足に対応し、

第4章 国際ロジスティクス・サイクルと日本経済の構造転換 119

持続的成長が生まれるためには持続的需要の成長が必要であり，この点でイノベーション等のサプライサイドの重要性を説いている[19]。

これを上記の国際ロジスティクス・サイクルの推移と対照すれば，製造業はイノベーションを含む技術進歩によって輸出活動を活発化させたけれども，GDPの成長は国内需要の不足の壁によって成長を抑えられたということになり，それは現実をよく説明しているように見える。

またこれは，1990年代においても日本の経常収支の黒字が継続したという事実を見て，日本の金融システムが危機にあった一方で，生産システムは健全であり続けたという橘川の主張[20]とも合致する。

以上を総合すれば，失われた10年の期間に日本製造業の競争優位が存在したこと，つまり日本の製造業は技術的には潜在的革新期と呼び得るレベルにあったといってよいであろう。それが日本の国際ロジスティクス・サイクルの実態から見えてくることなのである。

（1） とりわけ本章の議論は，Miyashita, K. (2010) International Logistics Strategy and Modal Choice, in Grammenos, C. Th., ed., *The Handbook of Maritime Economics and Business*, second edition, Lloyds' List, pp. 997-1016を中心にして，日本における国際ロジスティクス・サイクルのコンセプトを確立することに向けられている。また本ペーパーは，Miyashita, K. (2002) International Logistics and Modal Choice, in Grammenos, C. T., ed., *The Handbook of Maritime Economics and Business*, first edition, Informa Professional, pp. 863-876を発展させたものである。宮下國生（2010）「国際ロジスティクスサイクルと日本経済の構造変化」『大阪産業大学経営論集』11巻2号，61-83ページも合わせて参照されたい。
（2） 図表3-3および3-5参照。
（3） 日本の北米向けの物流量が例えば世界全体向けの40％のとき，そのコンテナ船物流分担率は25％，空運物流分担率は15％，というように捉える。したがって，北米向けの空運物流分担率とコンテナ船物流分担率がともに同方向に動くことも，また逆方向に変化することもあり得る。そのため，地域別物流分担率については，図表4-2のようなサイクルを描くとイメージできる。
（4） そのイメージを先取りすれば，本章の図表4-12のようになる。
（5） 前章の図表3-1参照。
（6） 日本郵船のように，本来，海運業を営みながら，日本貨物航空や郵船航空を連結子会

社ならびに子会社にし、海運と空運の国際物流をグローバルメガキャリアとして一社で統合管理する企業も現れている。日本郵船の総合物流業としての戦略評価については、第7章第5節参照のこと。

(7) 2006年2月には、全日本空輸と日本郵便（当時は、旧日本郵政公社）が主導権を取り、これに日本通運と商船三井も加わって、4社による貨物運航会社である、ANA＆JPエクスプレスが設立された。これはキャリア・フォワーダーという業態を超えるだけでなく、空運業・海運業（コンテナ船業）という業種をまたぐ提携でもある点で注目されたが、2010年7月に同社は全日本空輸の子会社であるエアジャパンによって吸収合併された。一方、全日本空輸、日本通運、近鉄エクスプレスの3社は、2008年4月に国際エクスプレス事業会社であるオールエクスプレスを設立した。出資比率は全日空36.38％、日通30.38％、近鉄30.38％であり、ほかに商船三井ロジスティックス1.43％、郵船航空サービス1.43％である。2009年6月に海外新聞普及がオールエクスプレスと合併し、海外新聞普及が存続会社となって全日本空輸のネットワークを利用して活動している。

(8) 宮下國生（2006）「日本の国際物流の地域間連携：グローバル経済下の海空物流モードの選択」『海運経済研究』40号、57-66ページ。

(9) 宮下國生（2006）「日本の国際物流の地域間連携：グローバル経済下の海空物流モードの選択」60ページ。

(10) （4.1）式と（4.3）式におけるラグ付き推定に当たってはシラーラグ分布を仮定している。なお変数のデータと出所については、以下の①～⑥の通りであり、第3章の推定作業において用いたものと同様である。①対米空運物流分担率、対米コンテナ船物流分担率：（単位：％）、財務省『日本貿易統計』の「輸送形態別輸出額」より算出。②空運貨物運賃：（単位：2000年＝100）、日本銀行『企業向けサービス価格指数（輸出）』のうち「国際航空貨物輸送価格指数（円ベース）」をドル換算。対米航空貨物運賃データが得られないので、後掲の対EU、対アジアの考察と同様に代理変数として対世界航空貨物輸出運賃を用いる。③コンテナ船貨物運賃：（単位：ドル）、Transpacific Conference from Japan to West Coast of USAのFEU当り運賃（1980～2000年：日本郵船提供データ。2001～04年：国土交通省『海事レポート』）。④トン当たり空運輸出価格（単位：ドル）、財務省『日本貿易統計』「輸送形態別輸出額」および国土交通省航空局『日本出入航空貨物路線別取扱実績』より算出。⑤トン当たりコンテナ船輸出価格：（単位：ドル）、財務省『日本貿易統計』「輸送形態別輸出額」およびPIERSデータ（TEUベース）のトン換算値。⑥トン当たり空運輸入価格：（単位：ドル）、財務省『日本貿易統計』の「輸送形態別輸入額」および国土交通省航空局『日本出入航空貨物路線別取扱実績』より算出。

(11) 推定結果では、（4.1）式と（4.2）式において、空運志向型構造変化ダミー変数はマイナスの符号を持っており、想定した理論的整合性を満たしていない。その原因は、モード選択行動とは異なって、空運物流分担率、つまり航空化率の決定には戦略性がないからであると見られる。

(12) しかし，対EU物流の不安定な構造を見れば，近い将来において，対米物流の影響が直接に対アジア物流に波及することは十分に考えられる。
(13) 次節では，この推定された分担率と先に（4.1）式で求めた対米空運物流分担率の推定値の間に成立するラグ構造関係に基づいて，対米ロジスティクス・サイクルを導出しよう。
(14) ここで部分的調整過程とは，
対米コンテナ船物流分担率(t)＝(対米コンテナ船物流分担率(t−1))×λ(対米コンテナ船物流分担率最適値(t)/対米コンテナ船物流分担率(t−1))

の右辺で示される（ただしλは調整速度であり，λ＝1，または，1＜λ＜0）。調整速度λが極めて1に近いとき，調整は完全に行われている。そのとき，対米コンテナ船物流分担率(t)＝対米コンテナ船物流分担率最適値(t)，の関係が成立する。コンテナ船物流業主導の1993年以前には，コンテナ船荷主が，この関係を暗黙の前提にして行動している可能性が高い。
(15) なお同式は対数線型1次式によって特定化されている。
(16) データおよび出所については，注（10）を参照のこと。
(17) 例えば，小川一夫（2009）『「失われた10年」の真実』東洋経済新報社，8-10，369ページ。
(18) 橘木俊詔編（2007）『日本経済の実証分析：失われた10年を乗り越えて』東洋経済新報社，40-45，300ページ。
(19) 吉川 洋（2003）『構造改革と日本経済』岩波書店，36-45ページ。
(20) 橘川武郎（2005）「経済危機の本質」東京大学社会科学研究所編『「失われた10年」を超えて［1］経済危機の教訓』 東京大学出版会，34-35ページ。

第5章 アジア物流の発展と中国経済：
日本のポジショニング

1 中国物流の分析視角

　中国は2001年11月にWTO（世界貿易機関）への加盟を達成し，同年12月に加盟が発効した。GATT（関税と貿易に関する一般協定）の後をついで，貿易と関税に関する多国間の調整機関としてのWTOの果たす役割は，世界経済社会の発展を目指す多数の諸国によって支持されている。GATT体制からWTO体制への変化は，関税交渉という定量化されやすい成果を伴った時代から，規制緩和などの各国の制度改革を求めるというような，経済と社会のグローバル化に対応するものへと移りつつあることを意味している[1]。

　中国の外航海運問題を例にとれば，中国はWTOとの多角的で普遍的な交渉に入る一方で，加盟国との間で海運に関する二国間交渉を続けた。後者についていえば，中国とOECD海運委員会メンバーとの間における中国の海運・物流の規制緩和への取り組みに関わる交渉がこれに当たる[2]。米国から発祥した規制緩和あるいは規制撤廃の理念がグローバルな潮流になり，それへの制度改革が中国に対して求められたのである。制度変革の得失を評価することは，社会経済基盤の変化を伴うことであるだけに，困難な作業である。判断の基準は，結局は自国がグローバル化に対してどのような発展シナリオを建設的に保有しているのかということである。

　中国のように，グローバリゼーションを前提として自国のポジションを設定し，発展のシナリオを模索することが建設的な対応といえる国ほど，制度変革を進めやすいといえる。中国経済の発展には大規模で継続的な海外直接投資の受け入れが不可欠であるからである。

WTO体制への移行とともに,中国は外航海運業に対する門戸を完全に開いた[3]のに対し,フォワーディング事業に対しては,いくつかの制約を付けていた[4]。それらは,年次計画に従って次第に開放されており,2005年12月には,100%独資の外国貨物フォワーディング代理店を設けることが可能となった。現時点においては内航海運を除いて,ほとんどの制約が撤廃されている[5]。中国が物流環境と物流制度を整え,海外のフォワーダーに対して門戸を開放してはじめて,経済の持続的発展が可能となるのである[6]。そのため中国経済の発展には,大規模かつ継続的な海外直接投資の受け入れにとどまらず,貿易ネットワークと物流ネットワークの構築を加えた三位一体的促進が不可欠である。

本章における中国の国際物流への分析視角はまさにここにある。その中で,中国物流のグローバルなポジショニング(位置づけ)を,海上物流に焦点を当てて明らかにする[7]。

2 物流発展の3段階と中国物流

2-1 日本企業の進出と貿易の地域分布

中国への日本製造業の地域別進出状況を,経済産業省の調査で見れば,図表5-1になる。地域別にデータを細分化した調査は,1993年度より開始しているため,最近の15年間の動向しか捉えられない。図表5-1はこの調査結果を90年代は4年間隔,2000年代は3年間隔で掲載したものである。調査は,沿海地域(広東省,海南省,浙江省,福建省,江蘇省,山東省,遼寧省,河北省,天津市,北京市,上海市等),中部地域(湖南省,湖北省,江西省,安徽省,河南省,山西省,内蒙古自治区,黒龍江省,吉林省),内陸地域(甘粛省,青海省,四川省,雲南省,貴州省,陝西省,重慶市,新疆ウイグル自治区,チベット自治区)の3地域について,製造業の進出状況を調査したものである。

本調査では,2001年に香港のデータが加わったため,図表5-1ではそれを除くデータを示して連続性を保つ一方で,括弧内に香港を含むデータをも示し

第5章 アジア物流の発展と中国経済：日本のポジショニング

図表5-1 日本企業の製造業現地法人と中国の国際貿易の地域分布

業種等 年度・年	日本製造業の現地法人分布						中国の貿易分布	
	93	97	01	04	07	08	93	08
沿海地域 シェア	93.5	92.1	95.5 (74.1)	94.2 (81.4)	94.5 (84.8)	94.6 (86.8)	80.6	91.1
中部地域 シェア	4.2	4.2	3.5 (2.7)	3.2 (2.8)	2.1 (3.1)	3.5 (3.2)	15.4	5.6
内陸地域 シェア	2.3	3.5	1.0 (0.8)	2.6 (2.2)	3.4 (1.8)	1.9 (1.7)	4.0	3.3
香　　港	—	—	(22.4)	(13.6)	(10.4)	(8.2)	—	—
企業数 合　計	384	1,055	1,120 (1,444)	1,369 (2,230)	2,485 (2,770)	2,677 (2,917)		

(注1) 地域別シェアの上段は香港を除く数値，下段の括弧内数値は，香港を含む数値。
(注2) 企業数合計の上段は香港を除く法人数，下段は香港を含む法人数。
(注3) 日本製造業の現地法人分布は年度データ，中国の貿易分布は暦年データ。
(出所) 日本企業の現地法人地域別分布シェアは，経済産業省『我が国企業の海外事業活動』第24回（1993年度調査），第28回（1997年度），第32回（2001年度），第35回（2004年度），第38回（2007年度），第39回（2008年度）の調査結果に基づいて算出。また中国の貿易分布額は，ジェトロ（2008）『中国データ・ファイル　2008年版』（海外調査シリーズNo.377）139ページ，および中国統計局編（2009）『中国統計年鑑』742ページの地域別貿易額（単位：10億ドル）より，輸出入合計値を利用して算出。

ている。しかし括弧内の沿海地域への日本製造業の集積に香港を加えても，香港を除く集積状況とほとんど変わらない値が得られる。2001年以降の沿海部への日本法人の集中度はほぼ95％レベルで極めて高度に安定しているのである。また中部地域の法人も3％程度のシェアを，また内陸地では，若干安定性を欠くものの2％程度のシェアを確保している。内陸地域の拠点は，まだ四川省の成都や重慶市などのごく一部に限られているのである。

一方，図表5-1の右欄に掲げた，中国の対外貿易（輸出と輸入の総額）の地域分布もまた，2008年において，90％以上の貿易額が沿海地域に集中して発生している状況を明らかにしている。1993年と比較して見ると，沿海地区貿易のシェアの増加は，ますます顕著になっている。

この状況が中国経済の発展，さらには物流の発展に対して示唆しているとこ

図表5-2　在中国外資系企業の貿易シェア

年		85	90	93	95	97	99	01	03	05	07	08
輸出	外資系企業シェア	1.1	12.6	27.5	31.5	41.0	45.5	50.1	54.8	58.3	57.1	55.3
	年成長率		209.0	39.4	7.3	15.1	5.5	5.1	4.7	3.2	-1.0	-1.6
輸入	外資系企業シェア	4.9	23.1	40.2	47.7	54.6	51.8	51.7	56.2	58.7	58.5	54.7
	年成長率		74.3	24.7	9.3	7.2	-2.6	-0.1	0.5	2.2	-0.2	-3.2

(注) 上段は，外資系企業の貿易シェア（単位：％）で，例えば輸出シェア＝外資系企業輸出額/総輸出額。下段は，上段数値の対過去年成長率の年平均値（単位：％）。
(出所) ジェトロ (2008)『中国データ・ファイル　2008年版』158ページ，および中国統計局編 (2009)『中国統計年鑑』746ページ。

ろは重要である。図表5-2に見るように，外資系企業の貿易が中国の貿易に占める比率は，2004年で60％近くに達している。その伸びは，1990年代前半の20〜50％の成長が，90年代後半のアジア通貨危機によって抑えられた後も，2000年代に入ると，特に輸出比率は4〜5％の安定的成長を見せている。しかも1990年代には，輸入比率が輸出比率よりも高かったが，次第に輸出比率がそれに追いついてきている。これは中国が次第に輸出基地化しつつある状況をよく捉えている。

2-2　中国物流の発展段階

そこで，中国の経済発展が，外資の沿海地区への集中投資によってはじめて可能となったこと，その結果，国際物流が沿海地区に集中し，輸出基地化している状況を踏まえて，中国物流の発展段階を，1998〜2009年における現地ヒヤリング調査と現地実態調査を主体とする定性的分析方法で探ってみよう。

一般に特定国における物流の発展段階の特徴は，すでに明らかにしたように4段階に分かれており，それらが連続的に発展することにある。この点は，物流の連続的発展をサポートするOECDの調査報告書にも現れている[8]。とりわけそこでは，第2段階の物流と第3段階のロジスティクスを1つの段階にま

第5章　アジア物流の発展と中国経済：日本のポジショニング　127

図表5-3　中国物流の地域別発展段階の分布

地　域	主たる段階	過渡的移行段階	中心業種
内陸地区	交　通		化学・輸送用機器・食料・繊維
成都・重慶等の拠点	交　通	物　流	化学・機械・輸送用機器
中部地区	交　通	物　流	繊維・輸送用機器・機械
沿海地域	物　流	ロジスティクス	電機・繊維・化学・機械
国家級経済技術開発区	ロジスティクス	サプライチェーン	輸送用機器・電機関連部品

(注)　地域別中心業種については，本文および注記載の1998〜2009年における埠地調査，ヒヤリング，資料，ならびに経済産業省（2005）『通商白書 2005』135-138ページ，および，みずほ経済研究所（2005）「中国内陸部（重慶，成都）のオートバイ，自動車産業集積の現状」『みずほインサイト』2005年3月，1-10ページ参照。

とめているが，これは物流サービスのサプライサイド重視の物流から，ディマンドサイド重視のロジスティクスに移るプロセスに断続性を設けていないという意味において重要な示唆を与えている[9]。物流の発展は，突然変異的ではなく，漸進的なものなのである。

　このような物流の連続的発展に関する認識は，とりわけ中国のように物流の発展段階が地域ごとに均一ではない国において有効である。すでにグローバルレベルではサプライチェーンの段階にまで達した外資系企業は，その用意されたインフラと協業する物流業のレベルに応じて，いかなる対応をとることも可能である。以下において明らかにされるように，中国に進出した日系企業の物流発展段階は，その進出地域の相違に応じて図表5-3のように捉えることができる。

（1）　交通段階にある内陸地域と物流段階に向かう中部地域

　中国の内陸地域では，部分的発展は見られるものの，一部を除いてまだ交通の段階にあるといってよいであろう。それは欧米の一般的発展段階から見れば，いまだ1970年代以前の状況にある。もっとも，その中でも四川省の成都，雲南省の昆明における外国企業の進出は，すでに1990年代に入るとともに開始して

おり[10]，また図表5-1からも類推できるように，最近では日本の製造業等の進出も増加しつつあるから，この地域は，交通から物流の段階に移行しつつあるといってよいであろう[11]。そのような過渡的な事例は，重慶市においても見られる。2000年に決定された中国の「西部大開発」計画によって内陸地域の経済振興に弾みがつくことを期待した物流業の対応が始まったからである。いずれその動きは面的に広がるであろうが，しかし現在のところ，そのような空運および陸運の拠点は，成都や重慶[12]を除き，内陸地域には，点としてしか存在していない。典型的な交通段階にある地域では，交通インフラの存在自体が企業活動の有無を決定するのである。

これに対して，中部地域は概ね，あらゆる地域がすでに交通から物流への過渡期を経験していると見てよい。いわゆる沿海部の背後地，さらには東北部などを含む中部地域は，一帯として，とりわけ製造業の生産拠点として安定的発展の地位を得ている。交通の段階はすでに終えており，交通インフラの効率的利用のために物流段階の確立を模索しているといえるのである。

（2）物流段階を完遂してロジスティクス段階に向かう沿海地域

沿海地域には，すでに見たように，日本の製造業の9割を超える企業が集中している。この地域は，すでに明確に物流段階に到達し，さらにロジスティクス段階に向かっている。ちなみに物流段階の特徴は，物流トータルコスト概念が企業活動に浸透していること，および国際複合輸送実行の環境が整備されていることである。

空間移動コスト（輸送費用）と時間移動コスト（在庫費用）の和よりなる物流トータルコストの思考がないと，これをベースにした情報ネットワークの展開，したがってロジスティクス思考への導線が切れることになる。しかも複合輸送は物流トータルコストの下で，最適の交通機関の組み合わせを追求することである。その意味で物流トータルコスト概念が浸透していなければ，複合輸送を支えて物流段階を乗り切ることはできない。沿海地域で活動する企業は，日本からの調達と日本への販売というフレームワークの中で，なぜ自社工場は

第5章　アジア物流の発展と中国経済：日本のポジショニング　129

日本を離れたのかという原点を問いつつ，日本の物流発展段階を意識して行動しているはずであり，物流トータルコスト概念を回避することはできない。

　一方，複合輸送実行の環境整備は十分に整っている[13]。複合輸送は，図表5-4に見るように，サービスの質を決定する4つの要因に応じた4つの戦術段階によって構成されている[14]。複合輸送はとりわけこのうちの人的戦術を除く3つの戦術に関わっており，物的，場所的，時間的に異なるサービスを標準化して，大規模なサービスの生産を実現する仕組みである。これはコンテナ船の導入という技術革新が，複合輸送業者の一貫責任輸送という制度的変革を招来したものである。また，これをベースにして，フォワーダーがNVOCCとしてキャリアの資格を将来備える道が開けたのである。

　例えば日本のJR貨物と日通は，すでに2003年11月から高速RORO船を用いた上海スーパーエクスプレスの実施しているアパレル，生鮮食品，電子部品，自動車部品，機械設備等を対象にした上海と福岡間の複合輸送サービス[15]への参画に加えて，2006年3月には神戸と天津間の電機・電子製品，アパレルなどに関する複合輸送を開始した[16]。

　中国沿海地域では，香港，上海，深圳をはじめとして，寧波，広州，天津，

図表5-4　物流段階におけるコンテナ船をベースにした
　　　　　複合輸送システム

戦　　術	内　　容
物的戦術	異なる形状を持つ貨物のユニットロード化 ：コンテナ船の導入と貨物のコンテナロード（CL）化
場所的戦術	集荷のためのハブ＆スポークシステムを構築して対応 ：ハブ港とフィーダー港の区別
時間的戦術	定曜日サービスで対応 ：各寄港地への船舶の出入港曜日を固定したサービス
人的戦術	場所的戦術と時間的戦術を結合したサービスで対応しようとするが限界がある。 ：各荷主の異なる欲望までは満たされない。その展開のためにロジスティクス段階に移行が必要

青島，大連などの国際コンテナ港が目白押しである。これらの港を組み込んだ対米，対EUの定曜日サービスに向けたコンテナ船企業とそのアライアンスによる競争は激烈である。2005年12月に開港した上海沖の洋山（深水）港および同港と上海市を結ぶ東海大橋の建設は，もともと長江の土砂によって利用の便が悪かった河口港である外高橋港に頼っていた上海の弱点を克服するものであり，浦東空港とともに，上海の国際物流の核を形成している[17]。また上海と寧波の距離短縮のための杭州湾大橋も2008年5月に完成した。さらに天津と北京間では，空港とコンテナ港との接続の便宜を図るために，すでに機能している2本の高速道路と1本の連絡道路に加えて，2009年には新たな高速道路の建設計画に着手した。このように，複合輸送の実行に不可欠なインフラ整備も着実に進んでいる。

さらに洋山港については，自由港としての機能を備え，国際的なコンテナのトランジットが無税で実行できるという優位性を備えている。従来のようにトランジットのために一旦貨物を上陸させて中国税関を通す必要はなく，港湾利用料のみの支払いですむことになる[18]。まさに洋山港の国際ハブ港化である。

また上海の外高橋物流園区では，2004年7月より，物流園区の入り口と貨物を積み出す港を電子的につなぎ，自動認証などのシステムを導入して，区内搬入から船積みまでに時間を劇的に短縮する手段として，「区港聯動」のコンセプトを取り入れることを国務院が国内ではじめて認可した。これによって通関が1回で完了し，物流園区搬入を輸出とみなして増値税還付を受けることが可能となった[19]。つまりEDIシステムの導入がすでに進められており，ここでは物流パークの限られた場所についてではあるが，SCMの芽が現れている。

（3） ロジスティクスからサプライチェーン段階に向かう沿海地区経済技術開発区

上記②では一般的に沿海地区を取り上げ，すでにこの地区が第2段階の物流段階から第3段階のロジスティクス段階に移ろうとして，まさに転型期の真只中にあることを明らかにした。その中でも特に，国家級経済技術開発区にお

いては，広州ホンダや天津トヨタが，また同様の機能を持つ蘇州工業団地ではキヤノンなどの日系企業が調達，生産，販売体制を整えて，自社ロジスティクスをベースにサプライチェーンに向かおうとしている。またそれに伴って，物流段階における「区港聯動」のコンセプトも変革を被り，「保税港区」としてのゾーン一体概念が形成されていくのである[20]。佳能（蘇州）有限公司では，部材調達にミルクラン方式を取り入れ，物流業者に受託競争をかけるとともに，工場内でのセル生産方式を促進しており，そこではロジスティクス・ノウハウの流出に対する危機管理体制が強くとられていた。これは，工場内ロジスティクス，さらには部材業者とのSCMに独自のシステムが構築されつつあることをうかがわせるものである[21]。

JETRO上海の調査では，上海，蘇州，無錫，杭州，寧波の各市よりなる華東地域において，欧米系，香港・台湾系，韓国系，日本系の4系列の資本が25以上ある国家級経済技術開発区でしのぎを削っており，集積回路，自動車関連部品，鉄鋼関連，半導体関連，コンピュータ部品関連，液晶・プラズマテレビ関連部品など部品産業が上位を占めている[22]。これらの部品類は，上海港，浦東空港を通じて，国際的なサプライチェーンにつながっていくものである[23]。

また大連では，東芝，三菱電機等の電機産業の大きな集積がある。とりわけ経済技術開発地に立地する三菱電機では，産業用機器である金型製作用放電加工機，インバーター，配電用遮断機等の部品の日本（一部現地）よりの調達，組み立て生産，およびその日本，EU，アメリカに向けた輸出基地として，大連を機能させている[24]。

一方，自動車産業においては，2000年代の当初は，日系企業は中国での現地生産は最も困難な課題と見ていた節がある。そのため欧米系の進出と市場占有が先行することとなった。日系でも，事実トヨタ自動車の中国進出は本田技研工業に比してもかなり遅れを見せていた[25]。しかし2004年ごろを境にして，日系企業の中国での現地生産が急激に進むことになり[26]，それに伴って日系企業の自動車組み立て生産の拠点である広州を中心にして，自動車部品産業の

集積が促進された。その背景には，2005年4月に中国政府は，輸入部品の総額が完成車価格の60％以上に上る場合には，部品の輸入関税率を，部品に適用されてきた従来の関税率である10～14％を，完成車輸入と同率の28％に引き上げるという，いわゆるローカルコンテンツ政策を導入したことがある。これを契機にして日系自動車部品メーカーは，コスト削減のため，部材，とりわけ素材の現地調達を急いだのである。

もっとも品質とコストのトレードオフがある限り，現地調達の拡大は困難である。そのため欧米の自動車メーカーの間では，生産量の少ない高級車生産においては，中国での生産を停止することを決定したGMと，中国からの部品輸出を目論んで現地調達の拡大を決定したVWやBMWなどの欧州系との間で対応が分かれている。一方，トヨタ自動車は，すでに2005年5月より基幹部品であるエンジンやその関連部品を中国で生産し，日本，台湾，タイに向けた輸出を行っており，この動きは三菱自動車にも波及している[27]。

このように中国沿海地域では，国家級経済技術開発区において，ロジスティクスの壁を越えたサプライチェーンが国内外に形成されつつある。また自動車，電機に見られるようにすでにキーとなる部品を現地で生産し，それを先進国に向けても輸出する段階にきている。中国の国家級経済技術開発区は，後に図表5-5に見るように，輸入部品の単なる組み立て工場ではないのである。

これに応ずる日本の物流企業は，例えば日本郵船のフォワーダー・3PL企業として2000年3月に設立された日郵集運服務（中国）有限公司（NYK Logistics-China）では，NYK Logistics-Hong Kongとともに，中国沿海地区の上海，無錫，蘇州，天津，広州（香港，深圳地区はNYK Logistics-Hong Kongが管理）に主要な倉庫群を立地させ，また内陸部重慶にも倉庫を構えて，それぞれを物流拠点化して運営している。自動車部品の保管，詰め替え，国内輸送等については，12社の中国国内工場の部品を，天津，上海よりは内航・沿岸輸送を用いて黄浦江経由で，また煙台，重慶よりはトラック輸送で直接に詰め替えなしで，さらに大連からは両者の手段を用いて，広州の自動車組み立てメーカーに搬入されている。さらに2004年9月からは，大連，天津，北京地区の部

第5章　アジア物流の発展と中国経済：日本のポジショニング　133

品業者8社と天津部品集荷センターの間で，部品集荷のためのデイリー輸送を企画している(28)。ここには，長距離のミルクランをベースにした部品物流システムの構築を目指す3PL業の展開が見られると評価できよう(29)。

　荷主のSCMを支援する3PL業はまた，バイヤーズ・コンソリデーションと呼ばれる，とりわけ米国の大手小売業などのアジアからの商品買い付けを一括して買い付けるシステムの運用を請け負っており，これをクロスドックと結合させて，アジア物流のリードタイムの短縮を図っている。クロスドック・オペレーションでは，3PL業が中国で米国特定国向けコンテナ貨物に仕立てた上で，米国クロス・ドック施設で全米のディストリビューションセンター向けに仕分け配送するシステムであり，バイヤーの情報を共有し，運営に当たっている(30)。

　また三菱商事はすでに2002年に自社の3PL事業をSCMの下で展開する上での自社インフラをベースとするロジスティクス構造とERP（基幹統合計画）に基づく日本・中国間のサポート体制を公表し，それを遂行するために大連ソフトウェアパークに立地する中国ソフトウェア産業さらにはIBM等の外資系企業との提携を模索している(31)。

　これらの例から分かるように，この物流の第4段階であるサプライチェーン時代において活躍するのは，キャリア単体ではなく，そのロジスティクス運営部門が3PL業として発展したもの（上記NYK Logistics）か，あるいはフォワーダーが3PL業へと業務を昇華したもの（日本通運(32)，山九，日新(33)，近鉄エクスプレス，郵船航空，三菱商事等）か，あるいはキャリアがフォワーダーを兼務する形でインテグレーター化した3PL業（航空物流におけるFedEx，UPS，DHL等）であるか，のいずれかである。そこには，すでにふれた取りに行く物流としてのミルクランの他に，届ける物流として，部品納入メーカーが，自らの在庫品を組み立てメーカーの近くに立地した倉庫に在庫して，VMI（Vendor Managed Inventory）によって組立メーカーのJIT輸送に対応して部品を最小に抑える手法，つまりサプライチェーン最適を図るための多様なコンセプトが導入されている(34)。

そして，中国における情報産業の集積は，予想を上回る速度と規模で進展しているのである。それは先に第1章の図表1-1に掲げた，キャリアとフォワーダーが，インテグレーターやロジスティクス・コントラクターを経て，3PL業へと昇華するという，物流業態の発展過程[35]に一致している。このように中国沿海地域の最先端地区には，ロジスティクスの段階を離陸し，サプライチェーンに向かう環境が十分に整っており，まさにこの過渡的プロセスを具現しているといえる。さらに中国の戦略は，沿海部の発展を内陸部に取り込むことに向けられつつあり，その中心に重慶の両江新区および重慶・成都を核とする成渝経済特区が位置している[36]。

3 アジア物流におけるプロダクトサイクル理論と雁行型発展モデルの適用限界

3-1 標準化品の世界工場化する中国

以上で考察したように，中国物流の高度化は著しく，自動車や電機ではキーとなる部品を現地で生産し，それを先進国に向けても輸出する段階にきている。中国の国家級経済技術開発区は，輸入部品の単なる組み立て工場ではないのである。それはなぜだろうか。それは中国が標準差別化段階（あるいはその次の標準化段階）にある製品の生産については，着々と自国での部品生産を達成しているということである。逆にいえば，中国は，革新製品や成熟製品で世界の工場化しているのではないということであり，これは重要なことである[37]。

図表5-5に示したのは，プロダクトサイクルの相違に伴う直接投資先の移動によって発生する生産・販売先の立地変化と国際物流パターンの変化に関する一般的関係である[38]。この一般的関係の中では，現段階の中国は，先進国の直接投資先が途上国であるケースで，しかもプロダクトサイクルが標準差別化（あるいは標準化段階）にあるケースに当たる。ちょうど図表5-5の太い破線枠で囲った濃いアミカケのゾーンである。しかし中国の最も進んだ沿海地区

第5章　アジア物流の発展と中国経済：日本のポジショニング　135

図表5-5　プロダクトサイクル，直接投資行動と国際物流のパターン

行動主体と物流＼プロダクトサイクル	革新段階	成熟段階	標準差別化段階と標準化段階	
本国（先進国）	・生産技術独占 ・部品生産独占 ・部品組立独占 ・製品輸出独占	・技術内容の成分化と技術移転 ・製造装置とキー部品の生産 ・完成品輸出減（先進国向完成品輸出大幅減，途上国向輸出開始） ・先進国向部品輸出増	・キー部品に含まれるコア部品の生産と途上国向輸出	垂直連携と水平連携の拠点化
直接投資先（現地先進国）	・販売子会社の設立	・生産子会社の設立 ・製造装置やキー部品の輸入と組立 ・輸入代替的生産促進 ・途上国への製品輸出開始	・キー部品の生産と途上国向輸出	沿海地域国家級経済技術開発区
直接投資先（現地途上国）		・販売子会社の設立 ・先進国からの製品輸入	・部品の組立と製品輸出	中国全区域
物流パターン	〔先進国間〕製品物流支配	〔先進国間〕製品物流減・部品物流増 〔先進国/途上国間〕製品物流増	〔先進国/途上国間〕部品物流支配 〔途上国/先進国間〕製品物流支配	

にある国家級経済技術開発区の現在の状況は，その上の破線枠で囲まれた薄いアミカケのゾーン，つまり，直接投資先が現地先進国で，プロダクトサイクルが同じく標準差別化にあるケースに当たる。このゾーンは，通常ならば，先進国である本国（例えば日本）が他の先進国（例えばOECD諸国）に直接投資によって進出したときに，標準差別化段階にある製品に対して対応する行動領域である。つまり中国の国家級経済技術開発区の現況は，直接投資先としては現地先進国レベルにあるということである[39]。

　今後，中国が，本国である先進国が標準差別化段階において果たしてきた機能を引き受け得る存在になるかどうかは大きな関心事である。中国が，素材産業，部品産業から組み立て産業に至る垂直連携の拠点として，さらには日本，米国，EUと並ぶアジアにおける水平連携の中での標準差別化品生産の拠点としての地位を固めるかどうか[40]が，次のステップである。図表5-5の枠外の点線で囲ったこのような領域が実現するかどうかは，従来の経験からすれば，外資が中国をそのようなポジションに位置づけるかどうか，さらにはそのため

の技術移転が円滑に進むかどうかにかかっている。

　中国はすでに2008年の名目 GDP では日本の0.92倍にまで迫り，一方，購買力平価ベースの GDP（ドル建て）は，2008年には日本の1.82倍のレベルにある[41]。しかし中国の購買力平価ベースの1人当たり GDP は，2008年で5,970ドルであり，日本の34,132ドルの約1/5以下のレベルにある。中国はまだ先進国の仲間入りを果たしたとはいえないにもかかわらず，図表5-5に見るように，中国の最も発展した地域は先進国並みの役割を果たすところまで迫っている。その状況を中国の業種別物流発展の国際比較を通じて明らかにしよう。

3-2　雁行型発展を崩す中国の家電産業：1980～1998年の国・地域別品目物流分析

　各国経済の工業化の成長プロセスは，特定の途上国が労働集約的産業から資本集約的産業にキャッチアップし発展するというのが伝統的な雁行型発展モデルの説くところであり[42]，例えば産業発展の循環がまず繊維産業から発生し，次いで家電産業の主導する発展循環に移行し，さらに自動車産業の循環へと発展するというのがこのモデルの正常な産業発展のパターンである。またそのような1国における産業構造の革新が他国に波及し，ここに多国間においても雁行的発展が見られるというのである。その意味では雁行型産業発展は2段階において形成されている[43]。この発展モデルは，アジア経済の発展を説明するために考案された古典的理論ではあるけれども，現在においても，発展途上国の経済がなぜ軽工業から重工業へと順序正しく発展するのか，さらには発展途上国がスピードを上げて成長するにはどうすればよいのかを説明する有効なモデルであるとして認められているのである[44]。

　そこでここでまずとりあげるのは，1980～1998年にわたるアジアと米国の間の太平洋コンテナ船物流であり，この国・地域別品目物流分析を通じて，中国が国民経済の産業構造形成の順序を飛び越えて行動し，アジアにおける雁行型発展の順序を崩す状況を明らかにしよう[45]。このような秩序の崩壊は，経済のグローバル化のプロセスにおいて経済発展のために成長する産業分野に外資

第5章　アジア物流の発展と中国経済：日本のポジショニング　137

を集中的に導入しようとする中国の戦略がもたらしたものである。しかしそのような動向が中国固有の一過性のものではなく，アジア全体において普遍性を持つものであるのか，という点が解明すべき重要な課題である。この後段の問題は，次節で取り上げる。

　ここで，アジアの仕出地は，2国2地域，すなわち日本，NIES（韓国，台湾，香港，シンガポール），ASEAN（タイ，マレーシア，インドネシア，フィリピン）および中国としよう。図表5-6では，これらの2国と2地域の産業の代表として，自動車，家電，繊維の3業種を選び，それぞれの業種の特定国（あるいは特定地域）内の輸出物流シェアとその変動係数を19年にわたって測定し，その年平均値の相対位置を図示している[46]。単純に表現すれば，各国，各地域における産業構造の構成の変化を，縦軸に業種別輸出物流シェアをとり，横軸にこのシェアの変動係数（ただし輸出シェアの変動係数が安定しているほど輸出競争力は強く，したがって技術革新度は強い）として技術革新度をとって，捉えたものである。したがって位置が高いほど，各国，各地域に占める業種別シ

図表5-6　国・地域別品目物流に見る雁行型発展状態の歪み（1980〜1998年）

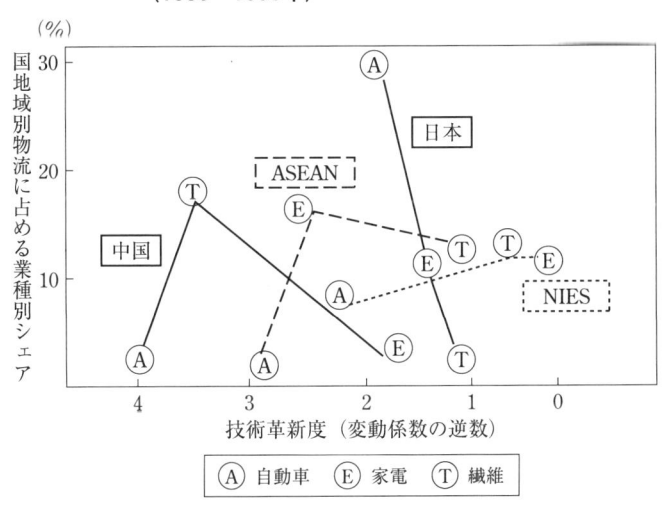

（注）PIERSデータより算出。本章注（42）も参照のこと。

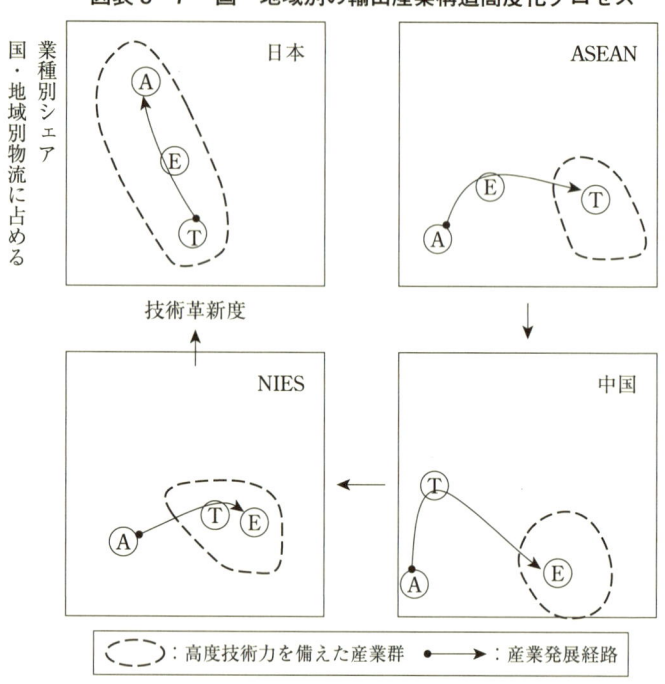

138　第Ⅱ編　物流のグローバル化と日本経済

図表 5－7　国・地域別の輸出産業構造高度化プロセス

縦軸：国・地域別物流に占める業種別シェア
横軸：技術革新度

（日本／ASEAN／NIES／中国の4象限図）

破線囲み：高度技術力を備えた産業群　　矢印：産業発展経路

ェアの割合は大きく，一方その位置が右に寄るほど当該業種の技術革新度は高いという関係がある。

　これを見ると，日本の3業種は変動係数では1と2の間にあり，これらはすべて技術革新度が高い。つまり日本では，繊維産業の輸出物流シェアは低いけれども，その技術力は高く，炭素繊維，機能樹脂，等の革新部材を開発する産業として位置づけられる。日本の3業種よりも右に位置し，技術革新力が高いのは，NIES の家電と繊維および ASEAN の繊維である。一方中国の家電は，変動係数が1と2の間の日本に肉薄する技術レベルを持つリーダーとして中国産業を牽引している。

　この図表5－6の関係を，図表5－7では国・地域ごとに分割し，変動係数が1と2の間にある業種を技術力の高い業種として破線で囲んでいる。日本は3

業種がほぼ垂直につながり，3業種すべての技術力が高い。これに対して，NIESは家電と繊維，ASEANは繊維，中国は家電の技術力が高い。一般に産業構造の高度化は，軽工業から次第に重工業に移るから，3業種では，繊維，家電，自動車の順に発展するはずである。日本はすでにこれらのプロセスを経ており，図表5-7の状況はこの発展理論に整合的である。NIESもまた，繊維に代わって家電がトップに出た状況を示し，最後尾から自動車がフォローしている。これも合理的展開である。ASEANでは，繊維の後に家電が迫り，自動車が最後尾に位置する。NIESの後を追うASEANの姿を納得できる。つまり，1980～1998年の考察期間においては，日本，NIES，ASEANでは，国・地域のレベルにおいて，いわゆる雁行型発展が無理なく進行しているのである。

その特徴は，図表5-7に見るように，中国やASEANでは産業間のシェアの不均等が顕著であるため，3業種を結んだ線は急な山型をなしていたものが，NIESに至って次第になだらかになり，究極的には，日本のように技術力がほぼ等しい3業種が縦一直線に並ぶというものである。その意味では，中国の最も鋭い山型の産業シェア分布は，最も劣位の産業構成を示すものである。

しかし中国では，繊維のシェアが最大であり，量的には牽引力が最も強いものの，技術的革新度では家電が先頭に立っているという，リーダー企業の逆転が発生しているのである。これは中国の経済発展を戦略的に図るために，外資を電器産業に集中的に導入したからである。いかなる国も，その経済発展を図るために優れた外国の技術を導入し，その産業が競争力を付けるまでは，関税障壁を設けて幼稚産業として保護育成するのが一般的である。しかし，すでに図表5-2において見たように，中国においては，外資系企業の貿易比率は輸出，輸入とも2008年で55％レベルにあるほどの高水準であり[47]，参入障壁を設けた自国産業の育成よりも，外資系企業との合弁による経済発展の方が著しく優先されているのである。

ここに，アジアにおける雁行型発展が中国の産業政策によって打ち破られていることを確認できるのである。中国は図表5-7に示すように，ASEANと

NIESの間に割り込んで，ASEANを追い抜いてNIESに迫ろうとしているのである。なぜこのようなことが可能になったのか。そこには，グローバルな経済発展を喚起するサプライチェーン型経営が電機産業を牽引したからである。中国はこのような経済環境の変化をリーダー産業の交代によって巧みに吸収し，発展のエネルギーに変換したのである。

4　アジア物流の発展構造とサプライチェーンの台頭

4-1　品目別国・地域物流の概括的考察：1993～2005年

　以上の考察では，各国・地域の国民経済あるいは地域経済における産業別構成をコンテナ船輸出物流のデータによって眺めてきた。そのような国・地域における産業構成という視点から転じて，業種別市場における国・地域間競争を考えることにしよう。

　そこでここでは，PIERSデータ[48]を用いて，代表的商品の市場における2カ国・2地域のシェアの変化に注目して，国・地域間の業種別物流シェア競争の態様とリーダーの伝播・変遷過程を考察しようとするのである。

　具体的には，1993～2005年の間において，日本，中国[49]，韓国・台湾およびASEAN[50]の2カ国・2地域の4つの仕向地から米国に向かうコンテナ船物流市場に注目する。ちなみにこの間において継続的に上位シェア10品目に入っていた，衣類，家具，玩具，一般電気機器，テレビ・ビデオ等の映像・音響製品，履物および付属品，コンピュータおよび半導体，自動車部品，建築用具および関連品，床材・ブラインド等のプラスティック製品のシェアの合計は，例年若干変動するものの，55.9～58.5％のレベルで概ね安定的に推移している。

　品目別のシェアの変動状況を，例えば，カサンのプロダクトサイクルによる業種分類[51]に従って，上位10品目の内から標準差別化財と単純標準化財を各4品目ずつ選んで，計8品目[52]につき1993～2005年[53]の品目別シェアの年平均変化率で捉えると，標準差別化財グループのシェアが年1.53％の割合で減少

図表 5-8　アジア・北米コンテナ船物流における代表的品目のシェアと年変化率

(単位：％)

品目		93年のシェア	05年のシェア	年平均変化率 (93〜05年)
標準差別化財	一般電気機器	5.5	6.6	1.67
	コンピュータ・半導体	3.2	2.8	−0.01
	テレビ・ビデオ等の映像・音響製品	5.5	4.1	−2.12
	自動車部品	6.0	3.0	−4.17
	［4品目シェア小計と変化率平均］	［20.2］	［16.5］	［−1.53］
単純標準化財	衣類および関連品	9.0	11.2	2.03
	家具および家財道具	7.4	16.1	9.80
	玩具	6.4	5.1	−0.39
	履物および付属品	5.2	3.4	−2.89
	［4品目小計と変化率平均］	［28.0］	［35.8］	［2.32］
その他の品目		51.8	47.7	−0.65

(注)　PIERSデータより算出。本章注（44）も参照のこと。

したのに対し，単純標準化財グループのシェアは逆に年2.32％ずつ増加している（図表5-8参照）。

　例えば標準差別化財では，自動車部品のシェアは，北米での部品を含む現地生産の進行の影響を受けて6％から3％へと半減しており，一方，単純標準化財では，米国の旺盛な住宅需要にサポートされて，家具および家財道具のシェアが7.4％から16.1％へと倍増するというように好対照を成して大きく変動しているのである[54]。これに対して，自動車と家具を除いた他の品目のシェアの変化率は概ね年平均で0〜3％のプラスあるいはマイナスの変動幅の中で安定している。中でも，コンピュータ・半導体のシェアは，年平均ではわずかに0.01％だけ低下したに過ぎないのである。

　このように，品目別に見たシェアの変動は若干の例外はあるものの，概ね安定しているといえよう。しかしこの間に，例えば仕出国別構成で見ると，コンピュータおよび半導体では，日本積みが41.3％から8.4％へと激減したのに対し

て，中国積みは逆に7.1%から69.89%へと激増するなど，国家・地域間の競争が激しい。同様の現象は単純標準化財でも見られ，玩具のシェアの年平均変化率はわずかに−0.39%であるけれども，仕出国別構成では，中国積みが79.3%から95.9%へと激増し，その他の3カ国・地域からの船積みはそれぞれ4〜6%ずつ減少しているのである。

そこで国家・地域間で発生した品目別物流の移転を見るために，アジア・北米往航コンテナ船物流市場を，日本，中国（香港を含む），韓国・台湾，ASEANを4つの仕出地とする10品目の物流市場として捉え，その1993〜2005年にわたる仕出地別・品目別の物流シェアの年平均値，変動係数[55]，および変化のトレンド[56]を求めよう。その結果は後掲の図表5-10〜5-15の通りであるけれども，そこでは全く対照的なアジアの対米物流構造の変化が日本と中国の輸出物流において現れており，両者の対極の間に，韓国・台湾仕出とASEAN仕出の物流が挟まれて位置していることが分かる。この構図に従って，以下では，「日本と中国のグループ」と「韓国・台湾とASEANのグループ」に分けて考察する。

ここで，以下で用いる市場シェアと変動係数の組み合わせと市場構造の関係にふれておこう。一般には，市場シェアが高くなり独占状態に近づくと，変動係数は低下する。この場合，独占状態が技術集約的産業（標準差別化財産業）物流において発生しておれば，物流の変動係数が小さい国・地域ほど技術水準も高いといえよう。逆に市場が競争状態にあれば，市場シェアは低く，変動係数は大きくなる。この場合には，技術の世界標準化をめぐる国・地域間競争も特に激しくなる。このように特定の市場シェアと変動係数の組み合わせは，特定の市場構造と密接な関係にあるであろう。1993〜2005年のアジア・北米コンテナ船物流市場において見られるこれらの関係は，概ね図表5-9のようになるであろう。

ただし市場全体の構造判定が可能であるのは，独占と指導寡占のケースであり，この場合には他の地域がいかなるポジションを取ろうとも全体構造は変化しない。これに対して特定の地域では競争寡占や多占が現れていても，他の地

図表5-9　アジア・北米コンテナ船物流市場構造の型と特徴
　　　　　（1993〜2005年）

物流市場構造の型	年平均物流シェア	変動係数
独　　占	70％以上	0.2程度未満
指導寡占	45〜70％未満	0.2程度以上，1.0未満
混合型寡占	競争寡占レベル	指導寡占レベル
競争寡占	5〜45％未満	1.0以上
多占（アームズレングス競争）	5％未満	制約なし

域にはもっと強力な市場支配力を持つ売り手がいるとき，全体の市場構造はその売り手が決定する。

さらに図表5-9では，市場シェアは競争寡占の基準に従うのに対し，変動係数は指導寡占のレベルにあるという，混合型寡占構造を区別している。この中間型寡占の特徴は，変動係数が指導寡占と同様に1.0以下であるのに対し，年平均シェアは競争寡占の条件である5〜45％の範囲にあるものである。つまりこの中間型寡占は，一般的には，市場構造が指導寡占構造から競争寡占構造に移行する過渡期のものであると位置づけられる。もちろんこれは逆の動きも取り得る。後に見るように，混合型寡占のタイプはASEAN地域と韓国・台湾地域において頻発している。

図表5-9の分類基準の意義は，地域間におけるダイナミックな市場構造ポジションの変化を見ることができることである。

4-2　対照的な中国と日本の輸出物流

（1）　雁行型発展の特異ケースにある中国物流

図表5-10に見るように，中国諸港から船積みされ，米国に向けて輸出された主要10品目の貨物は，それぞれの品目別市場において，自動車部品物流を除き，ほぼ45％以上の年平均シェアを確保し，しかもすべての品目において，考察の最終年である2005年のシェアが13年間の平均シェアを上回っているから，

図表5-10 中国仕出物流市場の特徴（1993～2005年）

	品　目	年平均シェア（％）	シェアの変動係数	変化のトレンド	市場構造
標準差別化財	一般電気機器	51.9	0.94	プラス	指導寡占
	コンピュータ・半導体	44.0	3.04	プラス	競争寡占
	テレビ・ビデオ等の映像・音響製品	45.4	0.72	プラス	指導寡占
	自動車部品	10.4	1.61	プラス	競争寡占
単純標準化財	衣類および関連品	47.9	0.20	プラス	指導寡占
	家具および家財道具	60.2	0.84	プラス	指導寡占
	玩　具	91.6	0.16	プラス	独　占
	履物および付属品	85.3	0.21	プラス	独　占
	建築用具および関連製品	51.3	0.76	プラス	指導寡占
	床材・ブラインド等のプラスティック製品	85.7	0.05	プラス	独　占

（注）　変化のトレンドは，1993～2005年にわたる仕出地別・品目別の物流シェアの平均値が2005年の実数値を超える場合はプラス判定，平均値が実数値の80％以上にとどまるときは横ばいのゼロ判定，平均値が実数値の80％を下回るときはマイナスと判定する。ゼロ判定に幅を持たせたのは，この程度であれば，長期的にはシェアの回復反転が見込めると考えたからである。PIERSデータより算出。

プラスの成長トレンドが支配している。

中でも単純標準化財である玩具，履物および付属品，床材・ブラインド等のプラスティック製品の3品目のシェアは80％を超え，変動係数は0.2以下で，市場は安定的に独占状態に近いといってよい。

これに対して，標準差別化財の一般電機とテレビ・ビデオ等の映像・音響製品の2品目，また単純標準化財の衣類および関連品，家具および家財道具，建築用具および関連製品の3品目の計5品目は，ともに45～60％のシェアを持ち，変動係数も0.2以上で，かつ1.0未満であるから，市場でリーダーシップを発揮できる指導寡占状態にある[57]。

残る2品目のうち，自動車部品のシェアは10％，変動係数1.61であるから，競争的寡占状態にあると見ることができる。またコンピュータ・半導体のシェアは44％で，シェアのレベルは高いけれども，変動係数が3.04と極めて高く，

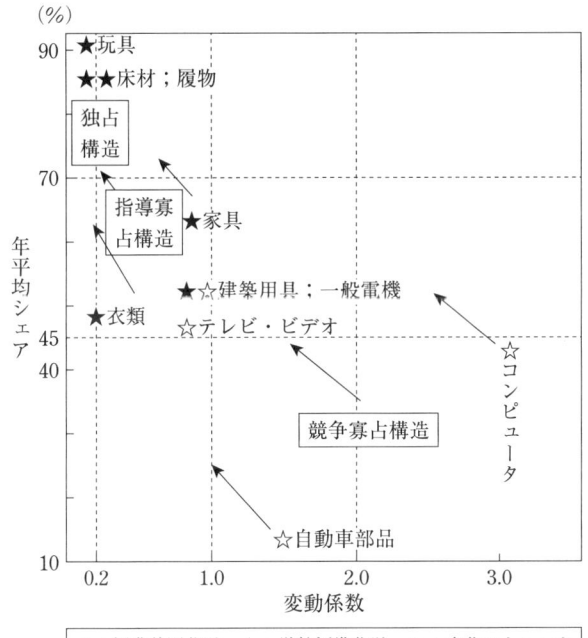

第5章　アジア物流の発展と中国経済：日本のポジショニング　145

図表 5-11　中国仕出物流の品目分布（1993～2005年）

(%)

縦軸：年平均シェア　横軸：変動係数

- ★玩具（シェア約90、変動係数約0.2）
- ★★床材；履物
- 独占構造
- 指導寡占構造
- ★家具
- ★☆建築用具；一般電機
- ★衣類
- ☆テレビ・ビデオ
- ☆コンピュータ
- 競争寡占構造
- ☆自動車部品

☆：標準差別化財　★：単純標準化財　→：変化のトレンド

中国物流がなお指導力を発揮できておらず，未だ星雲の状況にあると見られる。したがって，これも競争寡占状態にある。これらの2品目は，トレンドはプラスの成長財であるから，今後，指導寡占のポジションに移行することが予想される。

以上の関係を，品目別物流の年平均シェアとその変動係数を両軸にして表した図表5-11で見れば，中国を仕出地とする物流では，★印で示した単純標準化財物流が，独占的市場構造を含み圧倒的な支配力を誇示しており，それらを☆印で捉えた標準差別化財が追っている状況が明らかである。それらは成長トレンドの下で，衣類を除き左上の極限のコーナーに向かっている。

このように中国がなお単純標準化財の物流において独占に近い主導権を維持しつつ，標準差別化財のアジアでの生産の主導権を確立していることは，ある

意味では，雁行型発展原則の例外に当たる。工業化をほぼ完成させた段階では，単純標準化財の生産からはかなり撤退し，その主導権を他国に譲るのが一般的であるからである。そうしなければ限られた資源の制約の中で，選択と集中を発揮して成長を持続することは困難であるからである。ではなぜ中国はこのような特異な発展をたどったのであろうか。それは中国が，グローバル化の局面において外資を導入し，資源の制約を克服して工業化を迅速に進めることができただけでなく，その工業化は輸入代替的なものではなくて，多国籍企業のロジスティクス・ネットワークと結合した世界の生産拠点化を実現したからである[58]。標準差別化財物流の顕著な発展はその成果なのである。その過程で，本来，競争優位にあった単純標準化財においても，北米の住宅需要や消費需要の拡大に継続的に対応していったのである。その結果，コンテナ船貨物に適合した標準差別化財と単純標準化財の双方において，アジア物流をリードすることになったのである。

（2） グローバル・サプライチェーンの中に生きる日本の物流

これに対して日本は中国物流の発展の影響を最も強く被っている。日本を仕出地とする対米コンテナ船物流は，10品目すべてについて変化のトレンドがマイナスであり，中国仕出物流とはまさに対照的である（表5-12参照）。すでに日本にはアジアにおける雁行型発展のリーダーとして，単純標準化品物流には支配力は全くなく，一方標準差別化品物流でも，水平分業と垂直分業による正常な海外流出のレベルを超えた品目別シェアの減少が，企業のロジスティクス行動と企業間でのグローバル・サプライチェーンの構築によってますます加速しているのである。

対米日本仕出物流の特徴は，すべての単純標準化財の品目別年平均シェアが5％未満であり，したがってその市場構造は，本章での分類基準（図表5-9参照）では，多占であることである。またそのトレンドは床材等のゼロ以外はマイナスである。基本的には日本仕出の単純標準化財物流は衰退の一途をたどっている。まさに中国仕出の独占的単純標準化財物流によって支配されている。

図表5-12　日本仕出物流市場の特徴（1993～2005年）

	品　目	年平均シェア（%）	シェアの変動係数	変化のトレンド	市場構造
標準差別化財	一般電気機器	10.6	1.89	マイナス	競争寡占
	コンピュータ・半導体	15.6	1.76	マイナス	競争寡占
	テレビ・ビデオ等の映像・音響製品	14.7	1.40	マイナス	競争寡占
	自動車部品	69.3	0.43	ゼロ	指導寡占
単純標準化財	衣類および関連品	1.03	1.49	マイナス	多占
	家具および家財道具	0.40	1.58	マイナス	多占
	玩具	1.64	2.31	マイナス	多占
	履物および付属品	0.11	3.73	マイナス	多占
	建築用具および関連製品	4.48	1.26	マイナス	多占
	床材・ブラインド等のプラスティック製品	1.28	0.42	ゼロ	多占

（注）　PIERSデータより算出。

　その一方で，標準差別化財物流では，中国仕出物流との水平分業が進む中で，高機能品の物流に特化していくために，基本的にマイナスのトレンドにあり，市場構造は競争寡占状態である。わずかに自動車部品のみが，年平均シェアが70%をわずかに切って，独占構造から指導寡占構造に移行した状態にあり，そのトレンドも年平均シェアが2005年のシェアの実数値の80%以上のレベルにとどまっているため，なお回復の余地のあるゼロトレンドに位置づけられる。

　そのイメージは図表5-13のように得られる。

　このように日本をベースとする国際物流を対米貿易から見る限り，高度先進工業国として，水平分業に生きる一般電機，コンピュータ，テレビ等と，垂直統合あるいは垂直分業の中で行動する自動車部品の2本柱によって支えられている。日本の電気機械産業や自動車産業は，グローバルな水平分業と垂直分業のネットワークを構築し，その中で中国から北米に向けての物流にも深く関与している。日本からの仕出物流シェアの減少は，いうまでもなく，日本の製造業の競争劣位を示すものではなくて，グローバルなサプライチェーンの構築に

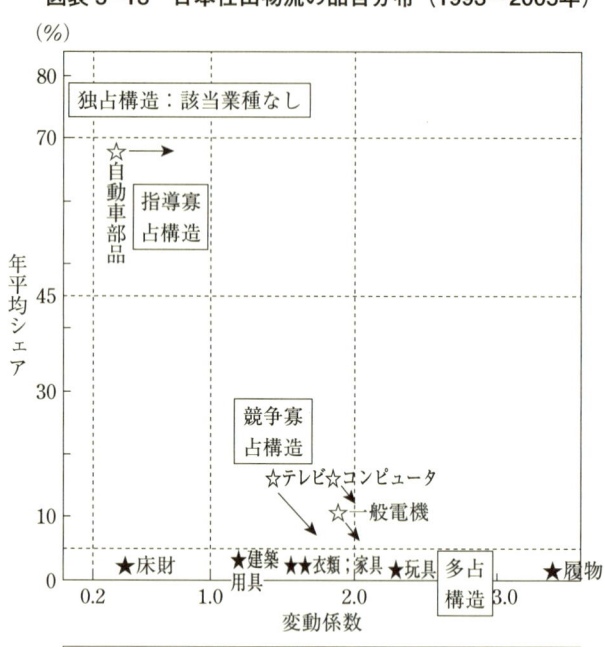

図表5-13 日本仕出物流の品目分布（1993〜2005年）

（グラフ：縦軸「年平均シェア（%）」0〜80、横軸「変動係数」0.2〜3.0）

- 独占構造：該当業種なし
- ☆自動車部品 → （指導寡占構造）
- 競争寡占構造：☆テレビ、☆コンピュータ、☆一般電機
- ★床材
- ★建築用具
- ★★衣類；家具
- ★玩具
- 多占構造
- ★履物

☆：標準差別化財　★：単純標準化財　→：変化のトレンド

よって競争優位を確保しようとする戦略の現れである。

4-3　韓国・台湾とASEANの物流

　中国より早くに経済発展に向けて離陸した韓国・台湾とASEANの対米物流はどうであろうか。1986〜96年の同様の考察では、ほとんど経済発展の芽が見られなかったASEANにおいて、その後のここ10年の発展には刮目すべきものがある[59]。韓国・台湾のNIES勢とほぼ互角の競争を展開しているため、両者を1つのグループとして取り扱うことが可能である。

　その特徴は、日本や中国を仕出地とする物流では見られなかった、指導寡占と競争寡占に挟まれた過渡的な混合型寡占の物流が発生していることである。図表5-9においてすでに明らかなように、この混合型寡占の特徴は、年平均

図表5-14 韓国・台湾およびASEAN仕出物流市場の特徴（1993～2005年）

	品　目	年平均シェア（％）	シェアの変動係数	変化のトレンド	市場構造
韓国・台湾	一般電気機器	16.6	0.77	ゼロ	混合型寡占
	コンピュータ・半導体	23.1	1.42	マイナス	競争寡占
	テレビ・ビデオ等の映像・音響製品	14.1	0.68	マイナス	混合型寡占
	自動車部品	18.2	0.77	プラス	混合型寡占
ASEAN	一般電気機器	21.0	1.39	マイナス	競争寡占
	コンピュータ・半導体	16.9	0.76	マイナス	混合型寡占
	テレビ・ビデオ等の映像・音響製品	25.4	0.20	ゼロ	混合型寡占
	自動車部品	1.63	0.89	プラス	多占

（注）PIERSデータより算出。

シェアは競争寡占の基準範囲に，一方変動係数は指導寡占の基準範囲にあるものである。

　図表5-14では，両地域仕出の対米物流において普遍的に見られる混合型寡占構造を標準差別化財において示している。ここでは2地域における各4業種の市場において，計5業種において混合型寡占構造が現れている。

　混合型寡占構造は，単純標準化財においても見られており，韓国・台湾とASEANがまさにグローバルな競争に巻き込まれている実情を示している。図表5-15には両地域に関わる12品目の市場構造をプロットしている。このうち混合型寡占構造の領域には，ASEANの単純標準化財である衣類および関連品，家具および家財道具，履物および付属品の3品目の市場が属している。残りの玩具，建築用具および関連製品，床材・ブラインド等のプラスチック製品の3市場は，記載していないが，すべて多占構造である。また韓国・台湾仕出の単純標準化財には混合型寡占構造をとるものはなく，衣類および関連品，家具および家財道具の2品目の市場が競争寡占構造で，その他の4品目については多占構造が成立している。まさに台湾・韓国とASEANの対米輸出構造は変革の真ただ中にある。

図表5-15　韓国・台湾仕出とASEAN仕出物流の品目分布（1993〜2005年）

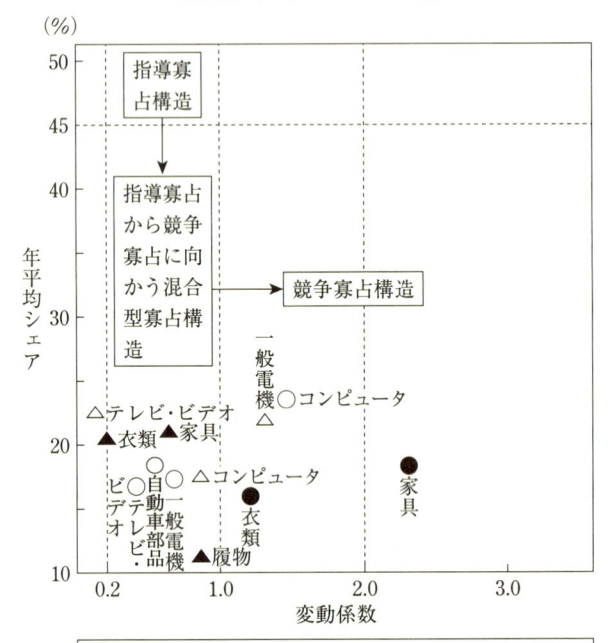

（グラフ：横軸＝変動係数、縦軸＝年平均シェア（%））

指導寡占構造

指導寡占から競争寡占に向かう混合型寡占構造 → 競争寡占構造

△テレビ・ビデオ　▲家具
▲衣類
○ビデオ　○自動車部品　△コンピュータ
△テレビ　○一般電機　　　●衣類　　　●家具
▲履物

○：韓国・台湾標準差別化財　　●：韓国・台湾単純標準化財
△：ASEAN標準差別化財　　　　▲：ASEAN単純標準化財
→：変化のトレンド

　この混合型寡占は，図表5-13の変化のトレンドの矢印で示すように，一般的には，市場構造が指導寡占構造から競争寡占構造に移行する過渡期のものである。もちろんこれは逆の動きも取り得るので，競争力が増加する局面では，競争寡占が指導寡占に移行する過渡期でもあり得る。しかし現実には，韓国・台湾とASEANは，中国からの市場競争の影響を被ってポジションを低下させているため，右下に向かうトレンドが成立している。

4-4　アジア物流に見る雁行型発展とサプライチェーン型発展

　以上の考察に基づいて，日本，中国，韓国・台湾とASEANの産業発展の

第5章 アジア物流の発展と中国経済：日本のポジショニング

図表5-16 雁行型発展とサプライチェーン型発展（1993～2005年）

貨物の種類	単純標準化財（6品目）					標準差別化財（4品目）			
物流市場の構造	独占	指導寡占	混合型寡占	競争寡占	多占	指導寡占	混合型寡占	競争寡占	多占
年平均物流シェア（％）	70%以上	45～70%	5～45%	5～45%	5％以下	70%以上	5～45%	5～45%	5％以下
年平均物流シェアの変動係数（注1）	0.2以下	0.2～1.0	0.2～1.0	1.0以上	制約なし	0.2以下	0.2～1.0	1.0以上	制約なし
技術革新度（変動係数の逆数）	5.0以上	1.0～5.0	1.0～5.0	1.0以下	制約なし	1.0～5.0	1.0～5.0	1.0以下	制約なし
仕出地と輸出品目数　中国	③	③				2		2	
ASEAN			③		3		2	1	1
韓国・台湾				②	4		3	1	
日本					⑥	1		3	

(注1) 変動係数の逆数を技術革新度として捉えている。
(注2) 図表の中の丸で囲んだ数字は，当該仕出地において優位にある輸出貨物のポジションを指す。日本の場合，それは最も劣位なものと一致する。なお点線で囲んだものは，競合状態にある各国・地域の貨物品目のポジションを示す。
(注3) PIERSデータより算出。

プロセスを推定し，雁行型発展モデルの適用可能性を検証しよう。それは，各国別または地域別業種別物流市場における標準差別化財と単純標準化財の構造，年平均物流シェア，そのシェアの変動係数によって総合的に判断できる。1993～2005年における考察結果は，図表5-16のように総括できる。

（1） 単純標準化財の生産移転に見る典型的な雁行型発展

その特徴を単純標準化財について見れば，中国，ASEAN，韓国・台湾，日本というように経済発展が先行した国・地域に向かうにつれて，次第に競争性の高い多占領域に追いやられる業種が増加していることである。つまり単純標準化財が競争力を多く残している地域ほど，経済発展の離陸期が遅く，今後，他国の競争によっては大きく経済構造が変動する可能性を持っているということができる。

この観点から，4つの仕出地を類別すると，すでに日本ではサンプルに選んだ6つの単純標準化財のすべてが多占の構造領域に入っている。また韓国・台湾仕出の単純標準化財は4品目が多占領域に，2品目が競争寡占領域に所属し，日本にフォローしているし，ASEAN仕出の単純標準化財は3品目が多占領域に，3品目が混合型寡占領域に所属し，韓国・台湾をフォローしている。これに対して，中国仕出の単純標準化財は，3品目が独占領域に，3品目が指導寡占領域に所属し，ともに圧倒的な競争優位を示している。したがってここに，日本，韓国・台湾，ASEAN，中国の順に進行した雁行的経済発展のプロセスの存在を確認できる。

（2）標準差別化財に見るサプライチェーン型発展

一方，標準差別化財の分布では，韓国・台湾とASEANの間には一見顕著な差は見られない。そこで，すでに図表5-13で示した，両地域の標準差別化財の競合状態に注目して議論を整理すると，混合型寡占領域において，韓国・台湾では，自動車部品の市場シェアがプラスのトレンドでの成長を期待され，また一般電気機器もシェア回復が可能なゼロトレンド上にある。一方ASEANでは，同様の混合型寡占領域において，テレビ・ビデオ等の映像・音響製品が回復可能なゼロトレンド上にあり，なお発展の可能性を残している。このように，韓国・台湾とASEANの2地域における，それぞれ競争優位にある自動車部品，一般電器機器，映像・音響製品に関わる3業種において，日本や中国を巻き込んで，混合型寡占のリーダーを決定するための激しい競争が展開されているように見える。

ここに，標準差別化財のASEAN仕出は，韓国・台湾仕出を構造的に凌駕してはいないけれども，むしろ異なる品目について，それぞれの優位を生かして，全体として互角に競争している状況を読み取ることができる。つまりそれは，韓国・台湾にフォローして発展を試みたASEANが，その直後に離陸した中国に，1980～90年代において追いつかれ，追い越されたことは事実である（図表5-7参照）としても，その後，1990～2000年代初頭において，水平分業

第5章 アジア物流の発展と中国経済:日本のポジショニング 153

に基づいて経済力を回復している状況を示している。この最近のASEANの発展状況は,閉塞感の強かった1986～96年の10年間[60]とは明らかに異なっているといえるのである。言い換えるならば,一見,星雲のような競合状態が創出されているように見える標準差別化市場の基礎には,じつは国・地域別の分業構造が支配しているのである。

確かに,日本と中国の標準差別化品の物流のみを見れば,単純標準化品の物流と同様に,雁行形態的発展が支配しているとの解釈も成立する。しかし両地域に挟まれた韓国・台湾とASEANに見られる水平分業的発展を考察に加えれば,とりわけ破線の矩形で囲んだ領域において,相互補完的な部品物流のネットワークが現れているのである。

一方向の発展経路には収まらないアジアにおける標準差別化財市場の特徴は,アジア地域が全体として,グローバル経済の発展ゾーンに組み込まれて,そこに多国籍企業の水平分業の展開の影響が見られることにある。このようなゾーンの発展を支えるものは,多国籍企業が,経営戦略の構築に当たって,ロジスティクスをベースとしたSCMを導入したことにある[61]。その企業間における調達と販売のネットワークがアジア全域に拡大され,そこにサプライチェーンが構築される段階に入ったのである。特にその傾向は軽量で移動が容易な電機機器において顕著であるが[62],しかしその流れはより重量のある自動車産業をも巻き込んでいる[63]。このように標準差別化財に関する産業発展は,単純標準化財に関する雁行型発展とは明らかに区別されるサプライチェーン型発展なのである。

5 日本の製品貿易比率に見るアジア物流の展望

図表5-5に見たプロダクトサイクル,直接投資行動と国際物流の基本的パターンの変遷は,革新段階における先進国間に限定された製品物流が,最終的に標準差別化段階を経て標準化段階に移行するにつれて,途上国あるいは新興国と先進国間の物流へと普遍的に拡大されることにある。この流れを支配して

いるのがプロダクトサイクルの変化に伴う直接投資行動先の移転である。この流れの中で、とりわけ輸入に占める製品の貿易比率は時間の経過とともに次第に増加する。

日本は原料を輸入し、加工貿易によって製品を輸出するという、本来は製品輸出志向性の強い貿易構造を持っており、1988～2006年の間、製品輸出比率は98.6～99.1％の範囲にある。この比率の基となる地域別製品輸出比率は、対米と対EUでは概ね99％台、対NIESで96～97％台、対ASEANで98％台、対中国で94～97％台である[64]。このように日本の製品輸出比率は地域にかかわらず、極めて高度に安定したレベルにある。これは日本の競争力ある革新製品を継続して創出する技術力と輸出相手国の購買力が増加したからである。

一方、日本の対世界製品輸入比率は、1988年に49％であったものが、2003年に61.5％のピークを付け、その後2006年には56.8％へと低下した。このように製品輸入比率は安定してはいないが、明らかにプラスのトレンドにある。このようなトレンドが形成された原因は、従来は先進国間で展開されてきた製品・部品の水平貿易が、途上国や新興国の工業化の進展によって世界全体に拡大されたことにある。工業化の進展は製品・部品の日本への輸出（日本の輸入）となって結実するのである。

この間、日本の対EU製品輸入比率は85.1～89.2％のレベルで循環しながら安定的に推移し、これに対し、対米製品輸入比率は、1988年に56％であったものが、2000年に73.3％のピークを付け、その後2006年に再び73.8％のピークを付けるという双峰分布の姿を示している。ここには、これらの先進国・地域と日本の間の工業力との伝統的水平貿易競争の結果が現れている。

これに対し、新たに興ったアジア地域との水平貿易の胎動は以下のようなものである。その中で、日本の対中国製品輸入比率は、1988年の47.1％からほぼ一直線に上昇して、2006年には89.6％に達しており、年平均で2.6％の増加を示している。また対ASEAN製品輸入比率は、1988年の17.9％が、2006年には53.6％に達しており、ピークは2001年の59.9％である。ASEANからは原油、LNG、木材等の主要な原料が輸入されているので、なお製品輸入比率は低い

レベルにあるけれども，その年平均成長率は11.1％であり，対中国製品輸入比率の成長スピードを抜いているのである。また対NIES製品輸入比率は，1988年の72.9％が2006年には85.5％へとなだらかな成長を遂げている。このように中国，ASEAN，NIESの工業化に伴う水平貿易は三者三様の動きを示している。

ここで，日本の対中国，対NIESおよび対ASEANの3つのアジア貿易に注目して，各国・地域に対する製品輸出比率を製品輸入比率で除して得られた製品輸出比率・輸入比率レシオを求めれば，図表5-17になる。2000年代にかけて，対ASEAN貿易が急速にこのレシオを改善し，輸出入比率の均等化に向かっていることが分かる。2006年時点で最も均等化の進んでいるのは対中国貿易であり，わずかながら対NIES貿易を抜いている。

そこで日本の中国との貿易がアジア貿易においてどのように位置づけられるのかを考察するために，日本の対中国製品輸出比率・輸入比率レシオを被説明変数として，それを中国貿易発生の基本要因と日本の対NIESおよび対ASEANの製品輸出比率・輸入比率レシオで説明しよう。推定に当たって，各変数値からはすべてトレンドを除去している。1988～2006年の19年間につい

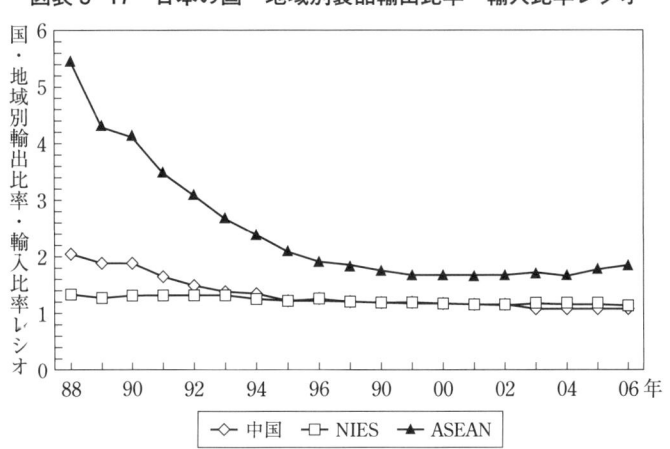

図表5-17　日本の国・地域別製品輸出比率・輸入比率レシオ

て，対中国製品輸出比率・輸入比率レシオ関数を対数線型1次式に特定化し推定すれば，（5.1）式の結果を得る。

（5.1）日本の対中国製品輸出比率・輸入比率レシオ
$= -0.052$
$-0.283\log$（中国1人当りGDP成長率/中国2次産業GDP寄与率）
(-3.49)***
$+0.423\log$（日本の対ASEAN製品輸出比率・輸入比率レシオ）
(8.69)***
$+0.582\log$（日本の対NIES製品輸出比率・輸入比率レシオ）
(2.21)**
RB2$=0.975$，SE$=0.03303$，DW$=1.03$，N$=19$

　中国の1人当たりGDP成長率[65]の向上は日本の対中国製品輸出比率を上昇させる。それにもかかわらず日本の対中国製品輸出比率・輸入比率レシオが下がり続け，レシオが改善傾向を見せているのは，日本の中国からの製品輸入比率がそれを上回る速度で成長しているからである。（5.1）式では，日本の対中国製品輸出比率を中国の1人当たりGDP成長率で，また日本の対中国製品輸入比率を中国の第2次産業の成長，ここではそのGDP寄与率[66]で捉えて推定している。推定結果の符号はマイナスであり，中国の購買力と産業構造の変化が急速な日本の対中貿易構造の変化となって現れている状況を良く捉えており，論理的に整合する結果が得られている。

　この基本的な中国経済の構造変化と並んで，周辺のASEANとNIESの貿易構造は，日本の対中国製品輸出比率・輸入比率レシオの変化に対して，どのような影響を及ぼしているのであろうか。そこには，先に図表5-16で見たような中国・ASEAN・NIESの3カ国・地域をめぐるサプライチェーン型貿易の特徴が現れているのであろうか。（5.1）式の推定結果はまさにその点を改めて実証している。そこに見るように，日本の対ASEANおよび対NIESの製品輸出入貿易は，対中国製品輸出入貿易にいずれもプラスの符号で，統計的に有意な影響を及ぼしているからである。日本を起点，終点とするこれらの3

第5章　アジア物流の発展と中国経済：日本のポジショニング　157

カ国・地域の貿易は星雲状態の下での競合関係にはなくて，サプライチェーン型物流の展開の下で相互補完的なネットワーク関係を構築しているのである。

（1）　経済産業省（2003）『通商白書2003』194-201ページ。
（2）　OECD（1999）International Shipping Under the Ocean Shipping Reform Act : Shipowner and Shipper Perspectives, Program of Dialogue and Cooperation with China, Workshop on Maritime Transport, *CCNM/ China/ MTC/*（99）*4*, pp. 1-2.
（3）　WTO体制下では，加盟構成員は原則として海運自由化に積極的に取り組まなければならない。WTO（2003）*Joint Statement on the Negotiation on Maritime Transport Services, TN/ S/ W/ 3*, March, pp. 1-2.
（4）　①加盟時に3年間の実績があれば，外国貨物フォワーディング代理店が中国に合弁事業（外資比率50％以下）の代理店を設置可能，②加盟後1年以内に外資マジョリティ，4年以内に内国民待遇が与えられ，外資100％の子会社が可能，③合弁事業の最低資本金は100万ドル，営業期間は20年を越えないこと，④合弁事業設立1年後に支店設置が可能，ただし設置ごとに12万ドルの追加資本金が必要，等である。また「鉄道輸送」では，加盟後3年以内に外資マジョリティ，6年以内に外資100％子会社可能，さらに「道路輸送」では，加盟後3年以内に外資マジョリティ，3年以内に外資100％子会社可能である。黄磷（2002）『WTO加盟後の中国市場』蒼蒼社，73-74ページ参照。
（5）　李海昌（2008）「規制緩和で日系物流企業の中国参入進むが課題も」『ジェトロセンサー』（日本貿易振興機構），58巻691号，18ページ。
（6）　Bhattasali, D., Li, S. and W. Martin, eds.（2004）*China and the WTO*, World Bank and Oxford University Press, p. 145.
（7）　本章は，宮下國生（2006）「中国物流の高度化・グローバル化の展望」『運輸と経済』66巻8号，15-28ページをベースに必要な修正を施したものである。
（8）　第1章参照のこと。また，宮下國生（2002）『日本物流業のグローバル競争』千倉書房，図表1.5，22ページでは，OECD（1996）*Integrated Advanced Logistics for Freight Transport*, p. 43をベースに，経済的目標効果と情報のサポート手段の2項を除いて，特に第2・第3世代の融合状況を大幅に加筆して説明しているので，参照されたい。
（9）　交通とサプライチェーンを結ぶ物流とロジスティクスを，物流の転型期として融合して捉えているのである。もっとも，物流とロジスティクスは，企業活動が空間ネットワークから情報ネットワークに転換するという意味では，転型期の中でそれぞれ明確に区分する必要があることはいうまでもない。
（10）　1998年3月，神戸大学経営学研究科中国ロジスティクス調査団（田村正紀・宮下國生・得津一郎・星野裕志）による上海，成都の現地調査，および2001年3月，同調査団による香港，昆明の現地調査による。

(11) 例えば2006年中の成都へのFedEx進出計画，昆明における近鉄エクスプレスの保有倉庫を軸とする内陸配送体制の整備，2005年に中国内物流事業を統合した日本通運と三菱商事による国内80都市を結ぶトラック網の活用開始，住友商事による重慶での自動車部品物流の合弁企業の設立等，である。『日本経済新聞』2006年6月9日，夕刊，参照。
(12) 2010年6月に重慶において国家級新区として両江新区が誕生した。これは上海浦東新区，天津濱海新区に次ぐ第3の国家級新区であり，今後西部大開発の拠点となると見られている。また重慶と成都を中核にした成渝経済区設立構想も進められており，中国経済開発のエンジンが内陸部に設定されようとしている。
(13) 四川省での日系自動車メーカーが長江を用いた日本からの複合輸送によって部品調達ネットワークを構築したケース分析に，Hayashi, K. and T. Nemoto (2010) Procurement Logistics of Japanese Auto Manufactures in Inland China―Intermodal Transport Utilizing the Yangtze River―, *The Asian Journal of Shipping and Logistics*, Vol. 26, No. 1, pp. 119-138がある。
(14) 宮下國生（1994）『日本の国際物流システム』千倉書房，表1-5，45ページ参照。
(15) 上海スーパーエクスプレス株式会社代表取締役社長・浜田景介氏の基調講演（2005年10月16日，日本海運経済学会第39回年次大会，大阪学院大学）および同社資料による。このサービスは，関東・九州・関西・中部などの国内経済圏と中国・上海および華東地域を航空輸送並みのリードタイムで結ぶもので，例えば，上海発東京行きの場合，従来のコンテナ船輸送では工場出荷から工場納入まで10日程度を要するものが，エクスプレスサービスでは一般の航空輸送（3日）並みの3.5～4日にまで大幅に短縮できる。
(16) 『日経産業新聞』2006年3月10日。
(17) 洋山港（Yangshan Deepwater Terminal Phase I & II）の現地調査ならびに日本郵船（上海）有限公司船長総経理・見上憲男氏ならびに神戸港上海事務所首席代表・奥田総一郎氏に対する，郵船外高橋事務所でのヒヤリング調査（いずれも2007年11月1日）。
(18) JETRO上海代表処（2006）『JETRO上海ニューズレター』92号，5-6ページ。
(19) JETRO上海代表処資料（2004）『保税区から自由貿易港へ』同年6月15日付，1-2ページ。
(20) とりわけ天津経済技術開発区（TEDA）管理委員会貿易発展局服務貿易科長・劉翔氏および天津東彊保税港区管理委員会経済開発局長・蔡慶鋒氏，同管理会分室科長・劉平氏へのヒヤリング調査（2008年9月24日）では，開発区での物流展開が保税区よりもスペースの点で限界があること，また天津東彊保税港区が国家級の開発区に匹敵するポジションを持つことが明らかになっている。
(21) 佳能（蘇州）有限公司董事長総経理・田原哲郎氏，総経理室課長・伊藤雅明氏へのヒヤリング調査および同工場実地調査による（2004年7月27日）。
(22) JETRO上海代表処副所長・阿部宏忠氏，同舶用機械部長・赤星貞夫氏よりのヒヤリング（2004年7月26日），ならびにJETRO上海代表処資料（2004）『華東地区における最近の現状について』同年7月26日付，1-5ページ参照。

第5章　アジア物流の発展と中国経済：日本のポジショニング　159

(23)　松下電器（中国）有限公司物流統括部長・沼田克司氏，同社商品控制部部長・高橋宏之氏，松下電器物流（上海）有限公司董事総経理・寺内宏展氏よりの現地ヒヤリング調査（2007年10月31日）。
(24)　三菱大連機器有限公司，董事・総経理大泉敏郎氏からのヒヤリングおよび工場調査による（2002年12月2日）。
(25)　天津経済技術開発区現地調査（2002年11月29日～12月1日）における神戸市中国駐在総代表神戸・天津経済連絡事務所所長・西元 威氏の資料提供によると，トヨタは，2000年6月中国天津汽車夏利と50％ずつ出資して天津トヨタを設立。2002年6月中国での乗用車生産を開始するが，その組立工場は天津の経済技術開発区に立地しているものの，部品生産工場はその外にあって分散立地している。
(26)　豊田汽車公司上海代表処首席代表・東 和男氏に対するヒヤリンク調査（2004年7月26日）および提供資料によると，トヨタは，中国の自動車産業の爆発的ブーム期を前にして，大規模な進出を決定したもので，中国の自動車市場の成長はまさにこれからが本格化する，との見通しに立っていた。また上海地区でも，上海GM，上海VW，上海VOLVO，上海汽車の4社を核として，杭州（東風汽車），蘇州（蘇州金龍客車），南通（南涌汽車）などの国家級経済技術開発区，さらに無錫（一汽客車・特装），南京（躍進汽車）などにも，広州，天津と並ぶ集積が生まれつつある状況も把握できた。
(27)　『日経産業新聞』2006年6月5日。『日本経済新聞』2006年6月10日，同年6月21日。
(28)　日本郵船（中国）有限公司副総経理・田邊英城氏および同公司高級経理・小西敬之氏に対するヒヤリング調査（2004年7月28日）および同社資料（2004年）『日本郵船の中国物流ビジネス現状の紹介』同年7月14日付，3-4，24-26ページ参照。
(29)　一方，2007年10月に開始した天津トヨタにおける4PL事業の展開と現地調査については，第1章注（27），振華物流集団（Zhenhua Logistics Group Co., Ltd.）対する現地ヒヤリング調査（2008年9月23日）を参照のこと。
(30)　日本郵船（中国）有限公司総経理・玉置 融氏，日本郵船散貨運輸（中国）有限公司董事長・伊藤隆夫氏，日郵物流（中国）有限公司総経理市場開発部・斉藤光司氏に対する現地ヒヤリング調査（2007年11月1日）によって，同社が上海，天津，寧波，福州の4地区をバイヤーズ・コンソリデーションの拠点に展開していること，また上海には国内クロス・ドックセンターが，天津にはVMIセンターが機能していることが明らかになっている。バイヤーズ・コンソリデーションとクロス・ドックについては，日本海運集会所編集・発行（2004年）『入門「海運・物流講座」』198-201ページを参照のこと。
(31)　Dalian Software Park, Vice General Manager, Dr. Tian Feng氏よりのヒヤリングと現地調査（2002年12月2～4日）および三菱商事株式会社・三菱商事（上海）有限公司作成資料（2002）『Outsourcing Business in China—Dalian Software Park Collaboration に向けて—』同年8月28日付，1-19ページ参照。
(32)　日本通運株式会社亜州・太平洋地域総括室中国室長・内舘 均氏よりの「日本通運の中国現地法人」に関する上海での現地ヒヤリング調査（2007年10月31日）によって同社

の蘇州日通の華東地区におけるミルクラン輸送,日通国際物流(上海)上海外高橋保税区物流センターと保税物流園区物流センターを中心とした電子部品メーカーのVMI倉庫からのJIT納入などの実態が確認できた。

(33) 株式会社日新上海代表処における同社中国事業部上海本部中国代表執行役員・小林輝彦氏,同副所長・田澤佳久氏に対する現地ヒヤリング調査(2007年10月31日)により,同社が中国におけるグローバル・ロジスティクスプロバイダーとして,航空物流を中心にした華東地区シャトル便輸送,三井物産との合弁で北京でのセブンイレブン向けの冷凍・冷蔵物流への取り組み,などリードタイム短縮を目指した3PL業務を展開している。

(34) 日系自動車メーカーにおけるVMIの導入については,池上 寛・大西康雄編(2007)『東アジア物流新時代』アジア経済研究所・JETRO, 135-136ページを参照のこと。

(35) キャリアとフォワーダーはトランスポーテーション・プロバイダーのレベルにあり,またインテグレーターやロジスティクス・コントラクターはロジスティクス・サービスプロバイダーとして総括できる。彼らは,これに続く3PL業や4PL業とともに,物流の各発展段階をリードする物流業の業態である。宮下國生(2002)『日本物流業のグローバル競争』22ページ,図表1-5も参照のこと。

(36) 本章の注(12)を参照のこと。

(37) プロダクトサイクルに関しては,第3章の図表3-2「国際物流の基礎構造―プロダクトサイクルに従う産業分類」を参照のこと。

(38) バーノンのPC理論とカソンによる当理論の修正に基づくものである。プロダクトサイクルに従う産業分類については,第3章の図表3-2を参照のこと。Vernon, R. (1966) International Investment and International Trade in the Product Cycle, *Quarterly Journal of Economics*, Vol. 80, pp. 190-207. Vernon, R. (1979) The Product Cycle Hypothesis in a New International Environment, *Oxford Bulletin of Economics and Statistics*, Vol. 41, pp. 262-263. Casson, M. (1986) *Multinationals and World Trade*, Allen & Unwin, pp. 21-22.

(39) 中国海洋大学経済学院戴桂林副院長に対する現地ヒヤリング調査(2009年10月21日)によって,2008年の世界経済危機以降についても,環渤海経済圏にある青島の経済技術開発区が,輸出の減少,韓国企業の大量撤退はあるものの,旺盛な内需がマイナスの影響を十分にカバーし,海爾によって代表される現地企業のSCMの取り組みが進展していることが明らかになっている。

(40) 垂直統合と水平統合は多国籍企業の内部化の理論に基づく企業内生産統合である。これに対し,垂直的連携統合,水平的連携統合の用語は,国際的企業間協定の下でロジスティクス,サプライチェーンを通じる企業連携を指している。

(41) OECD (2008) *Statistical Extracts* (http://stats.oecd.org/Index.aspx).

(42) Akamatsu, K. (1961) A Theory of Unbalanced Growth in the World Economy, *Weltwirtshaftliches Archiv*, No. 86, pp. 196-217. Kojima, K. (2000) The 'Flying Geese'

第5章　アジア物流の発展と中国経済：日本のポジショニング　　161

Model of Asian Economic Development: Origin, Theoretical Extensions, and Regional Policy Implications, *Journal of Asian Economics* 11, pp. 375-401.
(43) 小島 清（2001）「雁行型産業発展：小島モデル」『駿河台経済論集』10巻2号，101-103ページ。
(44) Korhonen, P. (1994) The Theory of the Flying Geese Pattern of Development and Its Interpretations, *Journal of Peace Research*, Vol. 31, No. 1, pp. 93-108. Mitchel, R. and J. Ranvenhill (1995) Beyond Product Cycles and Flying Geese: Regionalization, Hierarchy, and the Industrialization of East Asia, *World Politics*, Vol. 47, No. 2, pp. 171-209. Ginzburg, A. and A. Simonazzi (2004) Patterns of Industrialization and Flying Geese Model: the Case of Electronics in East Asia, *Journal of Asian Economics*, Vol. 15, Issue 6, pp. 1051-1078. Ōzawa, T. (2007) *Institutions, Industrial Upgrading, and Economic Performances in Japan: The "Flying Geese" Paradigm of Catch-up*, Edward Elgar Pub. Yun, C. (2007) *Japan and East Asian Integration: Myth of Flying Geese, Production Networks, and Regionalism*, Lit Verlag. Chiang, H. H. (2008) The 'Flying Geese Development' Model of the IT Industry in East Asia, *Journal of the Asia Pacific Economy*, Vol. 13, Issue 2, pp. 227-242.
(45) Miyashita (2009) Structural Change in the International Advanced Logistics, *The Asian Journal of Shipping and Logistics*, Vol. 25, No. 1, pp. 124-128.
(46) PIERSデータは，財団法人海事産業研究所（1989～97）『世界の主要定期船荷動き量調査報告』による。宮下國生（2002）『日本物流業のグローバル競争』図表4-3，103ページも参照。
(47) 本章の図表5-2参照。
(48) PIERSデータの収集につき，ここでは，とりわけ財団法人海事産業研究所（2001）『日本・アジア/米国のコンテナ定期船荷動き量調査』（調査シリーズ2001—216），同（2004）『日本・アジア/米国のコンテナ定期船荷動き量調査』（調査シリーズ2004—245）および財団法人海運振興会（2005）『日本・アジア/米国のコンテナ定期船荷動き量調査（2005年確定値）』を利用した。
(49) 香港を含む。また2002年以降は，マカオのデータも加えている。
(50) 2001年までのASEANデータは6カ国（シンガポール，フィリピン，マレーシア，インドネシア，タイ，ベトナム）に，また2002年以降はカンボジア，ミャンマーを加えた8カ国に関係する。
(51) 本書第3章の図表3-3を参照のこと。
(52) 標準化品から建築用具および関連品，床材・ブラインド等のプラスティック製品の2品目を除く。
(53) 実際には，1994，1996，1997年の3年間のデータが欠落しているので，原則として9年間のデータを用いている。なお，衣類および関連品，テレビ・ビデオ等の映像・音響製品2品目については，さらに1995年と2000年のデータが欠落しているので，7年間の

(54) それにもかかわらず，この間に，対米コンテナ船物流量がトータルでは367.3万TEUから1,287.8万TEUへと3.5倍になっているから，シェアでは半減した自動車部品もまた数量規模ベースでは，2倍近く増加しているのである。
(55) 1993～2005年にわたる仕出地別・品目別の物流シェアの標準偏差を平均値で除して得られる値である。
(56) 変化のトレンドは，1993～2005年にわたる仕出地別・品目別の物流シェアの平均値が2005年の実数値を超える場合はプラス判定，平均値が実数値の80%以内にとどまるときは横ばいのゼロ判定，平均値が実数値の80%を下回るときはマイナス判定とする。ゼロ判定に幅を持たせたのは，この程度であれば，長期的にはシェアの回復反転が見込めると考えたからである。
(57) 対米貿易摩擦を起こした衣類および関連品は2005年11月に米中間で2008年末まで数量制限を設定することで交渉は妥結した。しかし衣類および関連品の輸出物流を見る限り，年平均シェアは47.9%と指導寡占のグループに入るとしても，変動係数は0.20と独占構造のレベルに近いから，2005年中には中国よりの衣類の輸出圧力はほぼ終焉し，競争が終結した安定状態にあることがうかがえる。
(58) 宮下國生（2006）「中国物流の高度化・グローバル化の展望」『運輸と経済』66巻8号，15-28ページも参照のこと。
(59) 詳しくは，宮下國生（2002）『日本物流業のグローバル競争』4章掲載の図表4-1，97ページにおいて指摘しているように，1986～96年におけるASEANのポジションは，日本と東アジアの発展の影響を受けてあらゆる業種において沈滞していた。
(60) 宮下國生（2002）『日本物流業のグローバル競争』95-99ページ参照。
(61) 多国籍企業の水平統合，垂直統合，バリューチェーン，ロジスティクス，サプライチェーンへと続く一連の流れについては，以下を参照。Caves, R. E. (1982) *Multinational Enterprise and Economic Analysis*, Cambridge University, Press. Porter, M. E., ed. (1986) *Competition in Global Industries*, Harvard Business School Press. Bowersox, D. J., D. J. Closs and B. C. Cooper (2007) *Supply Chain Logistics Management*, 2nd and International ed., McGraw-Hill. 宮下國生（2002）『日本物流業のグローバル競争』55-56ページ。
(62) 向山英彦（2005）『東アジア経済統合への道』日本評論社，38-41，55-77ページ。
(63) 根本敏則（2010）「サプライチェーンでつながるアジア」黒田勝彦・家田 仁・山根隆行編著『変貌するアジアの交通・物流―シームレスアジアをめざして―』技報堂出版，20-24ページ。
(64) 財務省（1988～2007）『貿易統計』（主要商品別輸出入額データ）より算定。
(65) GDP（10億ドル）：中国統計局編（2009）『中国統計年鑑』。
(66) 中国第2次産業のGDP寄与率（%）：中国統計局編（2009）『中国統計年鑑』。

第III編
日本の物流インフラと市場インフラの機能

第6章　日本の港湾物流ネットワーク力とアジア港湾

1　港湾産業分析の視角

　日本海運業と世界海運業が共通の危機に直面していた1980年代前半において，日本港湾はまだアジアのハブ港であった。その段階では海運業よりもはるかに優位にあった。それは日本港湾がアジアの中でインフラ整備が最も進んでいたからであり，その絶対優位の下で，コスト競争力を持っていたわけではなかった。ここが認識すべき重要な視点である。つまり出発点において賦与された条件が，資本集約的成長産業におけるパイオニアとしての恵まれたステータスであったということである。つまり，港湾においては，日本の外航海運業のように経済のグローバル化の進展を危機と捉えて，規制政策からの脱皮を模索すべきというシグナルは発せられないまま事態は推移してきた。

　この間，世界の港湾では1990年代において民営化が大きな潮流を形成してきた[1]。いわゆる公設民営化である。あるいは港湾経営における上下分離といえる[2]。この視点からすると，優れた公的なインフラと優れた私的な経営能力をいかに結合するか，それを日本の経済制度の流れの中で模索し，決定して，物流の構造変化に対応する指針を構築することが肝要であろう。

　そのため日本でも1997年以降，政府が総合物流施策大綱を決定するようになり，特に2005年11月に決定された総合物流施策大綱（2005～2009）にはいわゆるスーパー中枢港湾プロジェクトの推進と埠頭公社の株式会社化が組み込まれた。これによって指定特定重要港湾（スーパー中枢港湾）に決定された京浜港（東京港・横浜港），伊勢湾（名古屋港および四日市港）ならびに阪神港（大阪港・神戸港）では，公共岸壁およびヤード敷地の貸付制度や高規格荷役設備向けの無利子貸付制度などの特典を得て，アジア主要港を凌ぐコストサービス基準の

実現に努めたのである[3]。さらに総合物流施策大綱 (2009～2013) では, スーパー中枢港湾プロジェクトの充実・深化と産業港湾インフラの刷新が求められ, それを受けて, 2010年には公設民営化をさらに促進するためのコンテナ戦略港湾のコンセプトが打ち出され, 日本の基幹航路の維持のための集荷ネットワークの強化と背後地への企業誘致策を強化することになった[4]。

このように日本政府はグローバル競争優位を目指したスーパー中枢港湾政策, さらには戦略港湾政策を軸に港湾の構造改革に取り組もうとしている。それが確実に構造改革の導火線となり得ることが望ましい[5]。社会が港湾に対して向ける目には厳しさが増している[6]中で, 港湾管理者が企業経営の視点から戦略性を持った改革に積極的に取り組むことが求められている。自己の港湾のパワーを, グローバル経済, 日本経済, さらには地域経済との関わりで捉え直す必要がある。その優位と劣位の認識なくして日本の港湾事業システムの改革は不可能であろう。

そこで本章の2～5節では, まず日本を代表する8大コンテナ港 (東京港, 横浜港, 名古屋港, 四日市港, 清水港, 神戸港, 大阪港, 北九州港) の1981～2002年の期間における実入りコンテナの輸出物流行動を取り上げ, 主としてそのネットワーク効果を分析することを通じて, 日本の港湾物流ネットワーク力の構造を解明する[7]。それを受けて6節では, 1992～2008年における日本の5大港, 韓国の釜山港, および中国の環渤海湾諸港のコンテナ貨物取扱量に注目して, 近隣アジア港湾との競合関係の特質を明らかにしよう。

2 日本の港湾産業構造分析モデルの形成：8大港のネットワーク

日本の港湾産業構造をネットワークの展開に注目して分析する以下の考察では, 港湾の経済的発展を支える3つのネットワーク力と後背地産業のグローバル力が港湾の輸出物流にどのような影響を及ぼしていたのかを, 図表6-1のようなフレームワークで捉えよう。

ここで「国家的ネットワーク力」は, 港湾の広域性を決定する効果を持って

図表6-1　港湾物流分析のフレームワーク

- 国家的ネットワーク力：NN
- グローバルネットワーク力：GN
- ローカルネットワーク力：LN

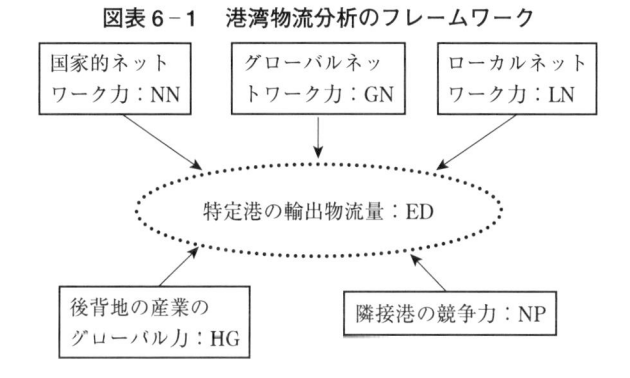

↓　　↓　　↓

特定港の輸出物流量：ED

↑　　↑

- 後背地の産業のグローバル力：HG
- 隣接港の競争力：NP

いる。広域港湾は全国規模で輸出貨物を集荷し得る能力を持つという意味で，それはまた日本を代表する港湾である。そのため広域港湾はまた世界に対して大きく航路を開いているから，それはまた「グローバルネットワーク力」をも兼備している可能性が高い。そうでない港湾は「ローカルネットワーク力」の下で，地域経済圏を後背地として活動する，地域を拠点とする港湾である。いうまでもなく広域港湾でも，特定の地域経済圏と関わりが強いこともある。そのような場合，広域港湾は，国家的ネットワークとグローバルネットワークに，ローカルネットワークを加えた3つのネットワーク力を同時に駆使できるのである。

　特定の港湾がこのネットワーク力をどのように備えているのかを見極めることは，その国民経済におけるポジションを明確にした政策を展開する上で不可欠である。とりわけ港湾のローカルネットワーク力がどこまで及んでいるのかは，港湾がどのように地域相互間の競争を展開しているのか，あるいは相互にどのように連携しているのか，などと関わる重要な課題である。

　現代においては，特に後背地の産業のグローバルな生産・販売・調達行動が，当該港湾の輸出物流を決定する重要な要因であるので，背後地産業のグローバル力を第4の決定因としてあげている。その影響が強い港湾ほどロジスティクスハブ港湾としてグローバルに発展する可能性を持つ。そこで港湾を支える地域産業との関わりで，この要因の機能を考察しておかねばならない。

最後にあげた隣接港湾の影響力は，港湾相互間の連携経営の枠組みを政策的に検証するために入れられたものである。この政策は，特定の港湾，具体的には東京湾，伊勢湾，大阪湾をそれぞれ一体として運営するという構図の下で練られたものだからである。

したがって港湾輸出物流関数の基本型は

(6.1) ED＝f (NN, GN, LN, HG, NP)

である。各変数の意味は図表6-1を参照されたい。港湾別に物流関数を推定するに当たっては，(6.1) 式を対数線型1次式に特定化する。

各変数に対応するデータは図表6-2の通りである。計測に当たっては，これらのデータのトレンドを除去して平滑化する。唯一の例外は，後にも触れるように，神戸港の輸出物流データであり，それは震災の影響を捉えるために平滑しない原データを用いる。

すでにふれたように，港湾別輸出物流量は，各港湾の外国貿易に関わる実入

図表6-2 変数とデータの構成

変　数	利用データ；単位	出　所
港湾別輸出物流量 (ED)	港湾別外貿実入りコンテナ輸出貨物量；1,000TEU	東京都『東京港港勢』；横浜市『横浜港統計年報』；名古屋管理組合『名古屋港統計年報』；神戸市みなと総局『神戸港大観』；大阪市港湾局『港勢一斑』；北九州市港湾局『北九州港港湾統計』；(株) オーシャンコマース『国際輸送ハンドブック』
隣接港の競争力 (NP)		
国家的ネットワーク (NN)	国内総生産；0.1億ドル(円建てをドル建てに変更)	内閣府『国民経済計算年報』
グローバルネットワーク力 (GN)	世界貿易額 (実質)；1990年，10億ドル	IMF, *International Financial Statistics*
ローカルネットワーク力 (LN)	経済圏別工業製品出荷額；％ (全国合計に占める地域の割合に換算)	経済産業省『工業統計表』および『工業統計ライブラリー』；内閣府『県民経済計算年報』
後背地産業のグローバル力 (HG)	業種別地域別直接投資；1億ドル (円建てを変更)	財務省『財政金融統計月報』

りコンテナ貨物量で捉えている。これに対して港勢をコンテナ取扱量（container throughput）で捉えるとき，そこには貨物の実体のない空コンテナやトランシップ（T/S，中継貨物）をも含めた，当該港で取り扱ったすべてのコンテナ貨物の数量が含まれているので，海外の港湾との競争関係を捉えるには優れた指標である。そこで海外港湾との競争を分析の目的とする6節では，コンテナ取扱量の方を用いるが，以下の3～5節では，後背地産業のグローバルな展開力とローカルネットワーク力などを正確に測定するために実入りコンテナ貨物量の方に注目する。

また港湾としては，東京港，横浜港，名古屋港，四日市港，清水港，神戸港，大阪港，北九州港の8港を取り上げるので，例えば東京港の輸出物流関数には，隣接港の影響力として横浜港の輸出物流量が説明変数に組み入れられ，逆に横浜港の輸出物流関数の推定に当たっては，隣接港である東京港の輸出物流量が説明変数に取り入れられる。東京港と横浜港のいずれが隣接港として機能するか，あるいは両者とも全く機能しないのか，その関係は他の港湾間ではどうなのか，興味ある課題である。

国家的ネットワーク力の効果は，日本の国内生産が各港湾の輸出物流量に及ぼす影響力の大きさとして，またグローバルネットワーク力の効果は，世界貿易が各港湾の輸出物流量を変化させる程度によって測定される。さらにローカルネットワーク力の大きさは，経済圏別工業製品出荷額が各港湾の輸出物流量に影響を与える程度によって捉える[8]。その際，各経済圏に含まれる都道府県は県民経済計算における区分に従い，関東，中部，近畿，中国，四国，九州の6地域ブロックが各地域経済圏を形成するものとして取り扱う[9]。したがって北海道・東北ブロックは本分析からは外れている。

後背地産業のグローバル力の影響は，業種別地域別直接投資が各港湾の輸出物流量を変化させる程度によって捉えている。直接投資の主体となる業種は，一般機械産業，電気機械産業および輸送機械産業の3業種，また直接投資先の地域は，米国，EUおよびアジアの3地域である。後背地においてグローバル企業が対外的に行動する程度に応じて，物流量は変化するので，その変化の大

170　第Ⅲ編　日本の物流インフラと市場インフラの機能

きさをグローバル力として把握するのである。

3　関東物流ゾーン分析：東京港の物流圏に吸収された横浜港

　本節では東京港と横浜港の関係を確定しよう。両者の関係は，横浜港の物流圏に対して東京港の物流圏が支配的影響を及ぼしているため，前者が後者によって吸収されていることである。この点は，横浜港の分析において明らかになる。まず東京港の物流の決定状況を分析しよう。

3-1　東京港：グローバルネットワーク型広域サービス港湾

　図表6-3に見るように，東京港の物流量は，日本のGDPで捉えた国家的ネットワーク力の変化に対して0.493の弾力性で反応する。国家的ネットワー

図表6-3　東京港と横浜港の行動

決定因	東京港	横浜港
NN：国家的ネットワーク力	0.493（1.96）*	
GN：グローバルネットワーク力	0.206（3.60）***	
LN：関東経済圏ネットワーク力		2.352（1.95）*
LN：中部経済圏ネットワーク力	1.266（3.00）***	
HG：対米機械産業投資	0.037（2.34）**	
HG：対EU機械産業投資	－0.068（－5.17）***	
HG：対アジア機械産業投資	0.081（4.21）***	0.214（6.96）***
HG：対米輸送機械産業投資		－0.060（－2.59）**
HG：対EU輸送機械産業投資		0.109（3.91）***
HG：対米電機産業投資		－0.226（－4.69）***
NP：東京港の輸出物流		0.929（3.44）***
定数項	－6.117	－1.405
RB2；SE；DW；N	0.994；0.0225；2.19；22	0.979；0.1229；1.40；22

ク力が輸出物流に対してプラスに作用する港湾は,東京港とのちに5節で見る神戸港のみである。神戸港の構造はその他の点では東京港と大きく異なっているけれども,GDP弾力性で見る限り,東京港と神戸港は日本を代表する港湾として位置づけられる。つまり日本の特定地域を代表する港というよりはより広域性が強い港なのである。

世界貿易額の変化で捉えたグローバルネットワーク力対して,輸出物流が確実に反応する港湾も,東京港と神戸港に限られる。しかし両者のポジションは対照的であり,東京港ではプラスに反応するのに対して,後に見るように神戸港ではマイナスの反応が見られる。東京港のグローバルネットワークの1%の変化は港湾物流量を同方向に0.206%変化させている。もちろん理想をいえば,弾性値はもっと高い方が望ましい。しかし,相対的に中国をはじめとするアジア地域の港湾の貨物吸収力が強い中で,先進国港湾としてプラスのネットワーク効果を維持していること自体,同港のグローバル重要性を示すものである。東京港の経営に改善の余地があるとすれば,貨物吸引力の強い航路の船舶寄港を今以上に増加することである。この問題は海運企業の東京港のポジショニングに依存する。ここでは東京港の港湾経営がグローバルネットワークによってプラス方向に規定されている状態に注目しておこう。

東京港は広域港湾ではあるが,後背地として特に中部地域の工業生産の動向によっても強い影響を受けている。それは弾性値としては1を上回る。この間接的な特定地域の持つ影響力の大きさは港湾の背後圏の広さを論じるのに有益である。後に見るように東京港と同様にこのような中部地域の工業生産の影響を被る港に神戸港がある。この点でも東京港と神戸港の類似性を指摘できる。

では東京港の後背地の産業のグローバル進出はどのような影響を与えているだろうか。

図表6-3に見るように,東京港では,一般機械産業(以後,「機械産業」と呼ぶ)の直接投資にその影響を見ることができる。対米直接投資と対アジア直接投資では,物流が直接投資の増大とともに増加するという補完的関係を,一方対EU直接投資では,両者間に競合関係がある。対米物流では機械産業の革

新的直接投資が，また対アジア直接投資ではその標準差別化レベルの直接投資が物流の牽引者である。これに対して日本の対EU投資は対米投資に比較して革新性が薄いことが経験的に確定されている[10]から，ここでは成熟型投資が物流全般を抑えているといえる。

しかしこれらの3つのケースのいずれにおいても物流の直接投資弾性値は極めて低い。後背地産業への直接投資の波及が弱いことも，東京港の輸出物流の特徴である。ここにも東京港の現状がネットワーク型サービス港である状況が現れている。

3-2　横浜港：独立した後背地を持つ横浜港への東京港の波及効果

図表6-3に見るように，横浜港物流の東京港物流弾力性は0.929でほぼ1に近く，統計的有意性も高い。これは横浜港がすでにほぼ完全に東京港の内港となっている証拠である。横浜港物流には，日本のGDPと世界貿易も決定因として作用しない。つまり横浜港にとっては，これらの基本的要因は東京港物流の影響を通ずる間接的作用を受けるにとどまるのである。

また東京港とほぼ同じ背後圏を持つ横浜港は，関東経済圏のネットワークに対しては独立した背後圏を確立しているように見える。ただその影響の統計的有意性は10％以内にとどまり，東京港のように，中部経済圏のネットワークの作用を，工業製品の出荷を通じて被るという広域港湾の位置づけにはない。それに対し地域別・産業別直接投資の影響は多様である。そこでは，東京港の受けた機械産業の投資の影響のみならず，輸送機械産業（以後「輸送機産業」と呼ぶ），電気機械産業（以後，「電機産業」と呼ぶ）にも特別の後背地が拡大している。

対アジア機械産業投資は，東京港の影響も含めると，弾性値は0.289[11]である。輸送機産業と電機産業では，対米革新投資が輸出物流の減退を促進しており，東京港の対米機械産業のケースとは対照的である。輸送機産業は機械産業よりもはるかに現地生産が進んでいる。これに対し，輸送機産業の対EU直接投資の影響はプラスであり，EUでは現地生産が進んでいないことを示唆して

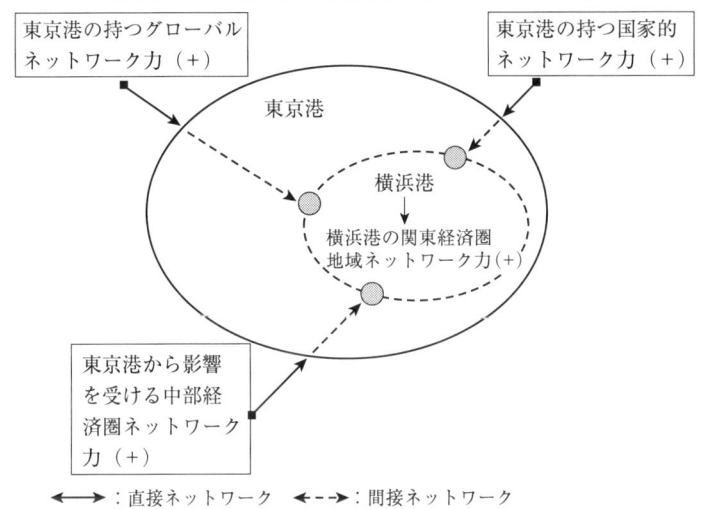

図表6-4　東京港と横浜港のネットワーク関係

- 東京港の持つグローバルネットワーク力（＋）
- 東京港の持つ国家的ネットワーク力（＋）
- 東京港
- 横浜港
- 横浜港の関東経済圏地域ネットワーク力（＋）
- 東京港から影響を受ける中部経済圏ネットワーク力（＋）

◆──▶：直接ネットワーク　◀--▶：間接ネットワーク
●：結節点（結節力：横浜港輸出物流の東京港輸出物流弾性値＝0.929）

いる。東京港の物流の影響を除けば，また対アジア機械産業投資と対EU自動車産業投資の持つコンテナ輸出物流喚起作用も注目できる。

　このように東京港と横浜港は産業投資派生物流を比較的競合せずに分担しているように見える。しかし確かにこのように捉えれば横浜港の存在を顕示的にアッピールできるとしても，それは見掛けの姿であり，その裏では東京港から実質的に大きな影響を受けているのである。以上に明らかにした東京港と横浜港のネットワーク関係は図表6-4の通りであり，ここから両港のパワー関係を読みとることができる。

4　中部物流ゾーン分析：名古屋港が支える四日市港と独立志向の清水港

　中部物流ゾーンに立地する港湾は，名古屋港，四日市港，清水港の3港である。そのゾーン的特徴は，四日市港は名古屋港物流の影響を大きく受け，その

内港として位置づけられること,一方清水港は独自の後背地によって独立して発展していることである。この点を以下に明らかにする。図表6-5は3港の輸出物流関数の計測結果である。

4-1　名古屋港は広域港湾か

名古屋港物流を,日本のGDPで単回帰させれば,0.974の決定係数を得ることができるが,しかしこれをもって名古屋港物流には,日本の広域港湾として国家的ネットワーク力が機能しているということはできない。というのは,名古屋港物流を特徴づける後背地の産業のグローバル力(輸送機産業の直接投資要因)やローカルネットワーク力(中部経済圏の工業製品出荷額)などは,名古屋港を他の港湾と識別させる固有の要因としての役割を果たすので,これらの識別要因を組み込んだ上で,名古屋港物流に対する日本のGDPの作用を確定する必要があるからである。その重回帰分析結果[12]では,名古屋港物流に対

図表6-5　名古屋港・四日市港・清水港の行動

決　定　因	名古屋港	四日市港	清　水　港
LN：中部経済圏ネットワーク力	1.668 (1.79)*		
HG：対米輸送機産業投資	−0.075 (−3.87)**		−0.055 (−2.22)**
HG：対EU輸送機産業投資	0.168 (5.10)***	−0.751 (−4.81)***	0.203 (6.86)***
HG：対アジア輸送機産業投資	0.168 (4.74)***	0.734 (3.08)***	0.222 (4.70)***
HG：対EU機械産業投資			−0.146 (−4.50)***
HG：対アジア機械産業投資	0.204 (6.00)***	−0.705 (−3.09)***	0.177 (2.76)**
HG：対米電機産業投資		1.401 (4.54)***	
HG：対EU電機産業投資		−0.728 (−5.11)***	
HG：対アジア電機産業投資		0.344 (2.52)**	
NP：名古屋港の輸出物流		1.545 (2.02)*	
定　数　項	−1.804	−10.873	2.247
RB 2 ; SE ; DW ; N	0.993 ; 0.0561 ; 2.40 ; 22	0.960 ; 0.2544 ; 2.51 ; 22	0.980 ; 0.0731 ; 2.29 ; 22

する日本の GDP の機能は棄却されたのである。

　つまり名古屋港には，東京港（また後に見る神戸港）とは異なって，日本を代表する広域港湾としての特性はない。もちろんそうであるからといって，中部経済圏の発展を軽視するわけではない。地域の経済活動を中部経済圏の工業製品出荷額で捉えれば，物流の出荷額弾力性で捉えたローカルネットワーク力は，極めて弾力的であるからである。1.668という図表6-5に見るレベルは，中部経済圏が日本の代表的産業ゾーンとして，抜群に発展している証拠である。中部経済圏の発展が GDP レベルを凌駕するがゆえに，名古屋港は地域拠点として成立しているともいえる。

4-2　名古屋港の影響力と四日市港のバッファー機能

　その結果，中部経済圏の国際物流には名古屋港の影響が強く反映されている。とりわけ四日市港は名古屋港物流の影響を緩やかに被っている。確かに弾性値は1.545と大きい。しかしそのt値の有意性はわずかに5％に届かない。つまり名古屋港の影響は大きいけれども，その一方で，電機産業投資を背景にして，主体的で独立的な後背地を確保しているのである。電機産業では対米および対アジアの直接投資が輸出物流を喚起している。中でも対米電機産業投資の輸出物流喚起力は弾性値で1.401というように特に高い。対米革新投資が周辺産業の輸出に波及しているからである。シャープを中核に三重県をベースに展開される電機産業投資の状況が四日市港の輸出物流に反映されている。

　中部物流ゾーンの特徴は輸送機産業投資の持つグローバルな物流への影響が主要3地域についてすべて認知されていることである。トヨタ自動車を中心とする自動車産業の活動が中部物流ゾーンの要であることが分かる。輸送機産業投資では，対米直接投資が現地生産を促進させるため，ゼロに近いマイナス効果（弾性値で-0.075）を物流に与えている。

　名古屋港における輸送機産業投資では，対 EU と対アジア向けの関連製品・部品の輸出をいずれも促進している。ところが四日市港については，対輸送機産業投資の EU 投資の弾力性は-0.491となり[13]，物流が抑制されている。直

接投資の内容は名古屋港と同じであるにもかかわらず，四日市港が正反対の機能を示したのは，両港が補完関係にあり，四日市港が名古屋港のバッファーとして位置づけられているからである。また四日市港物流の対アジア輸送産業投資の弾性値は0.994[14]というように，名古屋港の0.168をはるかに上回る。これはアジア向け輸送産業関連製品・部品の輸出では，四日市港が名古屋港の波及効果を受けているからである。

また四日市港の持つ同様のバッファー機能は，対アジア機械投資についてもいえる。名古屋港物流の対アジア投資弾力性が0.204というプラス符号であるのに対し，四日市港物流の同様の弾力性は，−0.390[15]とマイナス符号を取るからである。

このように四日市港において輸送産業投資と機械産業投資から生み出される輸出物流の大きな特徴は，名古屋港に対するバッファー機能を果たすことにある。逆のケースでは，四日市港は名古屋港物流の波及効果を受ける。四日市港が名古屋港の内港である影響は，プラス方向にもマイナス方向にも現れるからである。四日市港の規模が名古屋港の10分の1以下であるがゆえに，名古屋港との関わりが強く反映されるのである。電機産業の輸出物流を背景に発展する四日市港の基本的特徴は，名古屋港の波及効果を受動的に吸収する内港というイメージだけではなく，名古屋港の機能を積極的に補完するバッファー機能にも求めることができる。

4-3 独立志向の清水港

一方，清水港の輸出物流は，図表6-5に見るように，ホンダ，スズキ，ヤマハなど，輸送産業投資と一般機械投資を展開する企業群によって支えられている。隣接港ではあるが，名古屋港の影響を受けてはおらず，独立した行動を取っている。

物流に作用する後背地産業のグローバルな投資行動の展開先は，輸送産業は主要3地域で，機械産業は対EUと対アジアである。これは名古屋港と同じである。また対米輸送機産業投資と対EU機械産業投資の物流弾力性の符号がマ

第6章　日本の港湾物流ネットワーク力とアジア港湾　177

図表6-6　名古屋港・四日市港・清水港のネットワーク関係

中部経済圏ネットワーク（＋）

名古屋港

清水港

四日市港

◆━━▶：直接ネットワーク　◀--▶：間接ネットワーク
● ：結節点（結節力：四日市港輸出物流の名古屋港輸出物流弾性値＝1.545）

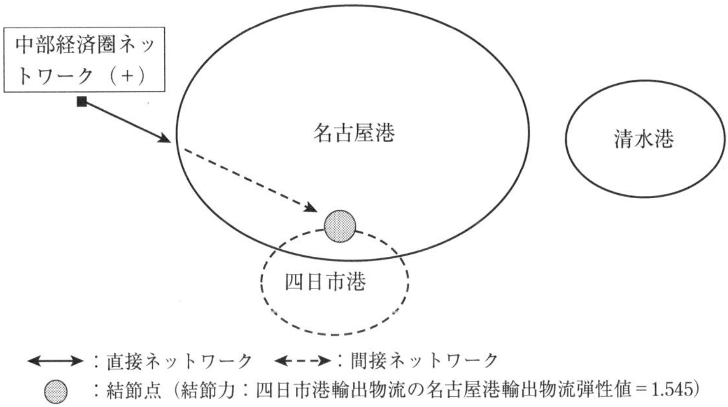

イナスで，それ以外の3つの産業別・方面別投資の弾力性の符号がプラスである状況も，名古屋港物流に同じである。またその弾性値のレベルも大きく異なっていない。

その意味では清水港物流には特殊な事象が観察されない。ミニ名古屋港の様相を見せているのである。それは後背地の産業構成と企業行動が類似しているからに他ならない。

以上に導いた3港のネットワーク関係は，図表6-6のようになる。

5　近畿・中国・四国・九州物流ゾーン分析：
競合する神戸港・大阪港・北九州港

近畿経済圏から九州経済圏に及ぶ西日本ゾーンに立地する，神戸港，大阪港，北九州港は相互に競争する関係にある。いずれかの港が他港を支配することはなく，しかも各港の後背地ゾーンが重複している。市場に競争者が3者存在する状態である。その関係は図表6-7のようになる。

すでにふれたように，ここでは神戸港の被説明変数である実入り外貿コンテナ貨物量のトレンドは除去されていない。これは本章の分析で用いられる変数

178　第III編　日本の物流インフラと市場インフラの機能

図表6-7　神戸港・大阪港・北九州港の行動

決定因	神戸港	大阪港	北九州港
NN：国家的ネットワーク力	0.750 (2.21)**		
GN：グローバルネットワーク力	-2.137 (-4.16)***		
グローバルネットワーク力の大震災係数ダミー：1995年	-0.062 (-9.94)***		
LN：近畿経済圏ネットワーク力	-7.669 (-1.91)*	-7.464 (-13.24)***	-19.157 (-5.96)***
LN：中国経済圏ネットワーク力	1.552 (2.23)**	-0.613 (-2.59)**	
LN：四国経済圏ネットワーク力	1.051 (2.43)**		
LN：九州経済圏ネットワーク力		-0.737 (-4.57)***	-4.013 (-4.45)***
LN：中部経済圏ネットワーク力	3.261 (2.80)**		
HG：対EU産業非特定投資	0.128 (3.08)***		
HG：対米電機産業投資		-0.114 (-5.42)***	-0.733 (-5.74)***
HG：対アジア電機産業投資		-0.034 (-4.68)***	
HG：対EU輸送機産業投資			0.127 (2.74)**
HG：対アジア機械産業投資		0.076 (7.74)***	0.674 (12.46)***
定数項	21.313	29.881	66.583
RB 2 ; SE ; DW ; N	0.931 ; 0.0467 ; 2.08 ; 22	0.998 ; 0.1417 ; 2.14 ; 22	0.991 ; 0.0902 ; 2.26 ; 22

データの中の唯一の例外である。他の変数については，すべてトレンドを除去してデータを平滑化している。もし神戸港の実入り外貿コンテナ貨物量のトレンドを推定期間の22年にわたって除去すれば，阪神淡路大震災の影響は全く現れないため，これでは現実とは異なる状況を分析することになるからである。これを避けるために，原データを用いた上で，大震災の影響を実入り外貿コンテナ貨物量係数ダミー（大震災ダミー：1995年＝1.0，他はゼロ）によって除去する方法を採用する。

5-1　広域ネットワーク型港湾としての神戸港のグローバルネットワーク力

　東京港の考察においてすでにふれたように，神戸港は広域ネットワーク型港

湾として，東京港とよく似た特徴を持っている。その意味では，東京港と並ぶ日本の代表港である。神戸港に対しては世界の物流業界からそのブランド力に対してなお評価が与えられているのである[16]。神戸港物流のGDP弾力性は0.75であり，これは東京港の0.493よりも高い。神戸港は日本の全域に開かれた広域港湾としての機能を明確に果たしている。

一方，グローバルネットワーク力効果を捉える世界貿易弾力性は，マイナスの符号を示している。これを単純に神戸港が世界貿易の発展に逆らって物流量を減少している状況を示しているという解釈もあり得る。しかし世界貿易要因が機能している港湾が，東京港と神戸港であって，名古屋港や大阪港ではない事実は重要である。世界貿易要因は，港湾にとって，単に世界貿易の動向を示しているのではなく，むしろそれ以上に港湾のグローバルネットワーク機能の大きさを捉えているのである。

グローバルネットワーク弾力性がマイナスであるのは，神戸港に開かれた寄港ネットワークが大きいにもかかわらず，物流量が伸びていない状況を捉えている。つまり神戸港の実力がグローバルネットワーク面からはブランド力を付加されて評価されているのである。それは神戸港が諸外国から見てわが国における典型的ハブ港湾として位置づけられているということである。

5-2 競合度の高い3港湾

神戸港物流に関わる後背地は，日本全体の広域性に加えて，工業製品出荷弾力性で見れば，とりわけ近畿，中国，四国および中部経済圏に及んでいる。このような形で多様な後背地が個別に関係する状況は，大阪港物流でも，近畿，中国，九州経済圏との関係で見られ，また北九州港物流では近畿および九州経済圏との関係に現れている。

近畿経済圏は，神戸港，大阪港，北九州港の後背地として重複している。その工業製品出荷額で捉えた地域経済ネットワーク弾力性の符号は3港ともマイナスである。3港は近畿経済圏をめぐって競争関係にあるが，中でも神戸港物流の弾性値の統計的有意度は相対的に低く，神戸港が若干不利なポジションに

あることが分かる。一方，中国経済圏をめぐっては，神戸港と大阪港がともに後背地として位置づけているが，しかし位置づけの内容は弾力性の符号で見る限り，相互に異なっており，両者が相互補完的で，トレードオフの関係にある。

このような近畿経済圏と中国経済圏をめぐる神戸港と大阪港の競争関係は，すでに展開されたスーパー中枢港湾政策の成果追求の制約になっていたと思われる。したがって現に展開されつつある戦略港湾政策において，神戸港と大阪港を一体化して扱うには，マネジメント現場の意識改革が必要になる。

九州経済圏をめぐっては，大阪港と北九州港が競合している。また四国経済圏と中部経済圏については神戸港が独占状態にある。このうち中部経済圏との関わりは，関東物流ゾーンにも見られたものである。その意味するところは，日本のここで取り上げた8つの港湾の行動が，独立志向の強い清水港は別として，中部経済圏のローカルネットワーク力を連結環としてつながっていることである。

5-3　主要グローバル企業の牽引力比較

物流の地域別・業種別直接投資弾力性が全く有意に作用しない港湾は神戸港である。神戸港ではその代わりに業種を限定しないEU向け直接投資が物流を喚起するように機能している。その弾力性がプラスであるのは，一般に現地化が進んでいないEU向け投資の推定結果としては合理的である。直接投資の業種を限定できないのは，神戸港物流を支えるグローバル企業が不在だからであるが，それはまた典型的なハブ港湾の特徴でもある。

大阪港のケースでは，対米電機産業投資と対アジア電機産業投資に対米機械産業投資を加えた3つの直接投資が物流を決定している。その中心は大阪港の背後に展開される，パナソニック，シャープなどのグローバル企業としての家電企業群の行動である。対米電機投資の弾力性の符号は現地化の進展によりマイナスになっている。北九州港でも同様の結果になっている。アジア向け電機産業投資の弾力性の符号がマイナスであるのも，近畿圏電機企業の現地化が進んでいる証拠である。またアジア向け機械産業投資の弾力性の持つプラスの符

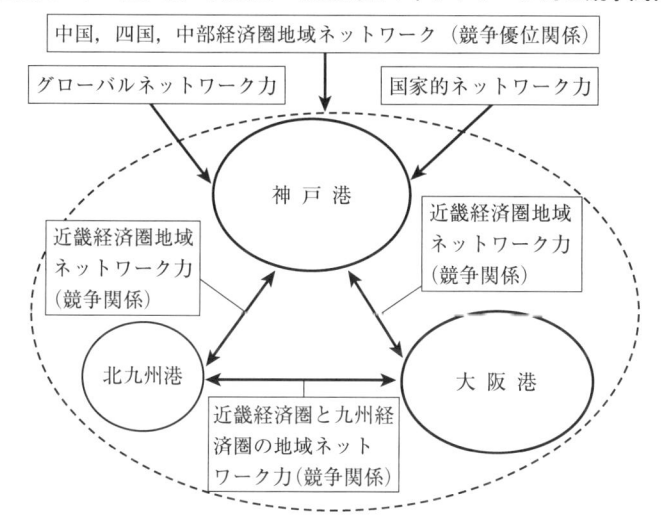

図表6-8　神戸港・大阪港・北九州港のネットワーク力と競争関係

- 中国，四国，中部経済圏地域ネットワーク（競争優位関係）
- グローバルネットワーク力
- 国家的ネットワーク力
- 神戸港
- 近畿経済圏地域ネットワーク力（競争関係）
- 近畿経済圏地域ネットワーク力（競争関係）
- 北九州港
- 大阪港
- 近畿経済圏と九州経済圏の地域ネットワーク力（競争関係）

号から見る限り，近畿圏機械産業の現地化は一般に進んではいない。この状況は北九州港でも同じである。

　北九州港では，対アジア機械産業投資，対米電機産業投資，対EU輸送産業投資の3者が物流に影響を与えている。トヨタ自動車，日産自動車，ブリヂストンなどの自動車およびその部品関連企業，東芝，キヤノンなどのIT・電機企業などがこの物流の牽引者である。

　以上明らかにした関西の3港湾のネットワーク関係は，図表6-8のように総括できる。

6　ネットワーク総合力の評価：主要5大港

　前節までは，港湾に関わるネットワークを，図表6-1に示したように，広域港湾を決定する国家的ネットワーク力，グローバルなハブ港湾の可能性を決定するグローバルネットワーク力，地域経済圏との結合力を示すローカルネットワーク力の3つに注目して論じてきた。実際には，広域港湾がハブ港になり

得るから,本節では,国家的ネットワーク力とグローバルネットワーク力を兼備するオープン型港湾をハブ&スポーク型港湾,また優れたローカルネットワーク力によって後背地産業の物流戦略に対応している港湾をサプライチェーン対応型港湾と呼ぶことにする。

ハブ&スポーク型港湾は,1960年代のコンテナ革命によって,コンテナ船が寄港する基幹航路上のハブ港とそれに連結したフィーダー航路によって伝統的ネットワークを構成する港湾であり,物流サービス供給側が,当該ネットワークシステム構築の優位性に基づいて用意するものである。これが,1990年代半ば以降に顕在化したサプライチェーン対応型港湾に一致していることが望ましいが,はたして実情はどうであろうか。この点に関して,ここでは,前節までに推定した計測結果から,北九州港,四日市港,清水港の3港を除いた主要5大港に関する実入り輸出コンテナ物流量の計測結果[17]に注目しよう。

その場合,先に示した(6.1)式の基本モデルは,

(6.2) 実入りコンテナ貨物量=f(ハブ&スポーク型ネットワーク;サプライチェーン対応型ネットワーク;隣接港の影響力)

と組み換えられている。ここに伝統的なハブ&スポーク型ネットワークは,図表6-1に見るような国家的,グローバル,ローカルの3種類のネットワークを,またサプライチェーン対応型ネットワークは後背地経済による投資先別産業別直接投資によって形成されるネットワークを指している[18]。

6-1 ハブ&スポーク型港湾

図表6-9に見るように,神戸港の伝統的ネットワークが5大港では最も充実している。特に国家的規模のネットワークとグローバル規模でのネットワークを兼備する港湾は,神戸港と東京港のみである。ただしすでに指摘したように,グローバル規模のネットワークの弾性値の符号は負であるから,神戸に寄港する世界航路のネットワークが神戸港のブランド力によって実力以上に整備されていることが分かる。その意味で,実力通りの評価を得ている日本の代表港は東京港の方ではある。一方,神戸港のローカルなネットワークは関東圏ま

図表6-9 5大港における伝統的ハブ＆スポーク型ネットワークの優位性

要因		神戸	大阪	名古屋	東京	横浜
国家的ネットワーク力		0.75**	—	—	0.49*	
グローバルネットワーク力		-2.14***	—	—	0.21***	
グローバルネットワーク力 (阪神大震災の影響；1995年=1.0, 他の年=0.0)		-0.06***	—	—	—	
ローカルなネットワーク力（地域経済圏の工業製品出荷額）	近畿経済圏	-7.67*	-7.46***	—	—	—
	中国経済圏	1.55**	-0.61**	—	—	—
	四国経済圏	1.05**	—	—	—	—
	中部経済圏	3.26**	—	1.67*	1.27***	—
	関東経済圏	—	—	—	—	2.35*

では及ばないが, 広域に拡がっている。しかし地元である近畿経済圏弾性値は大阪港とともに負であるから, 両港は競合関係にあり, また係数の信頼度から見ても, この地域における神戸港の大阪港への競争力は相対的に弱い。このように神戸港は東京港に比較していくつかの弱点を抱えているとしても, この伝統的ネットワークにおいては, 神戸ブランドが維持されている。

横浜港は東京港のグローバルネットワークの中に組み込まれた内港として機能しており, また名古屋港は伝統的ハブ＆スポーク型ネットワークの面からは最も劣位のポジションにある。

6-2 サプライチェーン対応型港湾

ではサプライチェーン対応型港湾はどうであろうか。多国籍企業のロジスティクス・ネットワークを相互に連結した物流革新型のネットワークは, 後背地に立地する企業の対外直接投資行動によって構築される。図表6-10は, すでに求めた5大港における実入りコンテナ輸出物流量の投資地域別・産業別弾性値をまとめたものであり, これによって各港のサプライチェーン対応型ネットワークの優位性を比較している。

これによれば, 神戸港のサプライチェーン対応型ネットワークの劣位は明確

図表6-10　5大港におけるサプライチェーン対応型ネットワークの優位性

投資先別・産業別直接投資	神戸	大阪	名古屋	東京	横浜
対EU向け産業無限定	0.128***				0.214***
対アジア向け一般機械		0.076***	0.204***	0.081***	
対アジア向け電気機械		-0.034***			
対アジア向け輸送機械			0.168***		
対米向け一般機械				0.037**	
対米向け電気機械		-0.114***			-0.226***
対米向け輸送機械			-0.075***		-0.060**
対EU向け一般機械				-0.068***	
対EU向け輸送機械			0.168***		0.109***

であるが，しかし大阪港と連携した一体運営に乗り出すならば，EU，アジア，米国に向けてのサプライチェーン対応型ネットワークを装備することができ，他港とは遜色がなくなる上に，ハブ＆スポーク型ネットワークの優位性を相乗的に生かすことができる。大阪港もこれによって新たな事業ドメインを獲得して，総合的な港湾力を醸成できるであろう[19]。

　名古屋港では，対アジア，対米，対EU向けの輸送機械産業投資がサプライチェーン型ネットワークを形成しているのみならず，アジア向けの一般機械産業投資においてもそのようなネットワークを見出すことができる。先に見たハブ＆スポーク型ネットワークでは，名古屋港は中部経済圏にローカルなネットワークしか持たない地方港であったが，しかしその実情は，自動車産業のサプライチェーン型ネットワークが牽引するグローバルに開かれたコンテナ港なのである。

　横浜港は東京港の内港としての地位を最大限に利用しつつ，自らもグローバルなサプライチェーン対応型ネットワークを構築している。横浜港と東京港との連携経営を展開すれば，阪神港と名古屋港に比して，最多である7つのサプライチェーン対応型ネットワークを通じてグローバル経済とつながることがで

きる。

このように，1990年代になって荷主企業の行動が変革し，企業内でロジスティクス革新を完成した企業が，企業間でサプライチェーンを構築するという流れの中で，国際物流戦略が新たな段階で展開されている。それはとりわけ90年代半ば以降の状況であり，後背地企業がグローバルなサプライチェーン対応型ネットワークを構築しているかどうかが，港湾の競争優位を決定する要因として加わったのである。港湾はこの現実を直視しつつ，企業の狙うサプライチェーンとは何なのか，との問い掛けをして，港湾インフラをそれに相応しいように変革する道程を明確にする必要がある。その上でその戦術をハブ&スポーク型ネットワーク戦術と巧みに結合して，その相乗効果を達成する港湾経営の基本戦略を構築しなければならない。

7 アジア諸港との競争

ここでは1992～2008年日本の東京，横浜，名古屋，大阪，神戸の5大港のコンテナ貨物取扱量の推移に注目して，韓国の釜山港および中国の環渤海湾諸港との対外競争構造のフレームワークを明らかにしよう。

1990年代に入ると，わが国の対外直接投資の増加に伴ってアジアでの現地生産が本格化したため，日本積みコンテナ貨物の伸びが抑えられた。これ加えて，2003年以降，東北アジアの経済ハブ建設構想の中でロジスティクスセンターを目指す韓国政府の方針の下で，競争戦略の強化を目指す釜山港が，とりわけ5大港からトランシップ貨物を奪取している。一方，中国渤海湾の大連，天津，青島の3港の発展も目覚ましい。これらの事情を考慮して，5大港のコンテナ貨物取扱量を，日本の対外直接投資，釜山港のコンテナ取扱量，天津港のコンテナ貨物取扱量[20]，ならびに1992～97年の日本の直接投資の係数ダミー（1992～97年＝1.0，他はゼロ）を説明変数として対数線型1次方程式に特定化して推定すれば，図表6-11を得る。なお渤海湾3港のコンテナ貨物取扱量の作用については，それぞれ選択的な推定を行ったけれども，天津港についてのみ有意

図表6-11　日本5大港のコンテナ貨物取扱量の決定関数（1992～2008年）

決　定　因	推定結果
日本の対外直接投資	−0.294（−1.90）*
ダミー変数×（日本の直接投資）	0.079（　4.81）***
釜山港コンテナ貨物取扱量	−0.684（−2.79）***
天津港コンテナ貨物取扱量	0.686（　3.58）***
定　数　項	14.841
RB2；SE；DW；N	0.912；0.03893；1.89；17

な結果が得られた[21]。

　図表6-11によって，日本の対外直接投資が5大港のコンテナ貨物取扱量を減少させている状況をつかむことができる。もっとも対外直接投資は，輸出コンテナ貨物取扱量を大幅に減少させる一方で，輸入コンテナ貨物取扱量を増加させる効果がある。推定結果は，符号が負であるから，前者の減少効果が後者の増加効果を上回っていることを実証している。対外直接投資の1％の増加は，コンテナ貨物取扱量を約0.3％減少させるのである。ただしこの傾向が定着したのは1998年以降のことである。それまでの1992～97年は，日本の直接投資の係数ダミー変数の係数値分を調整して，直接投資弾性値は−0.215となるから，対外直接投資の1％の増加は，コンテナ貨物取扱量を約0.2％減少させるにとどまっていたのである。つまり対外直接投資による輸出コンテナ貨物量の大幅減少効果が発生した分水嶺は1998年にある。

　次に釜山港のコンテナ貨物取扱量弾性値は−0.684であり，これは，釜山港の機能が，5大港貨物取扱量に対して，日本の対外直接投資機能の2.3（98年以降）～3.2（97年以前）倍にものぼる減少効果を持っているということである。ちなみに釜山港については，別にトランシップ貨物量に絞って減少効果を測定したけれども有意な結果は得られなかった。釜山港にトランシップ機能効果を対外的に発揮させている源泉は，韓国経済の発展政策によって支えられた釜山港の輸出入を含む全体機能なのである。釜山港はサプライチェーン型港湾とハ

第6章　日本の港湾物流ネットワーク力とアジア港湾　187

ブ＆スポーク型港湾を融合させて発展させているということなのである。この点はわが国のコンテナ港湾の戦略立案政策のあり方に対して重要な示唆を与えるものである。

　渤海湾の天津港のコンテナ貨物取扱量は，2010年データでは，中国では６位であり，青島港が５位，大連港は７位である[22]。これら３港にはそれぞれ特徴があり，相互に競争し，また補完し合っている。すでにふれたように３港の影響力を測定するために選択的な推定をテストしたが，天津港のコンテナ貨物取扱量以外は有意な結果を得られなかった。推定結果は，天津港の機能が日本の主要５港と補完関係にあることを示している。中国の港湾とはトランシップの競争はないので，この結果はその意味では現実に妥当している。

　このような継続する港湾間競争による釜山港トランシップの増加と対外直接投資による貨物取扱量の純減の結果，1990年にはアジア発対米太平洋物流の中で日本積みが27.7％，日本揚げが39.2％を占めていたが，2000年にはそれが日本積み11.5％と日本揚げ29.7％に減少している。つまりこの間に，日本の輸出の16.2％が日本企業の海外現地生産と釜山港トランシップを通じて米国に輸出され，一方アジア各国から見ての日本の購買力は実質で9.5％も減少したということなのである。さらに2009年には，日本積みは4.5％へと，また日本揚げは12.4％にまで減少した。この７年間で，日本の輸出のさらに５％が日本企業の海外現地生産と釜山港トランシップを通じて米国に輸出され，一方アジア各国から見ての日本の購買力は実質でさらに17.3％も減少している。ともに日本を上回るアジアの成長と日本港湾のグローバル競争劣位がその背景にある。

　その結果，例えば，図表６-12に示すように，1998～2008年の間のTEU当たりの対米輸出貨物価値を対米実質為替相場で調整した日本の対米実質輸出価格を求めれば[23]，それはこの８年間に1.21倍に上昇している。この傾向は，調整をしないTEU当たりの名目輸出価格の推移を見ればさらに顕著である。

　これは，日本の製造業が日本での高付加価値生産志向を強化している証拠である。この事実に基づき，日本港湾のポジショニングを正しく認識すれば，自ずと港湾革新への対応戦略は高度化し，対応速度は加速化するはずである。

188　第Ⅲ編　日本の物流インフラと市場インフラの機能

図表6-12　日本の対米コンテナ貨物のTEU当たり実質価格と名目価格の推移

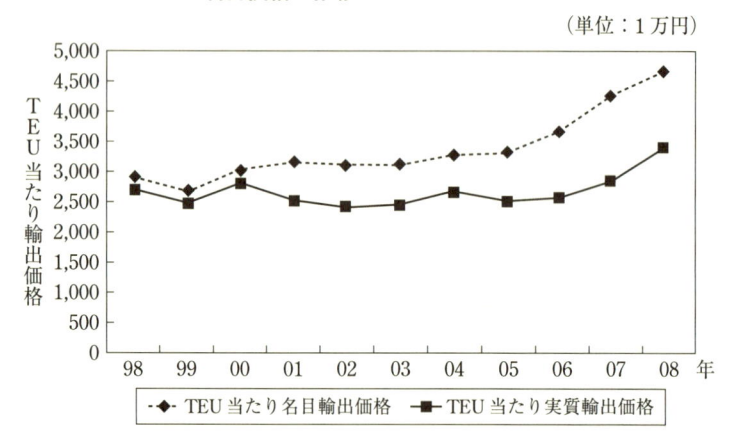

(単位：1万円)

[グラフ：TEU当たり輸出価格。横軸：98～08年。◆TEU当たり名目輸出価格、■TEU当たり実質輸出価格]

　すでに指摘したように，釜山港にトランシップ機能効果を対外的に発揮させている源泉は，韓国経済によって支えられた釜山港の輸出入を含む全体機能であり，釜山港におけるサプライチェーン対応型港湾とハブ＆スポーク型港湾の融合発展なのである。これはわが国のコンテナ戦略港湾の立案に1つの指針を与えるものである[24]。

　さらに今後は高付加価値貨物の輸送を分担する空港さらには空運の動向にも従来以上に関心を持つ必要がある。港湾産業内でクローズドな解のみを求めるのはなく，空港との連携運用に優れた港湾でなければならないのである[25]。

　2010年に入ると，港湾と空港の経営においても従来の民営化の議論を超えた制度設計の議論がなされるようになってきた[26]。すでに世界の港湾は，グローバルな競争優位性を持った経営システムを他国より移入して，それにターミナル運営を委託しているところが多い。日本の港湾運営の改革が具体的にどこをモデルとして進むのか，あるいは日本独自の事業モデルの構築を目指すのか，コンテナ戦略港湾ビジョンの実施動向と絡んで注目しておかねばならない。

第6章　日本の港湾物流ネットワーク力とアジア港湾　189

（1）　Everett, S. and S. Robinson (1998) Port Reform in Australia : Issues in the Ownership Debate, *Maritime Policy & Management*, Vol. 25, No. 1, pp. 41-62. オーストラリアでは, 1990年代に, 所有権の移転, インフラやサービスの売却, 長期リース協定, 株式会社化, など多様な形をとって港湾改革が推進されたことが分かる。ニュージーランドにおける港湾の民営化については, ティム・パウエル著, 岡野行秀, 藤井弥太郎, 小野芳計監訳（2007）『現代の交通システム―市場と政策』NTT出版, 76ページ参照。
（2）　例えば韓国における港湾建設と運営は, そのほとんどがBOT（Built-Operate-Transfer）方式になっており, その場合, 公的機関へのTransferは30～50年後に及び, ジョイントベンチャーによる入札建造, 株式会社としてのOperateが組み合わされた経営主体が固定されない柔軟な方式が採用されている（Prof. Oh, Yong-Sik, Division of International Trade & Economics, Korea Maritime Universityに対するヒヤリング。2007年8月4日, 神戸ポートピアホテルにおいて実施）。BOTがすでに2000年代に入ると民営化を進める港湾建設方法の主流になりつつあったことは, Baird, A. J. (2002) Privatization Trends at the World's Top-100 Container Ports, *Maritime Policy and Management*, Vol. 29, No. 3, pp. 271-284が行ったアンケート調査結果において, 調査対象の52％が最も一般的方法として採用していたことからも理解できる。
（3）　この点は, ①港湾コスト低減率（目標：2010年度に2002年度比で, 30％減。現状：2008年度では, 2002年度比で, 20％弱減）また②リードタイム短縮（目標：2010年度には, 2002年度3～4日を1日程度に減。現状：2006年度では, 約2.1日にまで減, ただし平日では1.1日に減）の双方において, C評価（まだ目標を達成できていないが, 目標達成に向けた成果を示している）, との国土交通省政策評価委員会の評価を得ている。国土交通省（2010）『総合物流施策大綱（2005～2009）―「今後推進すべき具体的な物流施策」の検証―』3-22ページ参照。
（4）　国土交通省港湾局（2010）「国際コンテナ戦略港湾の選定を検討する港湾の募集について」添付資料-1（スーパー中枢港湾政策の総括と国際コンテナ戦略港湾の目指すべき姿）, 報道発表資料, 2月12日。
（5）　Moore, R. (2010) Unlock the Potential, *Containerisation International*, August, pp. 68-69. ここでは, 日本の政策がとにかくその第一歩を踏み出したという意味で評価されている。
（6）　例えば, Hoshino, H. (2010) Competition and Collaboration among Container Ports, *The Asian Journal of Shipping and Logistics*, Vol. 26, No. 1, pp. 31-47.
（7）　本章は, Miyashita, K. (2008) Japanese Container Ports : Economic Structure and Prospects for Privatisation, In Revery, J. and M. Tull, eds., *Port Privatisation : The Asia-Pacific Experience*, Edward Elgar, pp. 120-137, および宮下國生（2005）「日本港湾物流構造の特質と政策展開の基礎」『流通科学大学流通科学モノグラフ』No. 88, 1-14ページでの考察を中心にして, それに最近の日本の港湾政策の展開を組み入れて再構

成したものである。また本章との関わりで、以下の拙稿も参照されたい。宮下國生・黒田勝彦・寺田一薫・林 克彦・津森貴之・寺田英子(1999)『アジア物流と日本の港湾経営』関西経済研究センター。Miyashita, K. (2005) The Logistics Strategy of Japanese Port, in Cullinane, K. and T-W. Lee, eds., *World Shipping and Port Development*, Palgrave Macmillan, 2005, pp. 181-198. 宮下國生(2005)「都市における港湾の役割」『都市問題研究』57巻6号、3-14ページ。宮下國生(2007)「国際物流とインフラ整備」『運輸と経済』67巻8号、12-25ページ。宮下國生(2007)「国際物流の動向と神戸港のネットワーク」『都市政策』129号、12-26ページ。

(8) 都道府県別工業製品出荷額データは、経済産業省『工業統計表』から得られる。
(9) 内閣府経済社会総合研究所『県民経済計算年報』での区分に従う。
(10) 第3〜4章の議論を参照のこと。
(11) $0.289 = 0.214 + 0.081 \times 0.929$。ここで、0.214は、横浜港輸出物流の対アジア機械産業投資弾力性である。0.081は東京港輸出物流の対アジア機械産業投資弾力性である。また0.929は、横浜港輸出物流の東京港輸出物流弾性値であり、両港の結節点で作用する東京港の横浜港に対する影響力の大きさを示している。
(12) 図表6.5には掲載していないが、その説明変数に日本のGDPを加えて得られた推定結果。
(13) $-0.491 = -0.751 + 0.168 \times 1.545$。−0.751は、四日市港輸出物流の対EU輸送産業投資弾力性である。0.168は名古屋港輸出物流の対EU輸送産業投資弾力性である。また1.545は、四日市港輸出物流の名古屋港輸出物流弾性値であり、両港の結節点で作用する名古屋港の四日市港に対する影響力の大きさを示している。
(14) $0.994 = 0.734 + 0.168 \times 1.545$
(15) $-0.390 = -0.705 + 0.204 \times 1.545$
(16) 1914〜30年頃の両大戦期には、神戸地域で形成された東洋一の神戸海運取引所は、ロンドン、ニューヨーク、ハンブルクと並ぶ世界の4大海運取引所に列せされ、その折に「神戸」は世界海運界に確固たるブランドを築いたのである。宮下國生(2003)「海運市場としての神戸」『新修神戸市史、産業経済編Ⅲ、第二次産業』神戸市、224-225ページ。
(17) 推定結果については、とりわけ以下を参照のこと。宮下國生(2005)「日本港湾物流構造の特質と政策展開の基礎」『流通科学大学流通科学研究所モノグラフ』No. 88, 1-14ページ。 宮下國生(2007)「国際物流とインフラ整備」『運輸と経済』67巻8号、12-25ページ。Miyashita, K. (2008) Japanese Container Ports : Economic Structure and Prospects for Privatisation, in Revery, J. and M. Tull, eds., *Port Privatisation : The Asia-Pacific Experience*, Edward Elgar, pp. 120-137.
(18) これに隣接港の競争力を加えて測定した5大港の実入り輸出コンテナ貨物量関数の決定係数(RB2)は、神戸港(0.931)、大阪港(0.998)、名古屋港(0.993)、東京港(0.994)、横浜港(0.979)である。
(19) Miyashita, K. (2005) The Logistics Strategy of Japanese Port, in Cullinane, K. &

第6章　日本の港湾物流ネットワーク力とアジア港湾　　191

Lee, T-W., eds., *World Shipping and Port Development, op. cit.*, pp. 194-197では，単独経営の下での両港の経営効果に基づいて，連携経営によって創出される集貨効果の向上をシミュレートして求めている．理論的には，連携経営による集貨力の改善は，生産フロンティアの右上へのシフトとして捉えることができる．ただ当時においては，その連携は遠い道のりであろうと見ていた．この点については，以下の書評が上記論文の主張を的確に要約している．Acciaro, M. (2008) Book Review : *World Shipping and Port Development*, edited by Cullinane, K. and T-W. Lee, *Maritime Economics & Logistics*, Vol. 10, No. 3, pp. 330-333. わが国の戦略港湾政策への対応において，連携強化が実現することが必要である．

(20)　5大港のコンテナ貨物取扱量（輸出入合計でトランシップ貨物を含む）：1,000 TEU，神戸市みなと総局（1992~2009）『神戸港大観』における「主要港外貿コンテナ貨物・個数年次推移」データ参照．日本の直接投資：100万ドル，JETRO（1992~2009）『日本の直接投資，対外・長期データ（国際収支ベース，ネット，フロー）』(http://www.jetro.go.jp/world/japan/stats/fdi/)．釜山港コンテナ貨物取扱量：1000TEU，韓国海洋水産開発院（2009）『海運統計要覧』．天津港のコンテナ貨物取扱量：1,000 TEU，中国交通運輸協会編（2009）『中国交通年鑑』．すべてのデータは対数をとった上で平滑化されている．なお韓国の統計データは Prof. Koo, Kyung-mo, College of Commerce & Economics, Dong-Eui University より提供された．

(21)　渤海湾3港のコンテナ貨物取扱量について，それぞれ選択的な推定を行ったけれども，天津港についてのみ有意な結果が得られた．その原因の1つには，データの信頼性の相違があるかもしれない．大連港は，1990年より，また青島港は1992年よりデータが公表されている．

(22)　Port of Kobe Shanghai Office (2010) *Shanghai Link*, p. 7, June 25 July 2に掲載の2010年1~5月の中国港口協会集装箱分会データによる．同データの値は，中国港口協会集装箱分会『全国港口集装箱吞吐量』として http://www.portcontainer.cn/ より得られる．

(23)　日本の対米実質輸出価格＝対米名目輸出価格/｛円ドル相場/（米国輸出価格/日本輸出価格）｝．PIERS Global Intelligence Solutions（1999~2009）*Port Import Export Reporting Service Data*. 財務省（1999~2009）『日本貿易統計』．IMF（1999~2009）*International Financial Statistics*, Vol. 52, No. 1. -Vol. 62, No. 12.

(24)　例えば，港湾の全能力を支えるものに，港湾・海運・造船・物流・海事教育サービスの集積力を競う海事クラスターの構築があり，これが荷主企業による総合的港湾サービス評価に反映される．例えば，海洋政策研究財団編集・発行（2007）『平成18年度「地域海事クラスターの構築に関する調査研究報告書」』参照．本節の考察結果は，それを荷主企業の港湾地域への立地促進につなげることによって意義のある成果が得られることを示唆している．

(25)　本書，第3~4章で取り上げた日本のグローバルなロジスティクス・サイクル構築の

基因となる海運物流と空運物流の競争と補完の関係, 両者のグレーゾーン競争関係, アジア経済の発展と交易条件などの議論も参照のこと。
(26) 国土交通省港湾局 (2010) 『国際コンテナ戦略港湾の検討状況について』交通政策審議会第38回港湾分科会資料1-1, 2ページ。またわが国における港湾, 空港を含むインフラのガバナンスを追究したものに, 赤井伸郎 (2010) 『交通インフラとガバナンスの経済学』有斐閣, がある。

第7章 ロジスティクス・パートナーシップの構築力と市場インフラ

1 国際的リーダーシップを持つ日本海運業

　国際物流を担う海運における企業間取引の基本的で伝統的な制度構造は，原料輸送における海運取引所と製品・部品等の輸送に関わる海運同盟によって支えられてきた。これらは海運サービス取引機能を支える国際物流の市場インフラと呼べる。この市場インフラにおいて育まれた船主と荷主の企業間関係が，次第に契約概念の中に，荷主企業の希望を優先的に取り入れるように変化してきたのである。その背後にあって，船主・荷主間のパートナーシップを確立させたのは，海運業の被った大きな構造変化の波である。

　現代のグローバルな国際物流市場は，19世紀後半に世界海運市場が形成された時期に匹敵する重要な構造変化を経験している[1]。貿易業と海運業の完全な分離独立の過程を経て構築された世界海運市場は，各国が海運・貿易・国民経済の三位一体的発展を図る礎を提供することとなった。この体制は，空運業が国際物流に進出してくる1960〜70年ごろまで，約1世紀にわたって継続する。

　このように世界海運市場の構築には，効率的な海運業によってもたらされる海上貿易の発展こそが世界共通の経済政策の目標として位置づけられていたといえる。現代では，異なるモードをベースとする複合輸送のプラット・ホームの上に，多様で，幾層にも積み上げられた企業間ネットワークが，サプライチェーンの形態でグローバルに形成され，国境を越えるバーチャル企業が台頭している。つまり海運業を中心に国際交通業が主導権をとってきた時代は変遷して，物流業と流通業・製造業が機能横断的に融合しようとしている。他産業，具体的には貿易業からの分離・独立によって発展の基盤を築いた海運業は，再び他産業との融合の中に存在意義を見出そうとしているのである。それは個々

の海運企業にとって，他企業との関係をいかに設定するかという問題，つまり企業間取引関係の問題として一般化される。

本章では，このような視角から，国際物流におけるロジスティクス・パートナーシップの確立過程を，海運業を事例として，その市場インフラ機能の中で考察し，何故にそれが海運業の構造変化の時期に誘発されたのかを明らかにしよう[2]。

ここで国際物流業の代表的業種として海運業を選んだ理由は，わが国の物流業界の中で国際的なリーダーシップを発揮し，継続的に業界を主導してきたからである[3]。もっともこのような市場インフラは世界の海運業界において醸成されてきたものであり，必ずしも日本独自のものではない。しかしその中にあって，日本海運業がどのように時代を把握し，いかに行動したのか，そしてどのように時代を変えたのかを問おうとしているのである。そこで，本章では，まず日本の海運政策の変化を物流発展の段階に対応して考察して，その中で日本の海運業が国家の海運政策に対してどのように行動してきたのか，そしてその中でどのようにして国家との間にアームズレングス関係を構築しつつ，企業・国家間でのパートナーシップの形成を結実させたのか，そこに至るまでのプロセスを明らかにしておこう。最後に，これらの考察を踏まえた上で，日本経済のロジスティクス革新力を支える日本海運業の対応戦略を展望しよう。

2　物流の発展段階と日本の海運政策の変化：
　　　国家・企業間パートナーシップの確立過程

19世紀末には，マーチャントキャリアでもある貿易業が運航していた小型帆船は一掃され，それに代わって海運業がコモンキャリアとして運航する大型蒸気船が貨物輸送を担う大勢が固まった。ここに貿易業と海運業の産業分離が完成し，まさに運搬具である船舶とノードとしての港湾という交通のハードインフラの優位性が支配する「交通」時代が幕を開けたのである（図表7-1参照）。この時代は第2次世界大戦の終了期を経て1965年ごろまでの約100年にわたっ

第7章 ロジスティクス・パートナーシップの構築力と市場インフラ 195

て継続する。

「交通」時代は，アダム・スミスやリカードによって先導された比較優位を競う自由放任貿易の下で，貿易貨物のすべてがスポット市場である海運市場を通して輸送されていた。またこの間において，日本の海運政策は，「交通段階」の末期に当たる1945年以降，戦後の経済復興に対応したものへと舵が切られ，約20年の期間にわたって継続した。これを受けて1963年になると，新たに海運集約政策が展開されることになり，この政策もまた，1985年までの約20年にわたって運営された。本政策は，政府が総合部門政策（国民経済政策）として所得倍増政策を掲げ，これを実現するための独立部門政策として，海運集約化政策の名の下で日本海運業を本格的に再建整備させようとしたものであった。結果的にはこれによって，「交通段階」からコンテナ船による複合一貫輸送を実現した「物流段階」への転換が可能となったのである[4]。

海運集約化政策は，その直後に現れた世界コンテナ革命の兆しを，1966年の

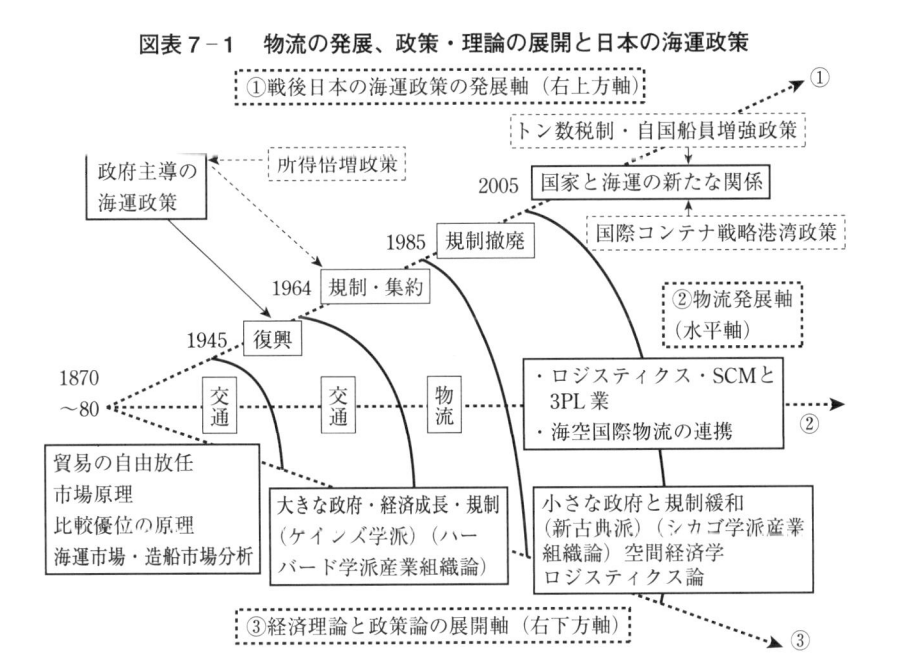

図表7-1 物流の発展、政策・理論の展開と日本の海運政策

コンテナ船革命の答申[5]によっていち早く取り込んで運営されたため，わが国のコンテナ海運業の隆盛のみならず，コンテナ港湾の発展をも促した。日本経済もまた，戦後復興の20年とは区別される新たな経済発展の段階，高度成長の段階に入ったのである。その経済運営の背景には，大きな政府の下での経済成長を標榜するケインズ学派と経済政策で規制を重視する産業組織論をリードしたベインらのハーバード学派の影響を認めることができる。

集約化政策の前半10年においては，総合部門政策と独立部門政策の双方の目標が達成し得たのに対し，後半10年には，1973年の石油危機の影響による燃料費の高騰と船員費の上昇が，自国籍船と自国船員による日本海運業の継続発展を困難にしたため，海運業を国民経済において位置づけて，国際収支の改善や国民所得の増大を図るという総合部門政策の目的は，1979年ごろからは完全に放棄されたのみならず，独立部門政策の達成さえも不可能になったのである。

つまりこの20年のうちに世界経済がアジア新興国の発展の影響もあってグローバル化への道を進んでいたにもかかわらず，この環境変化の中で，本来，世界市場で行動すべき日本海運業を，海運集約化政策の下で自国の輸出入活動に限定することの意義を見出し得なくなったのである。規制政策によって，活動範囲を日本の輸出入貿易活動に束縛・限定されるよりも，政府規制から離脱して，今後大きな成長が見込めるアジアを仕出地および仕向地とする三国間物流に進出することの方が環境に整合した合理的な選択であったのである。

そのため，海運集約化政策に対しては，1964年の発足当初は，わが国の外航船腹保有量の82.7％もの日本籍船を保有する82社が参加する中で，それに異を唱えたのは，本政策が本来規制を必要としない自由な市場競争を担う不定期船業（バルクキャリア業）やタンカー業にまで及んで実行されることに対抗した三光汽船をリーダーとする一部の非集約船主にすぎず，彼らは後に触れる船舶建造前長期運送契約（以下，長期運送契約という）方式を積極的に取り入れて独自の経営を展開するに至った。しかし1970年代後半以降になると，コンテナ船業を経営する日本郵船，商船三井，川崎汽船の大手３社をはじめとして，日本海運業界全体が集約体制の継続を望まず，規制の緩和を求めたのである。

これを反映して，1985年には，日本の海運政策は規制緩和へと軸足を移し，大きな転機を迎える。この規制緩和政策の流れを作ったシカゴ学派は，フリードマンの小さな政府とボーモルらの規制緩和論をベースに，交通産業を皮切りにしてアメリカ経済の改革に取り組んだけれども，わが国海運業の行動は，物流のアジア集中化の徴候をいち早く捉えた結果であり，米国で発生した規制緩和の流れとは一線を引いた独立した動きであった。両者は，時期的に合致するものの，相互に影響を受けたものではない。この点がわが国の海運業独自の経営理念を理解するために重要である。

規制緩和は，その後，より一般的には規制価格政策に内包されていく。その中で，世界の物流軸では，アジア経済の発展によるグローバル化の推進，情報化の進展，規制緩和・規制改革の促進の中で，調達・生産・販売に関する企業内物流の効率化を図るロジスティクスや，さらに進んで企業間物流管理に取り組むSCMに対して，物流業としてどのようなサポートができるのかが問われるようになり，新たな事態が展開した。ここに，このサポート機能を委託先荷主企業の物流モデルの構築支援業務にまで高めた3PL業と呼ばれる先端的物流業，さらには3PL業を束ねる4PL業まで登場することになる。

日本海運業は，このように国際物流変革の時代に後れを取ることはなかったのである[6]。時代を拓くという意味からもわが国海運業の行動は高く評価できる。明らかに現在は，国家が企業を動かすという1985年までの環境にはなく，国家と海運企業が連携し，お互いをパートナーと見る新たな関係の模索が始まっていることは確かである。海運業では，トン数標準税制の導入と日本人船員の育成をテーマに政策立案が進められ，漸進的ではあるが成果が得られている。その主たる狙いは海外の海運企業とのイコールフッティングの確保である。

このように，戦後の日本の海運政策は，戦後復興，海運集約，規制緩和を経て，国家と海運がパートナーとして部分連携する時代へと変化してきた。その変化は，不思議なことにほぼ20年の間隔を置いて起こっているのである。その意味では，2005年以降の20年においては，わが国海運業は国家的政策と部分連携しながら，企業が卓越した国際的競争力を築く時代に入ったといえる。その

図表 7-2　日本の海運政策と国家・企業間パートナーシップの形成過程

規制のタイプ・時代	政策目的 総合部門政策	独立部門政策
規制強化（国家主導） （1964～85年）	①集約体制前期 （1964～74年） ②集約体制後期 （1974～79年）	③集約体制後期 （1979～85年）
規制緩和（国家不干渉） （1985～2005年）		④アームズレングス関係 （1985～2005年）
規制改革（国家不干渉） （2005年～）	⑤アームズレングス型 部分パートナーシップ	アームズレングス型 基本関係の継続

（注）　規制強化①期：非集約船主と国家の間の部分的アームズレングス関係の萌芽，規制強化③期：集約船主と国家の間の実質的アームズレングス関係の成立。

基礎には，わが国海運業と政策当局が学習し会得してきたアームズレングス型相互独立の基本関係の継続がある。それは総合部門政策と独立部門政策を同時に推進するには海運企業と政策当局の間に，ビジョンの共有が必要である。つまり規制改革の下での企業の独立行動戦略を，政策当局の総合的部門政策といかに整合させるかが課題となっている。

そこで以下では，海運市場インフラにおける企業間パートナーシップ形成機能を，海運市場成立以後についてフォローして，現在のポジションを明らかにする。その際，海運業の成立以来，その取引行動を支えて来た伝統的な2つの市場インフラである海運取引所と海運同盟に注目して，そこでどのような取引がなされてきたのかを，荷主企業の目から考察しよう。現代における物流業の荷主企業に対する顧客志向性は，このような流れの中で形成されてきたからである。その具体的な進化の経路を検証することは，何が現代の物流を支える基本要因なのか，ロジスティクス・パートナーシップはどのように構築されるのかという課題へとつながるのである。

3 原料輸送市場インフラとロジスティクス・パートナーシップの早期確立

　アームズレングス取引とは，全く他人同士である企業間の取引をいう。それを別の用語で一般的に示せば，市場取引である。しかしここに注意を要するのは，市場取引には，スポット的なものだけを意味する傾向が強いのに対して，アームズレングス取引には，全く他人である企業間の取引であれば，そのすべてを含めて捉えるという特徴がある。そのためアームズレングス取引は，スポット取引に加えて，継続的な長期の企業間取引をカバーするという意味で，市場取引よりも広い概念である（図表7-3参照）[7]。また現在，隆盛を極めるOEMやEMSもアームズレングス取引に含められる。その事実がこの取引の重要性を明確に物語っているといえよう[8]。

　原料輸送に関する運送契約がなされる海運取引所が全盛であった1960年代以前には，取引のほとんどすべてがスポット取引であった。クープマンスが分析の対象にしたオイルタンカー市場は，まさにこのような市場であったし，また造船市場を分析したティンバーゲンの意図も，スポット運賃市況の激しい動揺に対応して造船循環が発生するメカニズムを捉えることにあった[9]。

　ともに原料輸送サービス取引のすべてがスポット市場において発生するという，不定期船市場やタンカー市場の完全競争性を前提にしていた。つまり当時

図表7-3　アームズレングス取引の範囲

全く他人である企業間の長期取引（継続的契約関係を含む）　　スポット市場取引

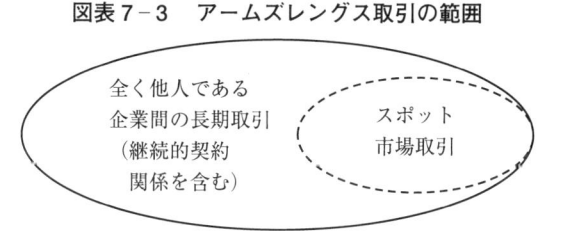

（注）　アームズレングス取引＝スポット市場契約取引＋企業間長期契約取引

のアームズレングス取引はそのすべてがスポット取引であったのである。そこでは,「航海用船契約」という海運企業と荷主企業の間の取引制度がその基礎にあり,スポット取引を支えていた。もっとも海運企業同士の取引においては,「定期用船契約」という船腹利用サービスの売買契約と「裸用船契約」という船舶の賃貸借契約が重要な制度的基盤であるが,これらは交通サービス,さらには物流サービスの取引ではないため,以下の考察では注視しない[10]。

さて経済学者が完全競争市場理論の実験室と見ていた海運市場[11]は,その後,長期運送契約の登場により,大きく変貌する。実際,海運取引所における取引に100%依存するスポット取引全盛の時代は,海運企業も荷主企業も片時も市況の動向から目をそらすことはできなかった。しかも海運企業にとっては,たとえいくら注意を払ったとしても,激しく変動する市況を前提にする海運経営は不安定であるし,他方,荷主企業にとっても調達費用としての輸送費(運賃)の激しい振幅は好ましいものではなかった。そのため,長期運送契約の下で,船舶の長期償却を組み入れた輸送原価に,その折の海運市場の景況感を反映した安定利潤を加えた長期運送契約運賃が成立することは,海運企業にとっても荷主企業にとっても好ましいことであった。

長期運送契約の具体的内容は,船舶が実際に建造される前に,船主と荷主の間で結ばれる長期の連続航海用船契約である。つまり航海用船契約を数年にわたって連続運用するのである。この取引契約に基づいて,金融機関からの船舶建造融資を確実にし,それによって船舶の建造に当たるというものであり,ノルウェー海運企業によって考案され[12],その後,日本の船社によって積極的に導入された[13]。この取引がバルクキャリアサービスの取引に導入されて以来,次第にそのシェアを伸ばし,それはまたタンカーサービスの取引においても一般的取引形態として受け入れられていったのである。

この背景には,海運業のライフサイクルが深く関わっている。そこで,19世紀後半の世界海運市場の形成以降における海運業のライフサイクル循環を,海運物流の循環として捉え,海運サービス(トン・マイル単位)の成長率の変化によって海運物流の循環を描こう。そうすれば,海運業が2つのライフサイク

ルを経験してきたことが分かる。第1ライフサイクルは19世紀末から1986年ごろまでの約100年間である。これに対し第2ライフサイクルは1986年以降に発生したものであり，現在に至るものである。

　第1ライフサイクルの展開は図表7-4に示されている。その中で，特に1953～74年は，世界の海運物流の成長率がOECD諸国の経済成長率を上回っており，これは海運市場の歴史始まって以来の特筆すべき期間である。そのためこの期間はスベンセンによって黄金の20年と呼ばれたのである[14]。一方において，確かにこの時期の海運市場では，船腹量の成長率が海運物流の成長率を上回り，供給過剰状態であった。しかし経済成長を上回る海運物流の長期成長の傾向を重視した荷主企業は，海運業の提示した長期契約運送方式に対し，パートナーシップを示してサポートしたのである。このように長期運送契約は黄金の20年を背景に，荷主企業の理解があってはじめて実行可能であったことに留意しておかねばならない。なおこの第1ライフサイクルに現れた黄金の20年は，後に第2ライフサイクルに出現するものと区別するために，第1次黄金

図表7-4　第1ライフサイクルにおける海運業と世界経済の成長率推移

時代区分	産業別推移	成長率推移（単位：％）			成長率比較	ライフサイクル（LC）の段階
		海運物流	先進国経済	世界船腹		
第1ライフサイクル	①19世紀末～1910	0～3	NA	—		産業自立（第1LC発生）
	②1910～30	3～4	NA	—		成長段階
	③1953～74	8.5	>4.6	14.5	物流＞経済；物流＜船腹	成長・成熟段階（第1次黄金の20年）
	④1974～86	0.7	<3.9	1.5		衰退段階

(注1)　NAはデータ利用不能を示す。第1ライフサイクルの海運物流と世界船腹の数値は，雑貨（製品・部品）を含むすべての種類の貨物の物流（トンマイル）と船腹（単位：GT）に関係している。

(注2)　①海運物流・世界船腹データ：Fearnleys & Egers Chartering Co., Ltd.（1966－2000）*Review*. Svendsen, A. S.（1958）*Seeverkehr und Shiffahrtswirtshaft*, Institute of Shipping Economics Bremen. United Nations（1950－2008）*Monthly Bulletin of Statistics*, Vol. 4．No. 1-Vol. 62. No. 12. 日本船主協会編集・発行（1980－2008）『海運統計要覧』。②先進国経済データ：OECD（1975－2009）*Main Economic Indicators*.

(注3)　宮下國生（2002）『日本物流業のグローバル競争』千倉書房，図表7-1，201ページも参照。

の20年と呼ぼう。

　しかもこの長期運送契約は，輸送原価をカバーするフルコストによる運賃決定を原則とする。しかし，そこに含まれる安定利潤には，契約時点における景況感（スポット運賃のレベル）も反映されている。その意味で長期運送契約は，専ら輸送原価をベースとする自己運送とは，紙一重の差[15]ではあるけれども，根本的に考え方が異なる。

　長期運送契約は，まさに取引費用を最低に押さえ込む一方で，海運企業と荷主企業の経営を安定させる効果のあるアームズレングス型長期運送契約であるといえるのである。ここに図表7-2で示したように，従来のアームズレングス型スポット取引に，新たにアームズレングス型長期取引が加わったのである。

　このようにして1960年代には，石油や撒荷（バルクカーゴという；石炭・鉄鉱石・穀物などをメジャーとする乾いた原料貨物）には，長期運送契約にアウトソーシングを取り入れたコントラクト概念が導入され，荷主企業主導の物流戦略が確立した。その典型は石油輸送における自己運送，長期運送契約，スポット運送の3分割法である。

　長期運送契約の導入は現代に通じる意義を持ち，それは，現代では，船舶を特定せず，逆に長期の契約期間における輸送数量の方を特定するという数量運送契約（COA；Contract of Affreightment）方式へ移っている。長期にわたって利用船舶を特定しない方が，船舶の技術進歩の恩恵を海運企業・荷主企業ともに得ることができるし，また短期的な船腹の融通も容易になるからである[16]。したがって数量運送契約は中期運送契約とも呼ばれ，一般に7～8年の契約期間を持つ。

　したがって図表7-5に示すように，アームズレングス取引には，契約期間に応じて，短期，中期および長期の3種類の契約が，それぞれ世界景気変動，技術進歩サイクル，物流と経済の成長の長期趨勢を基本的決定因として機能し，重要な市場インフラ機能を果たしている。そして石油輸送に限って，荷主自身の運送作業の学習のために，自己運送領域を設けている[17]。

　このように石油やバルク貨物などの原料を輸送する領域では，海運企業と荷

第7章　ロジスティクス・パートナーシップの構築力と市場インフラ　203

図表7-5　原料輸送における運送領域と運送契約の4分割

取引関係＼特徴	契約期間・運送領域	契約の決定因	運送領域の需要特性	海運企業と荷主企業のパートナーシップ
アームズレングス取引	短期・スポット市場領域	世界景気変動	短期不安定	×
	中期・数量契約運送領域	技術進歩のサイクル適応	中期安定	○
	長期運送契約領域	長期海運物流成長率＞長期世界経済成長率	長期安定	○
自己運送	長期・自己運送領域	荷主自身の運送作業の学習	長期安定	

主企業のアームズレングス型の長期の企業間関係の確立によってお互いの共存が図られている。その根本の原因は，短期スポット市場を発祥の起源とする完全競争の場からの出発であったこと，および荷主企業優位の考え方を基本的に受け入れる哲学が主流を占めていたことにある。海運企業は荷主企業との共存を考えなければ生存し得ず，逆に荷主企業も信頼し得る海運企業に輸送を委託しなければ，原材料の安定的調達が不可能であるからである。その結果，両者は真のパートナーたり得たのである。

　物流におけるパートナーのコンセプトは，一般的には1980年代以降のロジスティクス・SCMの時代になって醸成されていったのである[18]。しかし上に見たように，本来規制が存在しなかった原料輸送領域では，規制緩和（改革）時代の到来よりもはるか以前から，最適なパートナーとしての企業間関係が構築され，取引費用の発生をゼロレベルに抑えていたことに注目しなければならない。その意味では，図表7-2に示したアームズレングス型二重構造[19]の図式は現在も通用するものであり，その基本関係は崩れていない。

　以上から判断すると，長期発展傾向のある企業間の関係とは，完全競争市場でも生存し得る競争力を持った物流業が荷主企業のパートナーとして信頼を得

て行動するということであり,そこには物流業に対して荷主企業による厳しい評価がなされることが前提になっている。それは現代の製造業のSCMに見られる取引企業を選別して絞り込むという,選別型のパートナーシップ関係なのである。しかも契約期間が船舶の物理的耐用年数あるいは技術的耐用年数という長期に関わるため,荷主による海運企業の選別は,おそらくは他の業種のどれにも増して厳しいといわざるを得ない。つまり企業間関係において,チャネルマスターが常に取引相手を選別・峻別するという,サプライチェーンのオリジナルな構図は,海運業では長期運送契約や数量運送契約の中でより厳しいロジスティクス・パートナーシップの形で体現されていたのである。

このように黄金の20年と呼ばれる海運物流の高度成長の環境を,海運企業も荷主企業も,長期運送契約と数量運送契約という市場インフラ機能として結実させたことは高く評価できる。その基礎に,厳しい運航効率の達成を目指す海運企業に対する荷主企業の信頼が不可欠であったことを指摘しておかねばならない[20]。

4 製品輸送市場インフラにおけるロジスティクス・パートナーシップの形成

以上において,海運業のパートナーシップの形成が,原料輸送においては,1950年代後半以降の黄金の20年の時代に登場したアームズレングス型長期運送契約を契機として次第に拡大し普及したことを明らかにした。ところが,定期船企業が担う製品・部品輸送においては,それよりはるかに遅れて,1980年代半ば以降において,海運業が荷主のロジスティクス戦略やSCM戦略に対応するために,コントラクト輸送や3PL業への進出を強化するまで,待たねばならなかった。

では原料輸送と製品・部品輸送において,パートナーシップに向かう革新が,それぞれ異なる時期に発生した理由は何か。なぜ原料輸送におけるパートナーシップの形成が先行したのであろうか。それは,一義的には原料輸送市場が完

全競争に近似した競争構造であったのに対し,製品・部品輸送市場が海運同盟の支配する供給寡占市場であったことにある。そのため後者では,海運同盟の影響力が規制緩和によって相殺され,市場がコンテスタブル化するまでは,パートナーシップの育成に向かえなかったのである。

そこで以下においては,伝統的に海運同盟という運賃カルテル制度の下で寡占構造をとる定期船市場の構造が競争的に変化するプロセスを明らかにするとともに,その背後にあって,パートナーシップ構築の引き金となった海運業の第2ライフサイクルの特徴にも触れておかなければならない。

4-1 閉鎖型カルテルの評価と開放型カルテルの発足

海運同盟制度は1875年のカルカッタ同盟の構築に始まる。設立以来,イギリスやヨーロッパ諸国の経済政策理念の下で,独占禁止法の適用を免れてきた海運同盟に対し,20世紀になると運賃レベルの妥当性をも含めて公的機関による検証の手が入った。英米両国の議会に設けられた委員会における海運同盟の行動に対する調査がそれに当たる。英国議会では海運同盟に関する王立委員会が,米国議会ではアレキサンダー委員会が議論の場となり,それぞれ1909年と1914年に報告書が出された[21]。

両委員会の調査結果は,ともに多数意見として,海運同盟には独占的弊害はない,というものであった。この調査は数年にわたり,あらゆる利害関係者の意見を聴取した結果をまとめたものである。その意味で調査結果への信頼性が高い。

公的な機関が海運同盟の中立性を越えて,そのカルテルの弊害を積極的に否定したことの意味は大きい[22]。しかも当時,開放型カルテルとしての海運同盟はまだ現れていなかったから,調査の対象になった同盟はヨーロッパ型の閉鎖型カルテルである。この型の同盟では,海運同盟が原則として門戸閉鎖を盾にとって新規の参入を拒否する行動をとる。このことが多くの新規参入者の不満を呼び,不明朗な取引実態を生んでいるのではないかと,疑われたのである。ところが,厳正な調査の結果は,この参入阻止型定期船市場においてなされる

アームズレングス取引に,多数の荷主企業の支持があることを示唆したのである。

ところが米国政府は,参入の排除によって競争の芽を摘むと見られていた閉鎖型カルテルが,逆に高く評価された調査結果に満足せず,1916年に米国海運法を発効させ,新たに参入自由の開放型カルテルを誕生させるのである。開放型カルテルは,1984年の米国新海運法による規制緩和（改革）によって海運同盟の骨抜きがなされるまで,約70年間にわたって,米国を起点,終点,寄港地とする航路上で運営された。

一般に考えられたことは,閉鎖型カルテルの行動は集合独占的であり,独占利潤を得ているに違いなかろう,というものであった。しかし事実はその正反対であった。閉鎖型カルテルが参入を阻止し得るのは,理不尽なパワーによるものではなくて,競争力のあるメンバーが新規参入者の追随を許さないほどに高品質サービスを参入不可能な低運賃水準で提供したからなのである。

それは次のような2つの事例によって確認できる。1つは,三井船舶が世界最強の同盟であった日本復航運賃同盟に対して1953年9月～56年5月までの間継続した盟外競争による運賃闘争の結果,同盟への参入が認められたことである[23]。これは,まさに閉鎖型カルテルが実力ある船社に対しては門戸を開いているという意味での,参入阻止型カルテルであることを最初に実証した事例である。他の1つは,1967年10月における川崎汽船とマースクラインによる日本復航運賃同盟に対する加盟申請は同盟によって一旦拒否されたが,しかし1968年3月にマースクラインが単独で盟外配船を実施したことを確認した同盟は,戦わずして両者を同盟構成員として認めた事例である。これは日本復航運賃同盟が先の三井船舶との闘争で得た学習の成果であるといえよう。

このように,市場力に基づく参入阻止運賃の設定があったればこそ,閉鎖型カルテルは広く支持を集めることができた。この運賃によっても参入を阻止できない競争優位企業に対しては,その実力を確認した上で加盟を認めてきたのである。それに対し開放型カルテルは,競争力が整わず,コストレベルの高い劣位企業の海運同盟への参入とそこでの生存を制度的に保障したため,開放型

カルテルの運賃水準は閉鎖型カルテルに比べて割高になってしまったのである。開放型カルテルはあらゆる企業のカルテルへの参加を基本的に認める参入誘引型カルテルであったのである。カルテルの弊害を体現したのが，閉鎖的カルテルではなくて，開放型カルテルであったことは皮肉なこといわざるを得ない。開放型カルテルの名は体を表さなかったのである[24]。

4-2　国際カルテルをめぐる政策論争と規制改革

　ところが海運同盟という国際カルテルに対する同盟の政策論争がなお継続する中で，閉鎖型カルテル自身は，何故にこの型の同盟が優れているのかにつき説明責任を果たさなかった。このような経過をたどらざるを得なかったのは，当時の海運同盟に関する分析方法に問題があったからである。つまり論争の中心的課題である運賃問題は，個別の貨物ごとの運賃である賃率（タリフ・レート）の高さに目を向けられており，同盟の運賃水準そのものが合理的レベルにあるのかという，市場行動の視点を欠いていたのである。

　当時，また伝統的にそれ以降においても，海運同盟の研究が制度的分析に終始し，賃率制度あるいは賃率表（タリフ）の解明にのみ関心が向けられていたことに大きな問題があった。そのために英米両議会によってなされた海運同盟に対する調査結果を，閉鎖型カルテルが参入阻止型カルテルであるという解釈に結び付けられなかったのである。

　賃率表形成原理の研究は，賃率が運賃負担力によって決定されること，賃率間に交差補助が設定されていることに論及しても，賃率を束ねた賃率水準，つまり運賃水準には，ほとんど全く注目しなかったのである。せいぜい注目されることは，賃率が貨物の運賃負担力（需要要因）のみならず，その載貨係数（供給要因）によっても決定されるというヒーバーとディーキンの見解である[25]。これも定期船における輸送契約が個品運送契約に従うという海運実務を重視しすぎた議論の展開といえる。

　ようやく1970年になってドリフィスによる定期船運賃水準の決定に対する計量分析が公表された。この論文はほとんど注目を引かれることはなかったけれ

ども，定期船運賃水準がフルコスト原則の下で決定されることを実証したこの分野におけるはじめての実証研究の成果である[26]。

しかし何よりもこの問題に画期的なエポックを与えたのが，スレトモとウィリアムスによって著されたコンテナ船時代の海運同盟のあり方をめぐる考察である[27]。ここにはじめて，ハーバード学派における伝統的産業組織論を応用した定期船業，さらには海運同盟の構造・行動・成果の分析枠組みが明らかとなった。彼らの主張こそは閉鎖型カルテルの方が開放型カルテルを上回る利点を持つというものであった。

それは米国の開放型カルテルをいかに変革すべきかの議論に一石を投ずることになったものの，それを閉鎖型に変換する動きを助長するには至らなかった。すでに時代はサービスの供給側が需要側に何かを与えるという，交通・物流時代の供給優位の発想を超えて，需要側の要求に供給側がいかに応えられるかという，需要優位のロジスティクス時代へと転換しようとしていたからである。

この発想の潮流の逆転を踏まえた1984年米国海運法[28]においては，これを理論的に支えるボーモルたちシカゴ学派のコンテスタブル・マーケット（異なるサービスをも含む完全競争に近似した市場）理論に基づく新産業組織論の下で，既存の開放型カルテル制度にIA（Independent Action）を組み入れて，一定の予告期間を置けば，同盟構成員が同盟運賃とは別の運賃を独立して設定できることになった。その結果，ここに同盟運賃は実質的に骨抜きにされ，コンテスタブル・マーケットが出現することになったのである。これに加えて新たにSC（Service Contract）を設定することによって，継続的大荷主企業に対して割引運賃制度が導入された。特に海運企業・荷主企業間に原料輸送と同様なコントラクト概念が取り入れられたことは極めて重要である[29]。

さらに1996年米国外航海運改革法（OSRA）において，コントラクト内容をコンフィデンシャルに扱うことが可能となり，ここにはじめて荷主企業主導の物流戦略がロジスティクス戦略として成立する基盤が整ったのである。従来，アームズレングス関係でありながら，定期船業の寡占的市場支配力の下にあった段階を越えて，海運企業と荷主企業がはじめてロジスティクス・パートナー

としての企業間関係を持ち得ることになったのである(30)。現在はまさにその流れの延長線上にある(31)。

4-3　戦略的ロジスティクス・パートナーシップの確立に向けて

このように現代の定期船海運企業であるコンテナ船海運企業は，規制改革を経て，荷主企業のロジスティクス・パートナーとして，荷主企業のSCMを支え得る立場にあることを強く認識しなければ，時代の流れを読み誤ることになる。すでに指摘したように，長期発展傾向のある企業間関係は，完全競争的環境でも生存し得る競争力を持った物流業が，荷主企業のパートナーとして信頼を得て行動するということであり，そこには物流業に対する厳しい企業評価がなされることが前提になっている。定期船企業の隠れ蓑であった海運同盟はもはや機能せず，そのロジスティクス対応力は，荷主企業によって厳しくチェックされる。

これは何もコンテナ船業だけの課題ではない。よくいわれる日本の部品系列企業もそうである。現在も行動する部品系列企業の多くは，組立企業の継続的な厳しい査定を経て鍛えられた結果である。彼らにとって安心の境地は絶対になく，間断なき改善と挑戦の繰り返しである。まさにパートナーとして生き抜くための厳しい現実がある。在庫の削減と生産効率の改善を結合してここにロジスティクス・システムと呼ばれる新しいコンセプトを創り出したと評価できる。それは次第に企業内戦略から転じて，企業間の組織を統合するSCM戦略へと昇華しつつある。

荷主企業にとってロジスティクス・ネットワークを企業間でいかに効率的に構築するかが鍵であるからである。多くの企業間取引から発生する費用を恐れて，この取引から撤退しようとする荷主企業はあり得ない。なぜなら，取引費用のレベルは効率的なロジスティクス・ネットワークの構築によって変化し得る動態的なものであり，決して固定されているものではないからである(32)。そのためにも，海運業をはじめとする国際物流業は荷主企業にとっての戦略的パートナーであらねばならないのである(33)。

第2ライフサイクルは，2008年に発生したグローバル経済危機によって中断されてはいるが，いずれ正常な軌道に回帰し，長期に継続することは明らかである。回帰に数年かかろうとも，1つの長いライフサイクルの中の1コマにおいて異常なサイクルの歪みが発生したにすぎないのである。1986年以降，2008年までの22年間に見られた第2ライフサイクルの特徴は，物流の成長率が先進国経済の成長率を常に上回っていたことである。それは船主にとってまさに好ましい黄金の20年の再来であった。

この傾向は，原料物流でも製品・部品物流でも共通して見られてはいるが，中でもそれは後者において顕著である。しかしこの時期を支配した規制緩和というグローバルな政策転換は，コンテナ荷主を上回るコンテナ船主の強い将来期待に基づく供給優位の市場力を相殺して，彼らの対等なパートナーシップの強化につながったのである。

以上は，海運物流と先進国経済の成長率を比較した議論であるけれども，物流と船腹の成長率の関係に目を転ずれば，興味ある別の事実を指摘できる。第

図表7-6 第2ライフサイクルにおける海運業と世界経済の成長率推移

時代区分	産業別推移	成長率推移（単位：％）			成長率比較	ライフサイクル（LC）の段階
		海運物流	先進国経済	世界船腹		
第2ライフサイクル	①1986～90	6.1 (10.1)	>2.4	1.1 (8.6)	物流>経済；物流>船腹	産業自立（第2LC発生）
	②1990～95	10.0 (11.8)	>2.3	1.1 (16.7)		成長開始（第2次黄金の20年開始）
	③1995～99	6.7 (12.4)	>3.2	1.2 (13.4)		成長継続
	④1999～03	4.2 (14.5)	>2.6	2.6 (12.5)		成長継続強化
	⑤2003～08	12.9 (11.0)	>2.4	7.0 (19.6)		成長停止へ（第2次黄金の20年終結）

（注1）第2ライフサイクルの海運物流と世界船腹の数値は，石油と撒荷の物流（単位：トン・マイル）と船腹（単位：DWT）に，またその括弧内の数値は，コンテナ物流（単位：TEU）とコンテナ船腹（単位：TEU）の成長率に関わっている。

（注2）図表7-4掲載資料に加え，以下の資料を参照。日本郵船株式会社調査グループ編（2006～2009）『Outlook for the Dry-Bulk and Crude-Oil Shipping Markets—海上荷動きと船腹需給の見通し—』。株式会社商船三井営業調査室編集・発行（2003～2008）『定航海運の現状』。

2ライフサイクルの黄金の20年に当たる期間を5年ごとに区切って，括弧内で捉えたコンテナ物流とコンテナ船腹の成長率比較を細かく見れば，原料物流の成長率が関係船腹の成長率を常に上回っているのに対し，コンテナ輸送ではこれとは異なった傾向が現れている（図表7-6参照）。とりわけ②期，⑤期には，コンテナ船腹量の成長率がコンテナ貨物成長率を大きく上回っている。これは，コンテナ船というアセットをベースとするハード戦略がなお主流であることを示唆している。しかし①期と④期においては，コンテナ貨物成長率がコンテナ船腹量の成長率を上回っているため，この期間には別の戦略が発生していると考えられる。

それはコンテナ輸送サービスに一方的には特化せずに，多元的物流サービスを拡充強化する戦略である。これは規制緩和，規制改革，規制撤廃と流れる一連の構造改革志向の下で，コンテナ船業の伝統的な事業領域を超えようとするものであり，その最大のものは，彼らが，荷主企業との間で構築しようとする3PLサービスの領域である。またそれに伴って，空運業と並んで，フォワーダー業など，ロジスティクス機能の拡充も図らねばならないであろう。このような業態の多様化が一方において展開されたために，コンテナ輸送においては，原料輸送とは異なって，船腹の成長率が物流の成長率を上回るという状態が一方的に支配しなかったと見られる。

5　パートナーシップとロジスティクス革新力の展望

3節と4節で明らかにした，市場インフラの整備を伴うアームズレングス取引とロジスティクス・パートナーシップの拡大過程は図表7-7のように描くことができる。原料輸送市場では，競争性の高いスポット市場での競争力がベースになって，長期運送契約と数量運送契約の獲得競争が構築されており，製品輸送市場では，コンテスタブル・マーケットにおける競争を乗り切れる企業でなければ，コンフィデンシャルなサービスコントラクトを発展できないのである。

212　第Ⅲ編　日本の物流インフラと市場インフラの機能

図表7-7　アームズレングス取引とロジスティクス・パートナーシップの拡大過程

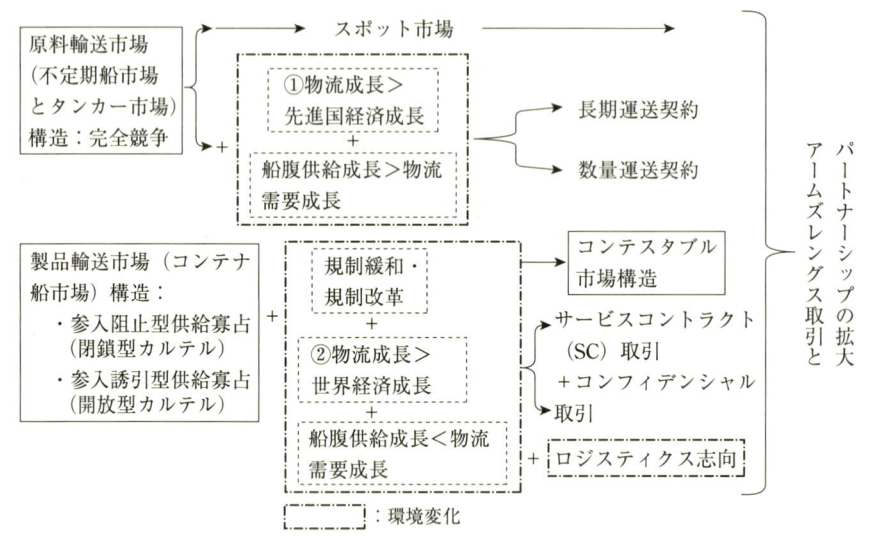

```
                    ┌──────── スポット市場 ────────┐
原料輸送市場          ┌──────────────────┐
(不定期船市場         │ ①物流成長＞        │
とタンカー市場)       │   先進国経済成長    │──→ 長期運送契約       ア パ
構造：完全競争    ＋  │      ＋            │                       ー ー
                      │ 船腹供給成長＞物流  │──→ 数量運送契約       ム ト
                      │   需要成長          │                       ズ ナ
                      └──────────────────┘                       レ ー
                                                                    ン シ
                      ┌──────────────────┐   コンテスタブル       グ ッ
製品輸送市場(コンテナ  │ 規制緩和・          │──→ 市場構造           ス プ
船市場)構造：          │ 規制改革            │                       取 の
・参入阻止型供給寡占  │     ＋              │   サービスコントラクト  引 拡
  (閉鎖型カルテル) ＋  │ ②物流成長＞        │   (SC)取引              と 大
・参入誘引型供給寡占  │   世界経済成長      │   ＋コンフィデンシャル
  (開放型カルテル)    │     ＋              │   取引
                      │ 船腹供給成長＜物流  │
                      │   需要成長          │──→ ロジスティクス志向
                      └──────────────────┘
                      ┌ ─ ─ ┐：環境変化
                      └ ─ ─ ┘
```

（注）図の①は第1次黄金の20年，また②は第2次黄金の20年の物流と経済の成長の特徴を示している。

　図表7-7の中ほどに位置する破線で囲んだ枠内は，アームズレングス取引とロジスティクス・パートナーシップを拡大促進する環境変化の要因を捉えている。海運物流環境の変化はすでに説明したようにパートナーシップ構築の引き金となった。それは具体的には海運業のライフサイクルの転換を伴っているのである。

　そこで図表7-8では，図表7-4と7-6のデータに従って，海運物流の循環（Dで示した曲線）を海運サービス（トン・マイル単位）の成長率の変化によって，また世界船腹循環（Sで示した曲線）を船腹の成長率によって把握して，そのイメージを描いている。第2ライフサイクルは，2008年のグローバル経済危機の勃発とともに，急激に減衰しており，成長率がマイナスに陥っている。かつて1985年に発生したマイナス成長発生の原因は，先進国経済の衰退をアジア経済の勃興では埋め合わすことができなかったことにあった。したがってこのような大きな世界経済の構造変化を捉えて，100年に及ぶ第1ライフサイク

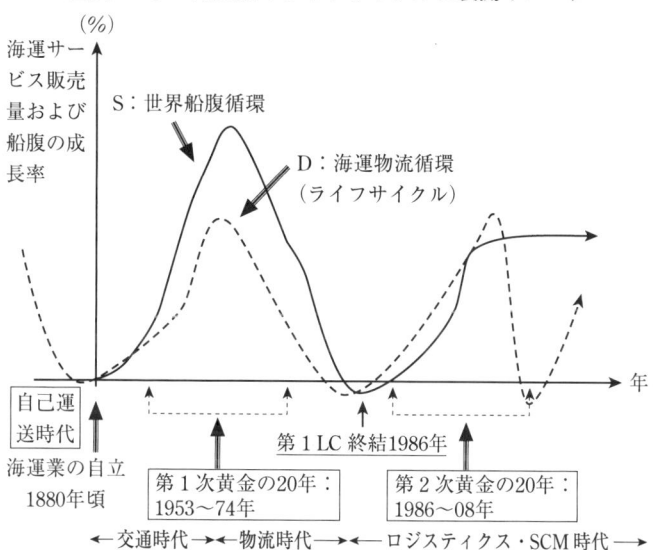

図表7-8 海運業のライフサイクルの展開イメージ

(%)
海運サービス販売量および船腹の成長率

S：世界船腹循環
D：海運物流循環（ライフサイクル）

年

自己運送時代
海運業の自立 1880年頃
第1LC 終結1986年
第1次黄金の20年：1953～74年
第2次黄金の20年：1986～08年

←交通時代→←物流時代→←ロジスティクス・SCM時代→

ルが終結したと判断したのである。しかしアジア経済の発展を基軸とする第2ライフサイクルは一時的な衰退はあっても今後発展を継続するであろう[34]。それは2010年時点ですでに回復基調にある。

　図表7-8を見れば，交通・物流時代における第1次黄金の20年とロジスティクス・SCM時代における第2次黄金の20年は，海運業における2種類のパートナーシップをそれぞれ確立するための揺籃期に当たっていたことがよく理解できる。

　このうち第2次黄金の20年は，アジア経済の成長によって支えられてきたのである。言い換えればアジア経済の成長がなければ，ロジスティクスやSCMへの時代転換もなかったであろう。まさに1980年代後半以降のアジア経済の発展は，経済のグローバル化の流れを決定づけるとともに，グローバル経済の成長をもたらし，これを背景にした規制緩和・規制撤廃・規制改革の一連の経済改革の流れを促進したのである。それに伴って新たな業種や事業モデルが創出されたのである。そこにおいて重要なドライバーとしての機能を果たしたのが

情報化の要因である。そのために現在はこの情報化要因を市場インフラにいかに取り込むべきかをめぐって，RFIDタグをめぐる国際標準化が日本郵船と上海国際港務を中核とする日本と中国の連携の下に進められている[35]。荷物の位置情報を把握するためのシステムを開発し，このデファクトスタンダードをAPECの協力も得て国際標準化する計画である。

　上に触れたRFIDタグをめぐる物流標準化による市場インフラ基盤の強化を含む，これら一連の新たな胎動が発信している重要なシグナルは，顧客である製造業・流通業等の荷主の満足を増大するために，海運業を含む国際物流業があらゆる努力を傾けねばならない，ということである。アジアの経済成長が牽引して，規制緩和によって透明度を高めた市場において，企業は情報化対応によって新たなロジスティクス・ネットワークを形成する一方で，また他の企業との連携強化を模索して，より大規模になったグローバル市場に対応しようとしているからである。

　規制緩和政策の下で，船社が顧客である荷主とパートナーシップを構築するには，顧客の望む情報化戦略，つまりロジスティクス・システムの構築やSCMの展開にどれだけ対応できる実力を備えているのか，が問われるようになって来たのである。国際物流業には物流段階を超える革新戦略の構築が必須の課題になってきたのである。

　それだけではなく，国際物流業は従来以上に拡大したグローバル市場に直面して，その中で規模の経済やネットワークの経済を確保し，コストの低減に努め，体力を向上しなければならなくなってきた。そうしなければ，グローバルな活動のできないローカルな企業としての低い評価しか得られなくなるからである。それを避けて，限られた資源の中でグローバル企業の道を歩むには，国際物流業は，資本連携やさらには経営統合に進まなければならない。この戦略は基本的にコストの低減を規模の経済によって達成しようとするものであり，伝統的戦略の中に位置づけられる。

　規制緩和，情報化，グローバル化によって捉えられた環境変化の中で，革新戦略への踏み込みと伝統戦略の強化が求められる国際物流業の目的は，このよ

うにして，顧客満足を最大にするという一点に収斂する。まさにそれこそが，世界の国際物流業にとっての至上命題なのである。その顧客満足は，市場契約ベース，ロジスティクス対応ベース，SCM対応ベースというように，順次，高度化し，その中で，国際物流業は，交通業，物流業，3PL業，さらには4PL業への連続的な進化・発展を遂げようとしているのである。

そのひとつのイメージを与える分析結果を明らかにしておこう。これは日本郵船株式会社の物流業売上高決定関数と総資産経常利益率関数の推定結果である。同社を取り上げるのは業態セグメント別財務データにおいて物流セグメントが他社に比較して継続して明らかにされているからである。もっともそれは1999～2008年度の10年間の年度データであり，サンプル数も不足しているため，本格的な分析は後日に委ねる必要がある。

ここで物流業には，海運業以外の物流サービスであるフォワーダーや3PL業などの狭義の物流業に，航空事業とターミナル事業を加えており，広義の物流業が考察の対象になっている。その際，各業態が適切な資源配分の下で相互依存関係にあることが望ましい。社会的使命として総合物流業を掲げている同社の行動目的はまさにここにあると見られる。そのため同社の総資産経常利益率の推移に対しても，海運業と非海運業としての物流業への最適な資源配分や投資戦略が具現しているであろう。

そこで同社の売上高は，

（7.1）物流業売上高＝f(日本製造業在庫率（－i）；中国GDP実質成長率；世界GDP実質成長率)

に従って決定されると仮定しよう。

すでに第2章で見たように，製造業である荷主産業のロジスティクス革新力の高度化とは，在庫率の稼働率弾力性をゼロに近いレベルで平準化することである。この高度化プロセスは物流業の対応戦略を生み，それがまた高度化を促進するであろう。2000年代においては，日本製造業の在庫率の稼働率弾力性はゼロに向かって低下を続けていたから，この状況は一層の物流活動の喚起を導くであろう。この状態を（7.1）式では，在庫率の低下が物流業の売上高の

増加を導くと仮定している。この活動は過去から累積されるので，在庫率変数にはラグiを付している。

ここで（7.1）式を対数線型1次方程式に特定化すれば，物流業売上高の在庫率弾力性の符号はマイナスである。また物流活動は中国の経済成長を代表とするアジア物流の発展によって促進されるであろう。そこで物流業売上高の中国GDP実質成長率弾力性の符号もプラスであろう。これと並んで，世界GDPの成長も物流活動を押し上げると期待されるので，世界GDP実質成長率弾力性の符号もプラスであろう。

このような物流活動の喚起を受けて，海運業と非海運業としての物流業への最適な資源配分や投資戦略を具現するために，同社は海運業，とりわけコンテナ船業への資源配分を調整していると考えられる。そこで（7.1）式の物流業活動の推定結果を，物流業売上高推定値として組み込めば，同社の総資産経常利益率関数は，

（7.2）総資産経常利益率＝f（物流業売上高推定値／定期船業売上高；
　　　　日本GDP実質成長率）

で捉えられるであろう。

（7.2）式において業態別売上高比率が説明変数として選択されたのは，同社の戦略が，資源の物流業への傾斜配分にあり，その結果，好ましい戦略的成果が，物流業の定期船業に対する相対的売上高比率[36]の上昇を通じて総資産経常利益率の改善に現れると仮定している。

ここで（7.2）式も対数線型1次方程式に特定化すれば，総資産経常利益率の物流業・定期船業売上高比率弾力性の符号は正になるであろう。また同社の原料輸送専用船隊は主として日本の製造業荷主との長期運送契約と数量運送契約を重視して運営されているから，その活動状況を日本のGDP実質成長率[37]の推移で捉えることができる。したがって総資産経常利益率の日本GDP成長率弾性値の符号も正である。

（7.1）式と（7.2）式の推定結果は，図表7-9の（7.3）式と（7.4）式の通りである。

図表 7-9　日本の代表的企業の物流業売上高関数と総資産経常利益率関数

物流業売上高関数：(7.3) 式		総資産経常利益率関数：(7.4) 式	
決定因	係数	決定因	係数
日本製造業在庫率（-1）	-2.88（-3.52）**	物流業売上高推定値/定期船業売上高	0.655（2.00）*
日本製造業在庫率	-4.04（-2.61）**		
中国 GDP 実質成長率	1.553（2.97）**	日本 GDP 実質成長率	0.231（2.75）**
世界 GDP 実質成長率	-0.997（-4.03）***		
定数項	13.242	定数項	1.447
RB2；SE；DW；N	0.919；0.1466；2.07；10	RB2；SE；DW；N	0.620；0.2695；1.42；10

(注1)　日本郵船株式会社の物流業売上高関数と総資産経常利益率関数の推定結果（推定期間は1999～2008年度）である。

(注2)　推定に当たって，(7.1) 式と (7.2) 式を対数線型1次方程式に特定化している。ただし，日本のGDP成長率については注 (34) を参照のこと。

(注3)　データ出所：日本郵船財務データ（単位：10億円）は，同社（2011）『FACT BOOK』II 2010（財務データ集，最近市況情報，2011年3月期，第1四半期）；証券コード9101」による（http://www.nyk.com/ir/）。製造業在庫率は，経済産業省鉱工業指数（鉱工業生産・出荷・在庫指数，稼働率・生産能力指数，製造工業生産予測指数；2005年=100）による（http://www.meti.go.jp/statistics/tyo/iip/index.html）。日本・中国・世界のGDP成長率（単位：％）は，United Nations Statistical Division（1999—2008）*National Accounts Main Aggregates Database* による（http://unstats.un.org/）。

（7.3）式の物流業売上高関数の推定結果のポイントは3点である。第1に日本の製造業在庫率は今期と前期の2年間にわたって物流業の売上に影響を与えており，その際，在庫率の減少がさらなる物流活動の高度化に向かうべく事業活動を活発化し，売上高の増加に導いていることである。その弾性値は高いため，日本製造業のロジスティクス革新力の強化が物流業の活発な対応力を誘発している状況を読み取ることができる。第2に物流業売上は，とりわけ中国の経済成長を梃子にして増加していることである。これは同社の物流活動が中国経済の成長に伴う日本製造業の中国進出に呼応して増加していることを示唆している。第3に世界全体の経済成長は，期待に反して，必ずしも物流業売上にプラスとなってはいないことである。欧米におけるロジスティクス対応戦略の高度化にはなお工夫する余地が残されている。

（7.4）式の総資産経常利益率の決定に当たっては，（7.3）式の物流事業

活動によってもたらされた売上高推定値が決定因に投入されている。物流業売上高推定値と定期船業売上高の比率は，利益率をプラス方向に決定している。その係数のt値は10％以内で有意な状況にとどまっているが，基本的な動きは捉えられている[38]。つまり物流事業と海運，とりわけ定期船の事業への適正な資源配分の下で，両事業のトレードオフが行われているということである。また原料輸送の専用船事業を捉えた日本の実質GDP成長率も期待された通りの結果を生んでいる。

　このように日本海運業の代表的企業として選択した日本郵船の経営戦略に関する実証分析は，日本製造業のロジスティクス革新力を支える日本物流業の対応戦略の一端を浮き彫りにするものである。もっとも以上の議論では，すでにふれたように，サンプル数が十分でないことに加えて，経常利益に含まれる客船事業やその他の事業等の活動に対しては考慮していないなど，考察結果には限界があることを断っておかなければならない。

　物流事業を貫くのはロジスティクス・コンセプトの発露である。その中で，バイヤーズ・コンソリデーション，クロスドック，ミルクラン，ベンダーマネジメント・インベントリーなどの請負業務は，ロジスティクス・SCM時代における国際物流業の重要な戦術である。しかしそれらは，3PL業が荷主に対してロジスティクス・システムの設計と提案を行うという本来の戦略業務とは一線を画されねばならない。世界のグローバル物流業の多くが，3PL業を標榜しながら，専らこのような受託業務に集中する戦術の実行のみに特化する傾向があり，それが3PL業のシステム統合を目指す4PL業の構築を新たに促進させている面があるように見える。その意味で，パートナーシップの確立を基軸とする物流業の業態変革の歩みはとどまることはない。それが日本経済，さらにはそれを支える日本製造業のロジスティクス革新力を一層進化発展させることにつながるのである。

（1）　本書第1章4節参照のこと。
（2）　本章は，宮下國生（2002）「企業間取引の進展と海運サービス」『海事産業研究所報』

No. 438, 4-9ページ，および宮下國生（2010）「ロジスティクス・パートナーシップの確立と海運業の構造変化」『大阪産業大学経営論集』11巻，3号，41-58ページをベースにして，市場インフラと政策評価の視点を加えて，論旨を再構成したものである。

(3) このような業種を海外で選べば，ヨーロッパでは Kühne & Nagel International AG を代表とする NVOCC 業務を営むフォワーダー業，米国では FedEx Corporation や UPS Inc. を代表とする航空インテグレーター業になるであろう。

(4) 宮下國生（1988）『海運』現代交通経済学叢書6，晃洋書房，21-31ページ。

(5) 海運造船合理化審議会（1965）『我が国の海上コンテナ輸送』（答申）。

(6) 本書第1章2節においてもふれた，ロジスティクス，SCM 時代における日本海運業の行動を参照のこと。

(7) 例えばアームズレングス型垂直取引と企業内取引による垂直統合の関係を論じたケイブスの議論を参照のこと。Caves, R. E. (2007) *Multinational Enterprise and Economic Analysis*, 3rd edition, Cambridge University Press pp. 15-16.

(8) 本書第1章を参照のこと。また例えば，Kimura, F. (2008) The Mechanics of Production Networks in Southeast Asia: Application of International Theory Approach, in Kuroiwa, I. and T. M. Heng, eds., *Production Networks and Industrial Clusters*, IDE-JETRO, pp. 40-41では，東アジアで見られる多様なアウトソーシングの一例として OEM と EMS があげられており，ここにも取引費用が発生することが指摘されている。確かにその点には留意する必要はあるけれども，しかし宮下國生（2007）「日本におけるロジスティクス革新の実証分析」『大阪産業大学経営論集』9巻1号，図表5および図表6，11-12ページにおいて強調したように，OEM と EMS はネットワーク経済をロジスティクス段階と SCM 段階においてサポートする重要な要素であり，その費用発生規模は内製方式による生産費の負担増と比べてはるかに低いと考えてよい。

(9) Koopmans, T. C. (1933) *Tanker Freight Rates and Tankship Building*, P. S. King & Son. Tinbergen, J. (1931) Ein Shiffbauzyklus, *Weltwirtshaftliches Archiv*, 34 Bd., S. 153-164. Tinbergen, J. (1959) Tonnage and Freight, in Tinbergen, J., *Selected Papers*, North-Holland, pp. 93-111. 1959年において刊行された本書に収録されたティンバーゲンの本論文は，当初，1934年にオランダの景気循環研究所から出版されたペーパーである。

(10) 宮下國生（1978）『海運市場論』千倉書房，1-5ページ。

(11) 1960～70年代にかけてノーベル経済学賞を独立して受賞することになるクープマンスとティンバーゲンは，ともに20歳代の1930年代のはじめに，激しく変動するスポット市場を研究の対象にし，ここを完全競争理論仮説実証のための実験室に選んだのである。

(12) スターミーの考察によれば，ノルウェー海運は船舶建造前に確保した用船契約を，建造資金の借款の担保として利用するという企図を持って定期船以外の船腹の拡充に乗り出しており，1959年には，すでにその割合がこの船腹量の55%にも達していたことが明らかになっている。Sturmey, S. G. (1962) *British Shipping and World Competition*,

The Athlone Press, pp. 257-259（地田知平監訳（1965）『英国海運と国際競争』東洋経済新報社, 324-326ページ）．
(13) 日本においては，少なくとも長期の積荷保証を伴った船舶建造方式の出現は1959年の第14次計画造船まで待たねばならなかったのである．加地照義・古川哲次郎・岡庭 博監修（1961）『現代日本海運史―戦後15年の歩み―』日刊海事通信社, 531-534ページ．
(14) Svendsen, A. S.（1965）*Trends in World Sea-Borne Shipping*, Norwegian School of Economics and Business Administration, Institute of Shipping Research Bergen, pp. 3-4．宮下國生（1988）『海運』3-5ページ．
(15) 自己運送には利潤という概念がない．これに対して，輸送子会社による運送のケースでは，輸送原価に上乗せされる利潤は親会社によって管理されたものであり，市場の動向は反映される．しかし，その場合，事情によっては親会社がマイナスの利潤を設定するために，原価を切る運賃が成立することもある．
(16) 宮下國生（2010）「外航海運市場」杉山武彦監修，竹内健造・根本敏則・山内弘隆編著『交通市場とインフラ整備の経済分析』有斐閣，第5章第1節．
(17) 実際，自己運送には学習的配慮以外の要因は作用しない．ビジネス効率性の比較では，アームズレングス取引における成果には到底及ばない．
(18) 本書第1章を参照のこと．
(19) 東海林 滋（1971）『海運論』成山堂, 224-228ページでは，このような市場を「複合市場」と呼んでいる．
(20) アームズレングス関係がサプライチェーンの下での協力関係へと昇華されて，ここにアームズレングス型サプライチェーンが成立するに至る一連の革新的過程を理論的に考察した研究として，Hoyt, J. and F. Huq（2000）From Arms-length to Collaborative Relationships in the Supply Chain: Evolutionary Process, *International Journal of Physical Distribution & Logistics Management*, Vol. 30, No. 9. pp. 750-764をあげることができる．
(21) Royal Commission of Shipping Rings（1909）*The Report of the Royal Commission of Shipping Rings*, HMSO. U. S. Congress, House of Representatives, Committee on Merchant Marine & Fisheries（1914）*Investigation of Shipping Combinations*. 宮下國生（1994）『日本の国際物流システム』53ページ．
(22) この調査結果に基づいて，各国は海運同盟に対して独占禁止法の適用除外を決定した．
(23) 三井船舶の闘争は，ヨーロッパと日本の間に成立する13の海運同盟に向けられていたが，その中心は日本復航運賃同盟であった．宮下國生（1978）『海運市場論』182-183ページ．佐々木誠治（1957）「欧州航路競争史」『国際経済研究年報』VII, 147-193ページ．高村忠也（1957）『契約運賃制論―海運同盟の一研究―』春秋社, 144-146ページ．
(24) 宮下國生（1978）『海運市場論』前掲，7-9章参照のこと．
(25) Heaver, T. D.（1972）How is Liner Rates to be set?, *Fairplay International Cargo Handling Survey*, May 11th, pp. 39-40. Deakin, B. M.（1973）*Shipping Conferences*,

第7章 ロジスティクス・パートナーシップの構築力と市場インフラ　　221

Cambridge University Press, Ch. 7.
(26) Driehuis, W. (1970) An Econometric Analysis of Liner Freight Rates, *Weltwirtshaftliches Archiv*, Bd. 104, Heft 1, pp. 103-117.
(27) Sletmo, G. K. and E. W. Williams, Jr. (1981) *Liner Conferences in the Container Age*, Mcmillan, Part IV, pp. 193-320.
(28) 同法の制定については，山岸 寛 (2004)『海上コンテナ物流論』成山堂，13-14ページ参照．
(29) Baumol, W. J. (1982) Contestable Markets: An Uprising in the Theory of Industry Structure, *American Economic Review*, Vol. 72, No. 1, pp. 1-15. また宮下國生 (1994)『日本の国際物流システム』第2章を参照のこと．
(30) 宮下國生 (2002)『日本物流業のグローバル競争』第6-7章を参照のこと．
(31) 2006年10月にEU閣僚理事会は海運同盟に対する独占禁止法適用除外措置を2年後の2008年10月に廃止することを承認した．これを受けて2008年には，伝統ある欧州同盟も姿を消したのである．しかし海運同盟は米国の規制緩和によってすでにグローバル規模で構造的に変質し，実質的には機能していなかったから，このEUの措置には，実質的な政策的含意はない．一方，米国では適用除外措置は継続されており，廃止されていない．
(32) 宮下國生 (2002)『日本物流業のグローバル競争』第3章参照のこと．
(33) サイモンによれば，戦略的パートナーシップがリスクヘッジに対して完璧には機能しないことは，国際PFIプロジェクトにおいても明らかであるが，しかしイギリスでは，この組織のSCMの維持のため，建築前の長期契約が好まれる傾向にある．Simon, A. B.-G. (2008) Pre-contract Risk in International PFI Project, in Zsidisin, D. A. and B. Ritchie, eds., *Supply Chain Risk*, Springer, pp. 187-197. これは，まさにすぐに見た原料輸送におけるアームズレングス型長期運送契約に対応するものであると見られる．
またハンドフィールドは，グローバル調達を含むサプライチェーンのリスクはますます増加しつつあるけれども，そのリスクの回避のためにはパートナーシップの強化を図らざるを得ないことを強調している．Handfield, R. B. (2008) Consumers of Supply Chain Risk Data, in Handfield, B. H. and K. McCormack, eds., *Supply Chain Risk Management : Minimizing Disruptions in Global Sourcing*, Auerbach Publications, pp. 1-28.
(34) 海洋政策研究財団の予測では，2050年の世界海上荷動量は，2010年の4.8倍（トン・マイルベース）である．同財団編集・発行 (2008)『世界における海事産業の変革ビジョンに関する調査研究報告書』参照．
(35) 日本郵船株式会社と中国上海国際港務有限公司の連携において，日本側は日本郵船，NTTおよび三井物産が連携している．『日本経済新聞』，2010年4月9日，朝刊．『日経産業新聞』，2010年5月10日，同年7月23日．
(36) 図表7-9の注3で触れる日本郵船の財務データでは，1999〜2003年度について，海

運業売上に占める定期船業売上と不定期専用船事業売上のデータが区別されていない。そこで，ここでは2004年度と2005年度の平均値によって，両事業売上比率とし，それによって2003年度以前の定期船業売上高を求めている。

(37)　日本のGDP実質成長率は1999年に－0.1％であり，推定期間の中で唯一負の符号をとっている。そのため推定に当たって，この説明変数に対しては対数をとらず，成長率原数値を用いる。

(38)　なお物流業売上に推定値を用いずに，原データを投入すれば，（7.4）式の決定係数は0.714，売上高相対比の係数値は0.824で，そのt値は2.76であり，5％以内で有意である。またそのとき，日本GDP実質成長率の係数は，0.237で，そのt値は3.33となり，これも5％以内で有意である。

引用文献

1. 著書・論文

Acciaro, M. (2008) Book Review: *World Shipping and Port Development*, edited by Cullinane, K. and T-W. Lee, eds, *Maritime Economics & Logistics*, Vol. 10, No. 3, pp. 330-333.

赤井伸郎 (2010)『交通インフラとガバナンスの経済学』有斐閣。

Akamatsu, K. (1961) A Theory of Unbalanced Growth in the World Economy, *Weltwirtshaftliches Archiv*, No. 86, pp. 196-217.

Asian Task Force in OECD RTR Outreach Activity-Asian Logistics Project (2003) *Logistics Developments Supported by ICT & ITS in the Asia-Pacific Region*, Institute of Highway Economics Japan.

芦田 誠 (2006)『交通と物流』中央経済社。

Baird, A. J. (2002) Privatization Trends At the World's Top-100 Container Port, *Maritime Policy and Management*, Vol. 29, No. 3, pp. 271-284.

Baumol, W. J. (1982) Contestable Markets: An Uprising in the Theory of Industry Structure, *American Economic Review*, Vol. 72, No. 1, pp. 1-15.

Bhattasali, D., Li, S. and W. Martin, eds. (2004) *China and the WTO*, World Bank and Oxford University Press.

Bowersox, D. J. (1978) *Logistical Management*, second ed., Macmillan.

Bowersox, D. J., D. J. Closs, and O. K. Helflich (1986) *Logistical Management, A System Integration of Physical Distribution, Manufacturing Support, and Material Procurement*, Macmillan.

Bowersox, D. J. and D. J. Closs (1996) *Logistical Management, Integrated Supply Chain Process*, McGraw-Hill.

Bowersox, D. J., D. J. Closs and B. C. Cooper (2007) *Supply Chain Logistics Management*, 2nd and International ed., McGraw-Hill.

武城正長・國領英雄 (2005)『現代物流―理論と実際―』晃洋書房。

Casson, M. (1986) *Multinationals and World Trade*, Allen & Unwin.

Caves, R. E. (1982) *Multinational Enterprise and Economic Analysis*, Cambridge University, Press.

―――― (2007) *Multinational Enterprise and Economic Analysis*, 3rd edition, Cambridge University Press.

Chiang, H. H. (2008) The 'Flying Geese Development' Model of the IT Industry in East Asia, *Journal of the Asia Pacific Economy*, Vol. 13, Issue 2, pp. 227-242.

Deakin, B.M. (1973) *Shipping Conferences*, Cambridge University Press.

Driehuis, W. (1970) An Econometric Analysis of Liner Freight Rates, *Weltwirtshaftliches Archiv*, Bd. 104, Heft 1, pp. 103-117.

中条 潮 (1995)「航空政策と経営戦略の今後の課題と展望」航空政策研究会編『現代の航空輸送』勁草書房。

Cook, T. A. (2007) *Global Sourcing Logistics*, AMACOM.

遠藤伸明 (2005)「国際航空レジームの進化と発展―国際航空分野の規制緩和と国内政策調整への欧米・日本の取り組み」『運輸と経済』65巻4号, 58-66ページ。

ESCAP (2006) *Integrated International Transport and Logistics System for North-East Asia*, United Nations.

Everett, S. and S. Robinson (1998) Port Reform in Australia: Issues in the Ownership Debate, *Maritime Policy & Management*, Vol. 25, No. 1, pp. 41-62.

藤本隆宏 (2004)『日本のもの造り哲学』日本経済新聞社。

Ginzburg, A. and A. Simonazzi (2004) Patterns of Industrialization and Flying Geese Model: the Case of Electronics in East Asia, *Journal of Asian Economics*, Vol. 15, Issue 6, pp. 1051-1078.

Gourdin, K. N. (2006) *Global Logistics Management, A Comparative Advantage for the 21st Century*, 2nd ed., Blackwell.

Grammenos, C. T., ed. (2010) *The Handbook of Maritime Economics and Business*, 2nd edition, Lloyds' List.

Greve, M., M. W. Hansen and H. Schaunburg-Müller (2007) *Container Shipping and Economic Development: A Case Study of A. P. Moller-Maersk in South East Asia*, Copenhagen Business School.

Handfield, R. B. (2008) Consumers of Supply Chain Risk Data, in Handfield, B. H. & K. McCormack, eds., *Supply Chain Risk Management: Minimizing Disruptions in Global Sourcing*, Auerbach Publications.

Hayashi, K. and Nemoto, T. (2010) Procurement Logistics of Japanese Auto Manufactures in Inland China- Intermodal Transport Utilizing the Yangtze River-, *The Asian Journal of Shipping and Logistics*, Vol. 26, No. 1, pp. 119-138.

Heaver, T. D. (1972) How are Liner Rates to be set?, *Fairplay International Cargo Handling Survey*, May 11th, pp. 39-40.

Hoshino, H. (2010) Competition and Collaboration among Container Ports, *The Asian Journal of Shipping and Logistics*, Vol. 26, No. 1, pp. 31-47.

Hoyt, J. and F. Huq. (2000) From Arms-length to Collaborative Relationships in the Supply Chain: Evolutionary Process, *International Journal of Physical Distribution & Logistics Management*, Vol. 30, No. 9. pp. 750-776.

池上 寛・大西康雄編 (2007)『東アジア物流新時代』アジア経済研究所・JETRO。

海洋政策研究財団編集・発行 (2007)『地域海事クラスターの構築に関する調査研究報告

書』。

────(2008)『世界における海事産業の変革ビジョンに関する調査研究報告書』。

加地照義・古川哲次郎・岡庭　博監修(1961)『現代日本海運史─戦後15年の歩み─』日刊海事通信社。

金本良嗣・山内弘隆編著(1995)『講座・公的規制と産業④交通』NTT出版。

Kimura, F. (2008) The Mechanics of Production Networks in Southeast Asia : Application of International Theory Approach, in Kuroiwa, I. and T. M. Heng, eds., *Production Networks and Industrial Clusters*, IDE-JETRO.

橘川武郎(2005)「経済危機の本質」東京大学社会科学研究所編『経済危機の教訓』東京大学出版会。

Kojima, K. (2000) The 'Flying Geese' Model of Asian Economic Development : Origin, Theoretical Extensions, and Regional Policy Implications, *Journal of Asian Economics* 11, pp. 375-401.

────(2001)「雁行型産業発展：小島モデル」『駿河台経済論集』10巻2号，101-103ページ。

Koopmans, T. C. (1933) *Tanker Freight Rates and Tankship Building*, P. S. King & Son.

Korhonen, P. (1994) The Theory of the Flying Geese Pattern of Development and Its Interpretations, *Journal of Peace Research*, Vol. 31, No. 1, pp. 93-108.

黒田勝彦・家田　仁・山根隆行編著(2010)『変貌するアジアの交通・物流─シームレスアジアをめざして─』技報堂出版。

苦瀬博仁(1999)『付加価値創造のロジスティクス』税務経理協会。

黄　磷(2002)『WTO加盟後の中国市場』蒼蒼社。

Kutlu, S. (2007) *Fourth Party Logistics : The Future of Supply Chain Outsourcing?*, Best Global Pub.

Mckinnon, A. C. (1989) *Physical Distribution System*, Routledge.

Memphis-Shelby Country Airport Authority (2005) *The Economic Impact of Memphis International Airport*.

Mentzer, J. T., P. Stank and M. B. Myers (2007) Why Global Supply Chain Management?, in Mentzer, J.T., M. B. Myers and T. P. Stank, eds., *Handbook of Global Supply Chain Management*, Sage Pub.

マイケル・デル，キャサリン・フレッドマン著，国領二郎監訳，吉川明希訳(1999)『デルの革命─「ダイレクト」戦略で産業を変える─』日本経済新聞社。

Mitchel, R. and J. Ranvenhill (1995) Beyond Product Cycles and Flying Geese : Regionalization, Hierarchy, and the Industrialization of East Asia, *World Politics*, Vol. 47, No. 2, pp. 171-209.

宮下國生(1978)『海運市場論』千倉書房。

────(1988)『海運』現代交通経済学叢書第6巻，晃洋書房。

―――（1994）『日本の国際物流システム』千倉書房。
―――（2002）『日本物流業のグローバル競争』千倉書房。
―――（2002）International Logistics and Modal Choice, in Grammenos, C. Th., ed., *The Handbook of Maritime Economics and Business*, Informa Professional.
―――（2002）「企業間取引の進展と海運サービス」『海事産業研究所報』No. 438, 4-9ページ。
―――（2003）「海運市場としての神戸」『新修神戸市史, 産業経済編Ⅲ, 第三次産業』神戸市。
―――（2004）「グローバリゼーションと物流の対応―WTO体制の意味するもの―」『海事産業研究所報』, 451号, 8-9ページ。
―――（2004）「港湾を核としたロジスティクスハブ形成の可能性」『港湾』, 81巻8号, 6-7ページ。
―――（2004）「企業戦略と物流の競争優位」『Captain』361号, 43-48ページ。
―――（2004）「グローバル・ロジスティクスにおける競争優位」『海運経済研究』38号, 1-12ページ。
―――（2005）「日本港湾物流構造の特質と政策展開の基礎」『流通科学大学流通科学モノグラフ』No. 88, 1-14ページ。
―――（2005）The Logistics Strategy of Japanese Port, in Cullinane, K. and T. W. Lee, eds., *World Shipping and Port Development*, Palgrave Macmillan.
―――（2005）「国際物流と日本経済」『ていくおふ』No. 111, 2-7ページ。
―――（2005）『国際空運物流はどう変わったか：海空物流モードの選択と日本経済』航政研シリーズ, No. 454, 1-35ページ。
―――（2005）「都市における港湾の役割」『都市問題研究』57巻6号, 3-14ページ。
―――（2006）「日本の国際物流の地域間連携：グローバル経済下の海空物流モードの選択」『海運経済研究』40号, 57-66ページ。
―――（2006）International Logistics Strategy in the Global Economy, *Proceeding of the International Symposium on "Maritime Transport Demand in Northeast Asia and Towards the Creating of New Services"* held by Ministry of Land, Infrastructure and Transport, Tokyo, Japan, 18th January, p. 5.
―――（2006）International Advanced Logistics Perspective in the Global Economy, *Journal of Business Administration Osaka Sangyo University*, Vol. 6, No. 1, pp. 53-63.
―――（2006）「中国物流の高度化・グローバル化の展望」『運輸と経済』66巻8号, 15-28ページ。
―――（2007）Development of International Physical Distribution and Logistics Strategy in the Global Economy, *Special Lecture Note of the Port and Logistics Education Project*, held by Dong-Eui University, Busan, 16Th March, pp. 7-8.
―――（2007）「国際物流とインフラ整備」『運輸と経済』67巻8号, 12-25ページ。

―――（2007）「日本におけるロジスティクス革新の実証分析」『大阪産業大学経営論集』9巻1号，1-26ページ。
―――（2007）「国際物流の動向と神戸港のネットワーク」『都市政策』129号，12-26ページ。
―――（2008）Japanese Container Ports: Economic Structure and Prospects for Privatisation, in Revery, J. and M. Tull, eds., *Port Privatisation: The Asia-Pacific Experience*, Edward Elgar.
―――（2009）「ロジスティクス革新力の日米比較」『交通学研究』2008年研究年報，52号，1-10ページ。
―――（2009）Structural Change in the International Advanced Logistics, *The Asian Journal of Shipping and Logistics*, Vol. 25, No.1, pp. 121-138.
―――（2010）International Logistics Strategy and Modal Choice, in Grammenos, C. Th., ed., *The Handbook of Maritime Economics and Business*, 2nd edition, Lloyds' List.
―――（2010）「国際ロジスティクスサイクルと日本経済の構造変化」『大阪産業大学経営論集』11巻2号，61-83ページ．
―――（2010）「ロジスティクス・パートナーシップの確立と海運業の構造変化」『大阪産業大学経営論集』11巻，3号，41-58ページ
―――（2010）「外航海運市場」，杉山武彦監修，竹内健蔵・根本敏則・山内弘隆編著『交通市場とインフラ整備の経済分析』有斐閣。
宮下國生・黒田勝彦・寺田一薫・林　克彦・寺田英子（1999）『アジア物流と日本の港湾経営』財団法人関西経済研究センター。
宮下真一（2007）「需給チェーン・システムの事例分析」『経済と経営』37巻2号，59-80ページ。
Moore, R. (2010) Unlock the Potential, *Containerisation International*, August, pp.68-69.
森　隆行（2007）『現代物流の基礎』同文舘出版。
向山英彦（2005）『東アジア経済統合への途』日本評論社。
村上英樹・加藤一誠・髙橋　望・榊原胖夫編著（2006）『航空の経済学』ミネルヴァ書房。
中野幹久（2010）『サプライチェーン・プロセスの運営と変革―部門間の調整とパフォーマンスの関係―』白桃書房。
根本敏則（2003）「アジアにおけるインターモーダル輸送の確立に向けて」『海運経済研究』37号，12-20ページ。
―――（2010）「サプライチェーンでつながるアジア」黒田勝彦・家田　仁・山根隆行編著『変貌するアジアの交通・物流―シームレスアジアをめざして―』技報堂出版，20-24ページ。
日本海運集会所編集・発行（2004）『入門「海運・物流講座」』。
野尻　亘（2005）『日本の物流―流通近代化と空間構造―』古今書院。
O'Connor, W. E. (1978) *An Introduction of Airline Economics*, Praeger.
OECD (1992) *Globalization of Industrial Activities*, pp. 11-12.

―――― (1996) *Integrated Advanced Logistics for Freight Transport, Report Prepared by OECD Scientific Expert Group*.

―――― (1999) International Shipping Under the Ocean Shipping Reform Act: Shipowner and Shipper Perspectives, Program of Dialogue and Cooperation with China, Workshop on Maritime Transport, *CCNM/ China/ MTC/* (99) 4.

小川一夫 (2009)『「失われた10年」の真実』東洋経済新報社。

小川　進 (2000)『ディマンドチェーン経営：流通業の新ビジネスモデル』日本経済新聞社。

大野耐一 (2001)『新装版 大野耐一の現場経営』日本能率協会マネジメントセンター。

Ozawa, T. (2007) *Institutions, Industrial Upgrading, and Economic Performances in Japan: The "Flying Geese" Paradigm of Catch-up*, Edward Elgar Pub.

Porter, M. E., ed. (1986) *Competition in Global Industries*, Harvard Business School Press.

Reddy, M. and S. Reddy (2001) *Supply Chains to Virtual Integration*, McGraw-Hill.

李海昌 (2008)「規制緩和で日系物流企業の中国参入進むが課題も」『ジェトロセンサー』58巻，691号，18ページ。

Royal Commission of Shipping Rings (1909) *The Report of the Royal Commission of Shipping Rings*, HMSO.

齊藤　実編著 (2005)『3PLビジネスとロジスティクス戦略』白桃書房。

Sanmann, H. (1965) *Seeverkehrsmärkte*, Vandenhoeck & Ruprecht.

佐々木誠治 (1957)「欧州航路競争史」『国際経済研究年報』VII，147-193ページ。

塩見英治 (2006)『米国航空政策の研究―規制政策と規制緩和の展開―』文眞堂。

東海林　滋 (1971)『海運論』成山堂。

白水和憲 (2004)『松下電器，中国大陸新潮流に挑む』水曜社。

Simon, A. B.-G. (2008) Pre-contract Risk in International PFI Project, in Zsidisin, D. A. and B. Ritchie, eds., *Supply Chain Risk*, Springer, pp. 187-197.

Sletmo, G. K. (1984) *Demand for Air Cargo: An Econometric Approach*, Institute for Shipping Research, Norwegian School of Economics and Business Administration.

Sletmo, G. K. and E. W. Williams, Jr. (1981) *Liner Conferences in the Container Age*, Mcmillan.

Sturmey, S. G. (1962) *British Shipping and World Competition*, The Athlone Press (地田知平監訳『英国海運と国際競争』東洋経済新報社).

杉山武彦監修，竹内健蔵・根本敏則・山内弘隆編著 (2010)『交通市場と社会資本の経済学』有斐閣。

Svendsen, A. S. (1958) *Seeverkehr und Shiffahrtswirtshaft*, Institute of Shipping Economics Bremen.

―――― (1965) *Trends in World Sea-Borne Shipping*, Norwegian School of Economics and Business Administration, Institute of Shipping Research Bergen.

橘木俊詔編（2007）『日本経済の実証分析：失われた10年を乗り越えて』東洋経済新報社。
髙橋　望（1999）『米国航空規制緩和をめぐる諸議論の展開』白桃書房。
髙村忠也（1957）『契約運賃制論―海運同盟の一研究―』春秋社。
田村正紀（2004）『先端流通産業―日本と世界―』千倉書房。
─── （2008）『業態の盛衰』千倉書房。
ティム・パウエル著，岡野行秀・藤井弥太郎・小野芳計監訳（2007）『現代の交通システム―市場と政策』NTT出版。
Tinbergen, J. (1931) Ein Shiffbauzyklus, *Weltwirtshaftliches Archiv*, 34 Bd., S. 152-167.
─── (1959) Tonnage and Freight, in Tinbergen, J., *Selected Papers*, North-Holland.
U.S. Congress, House of Representatives, Committee on Merchant Marine & Fisheries (1914) *Investigation of Shipping Combinations*.
Vernon, R. (1966) International Investment and International Trade in the Product Cycle, *Quarterly Journal of Economics*, Vol. 80, pp. 190-207.
─── (1979) The Product Cycle Hypothesis in a New International Environment, *Oxford Bulletin of Economics and Statistics*, Vol. 41, pp. 262-263.
WTO (2003) *Joint Statement on the Negotiation on Maritime Transport Services, TN/S/W/3*, March.
山岸　寛（2004）『海上コンテナ物流論』成山堂。
吉田　茂・髙橋　望（2002）『新版国際交通論』世界思想社。
吉川　洋（2003）『構造改革と日本経済』岩波書店。
Yun, C. (2007) *Japan and East Asian Integration : Myth of Flying Geese, Production Networks, and Regionalism*, Lit Verlag.

2．資料およびデータソース

Airports Council International (2000―2006) *Traffic Data : World Airports Ranking by Total Cargo*.
中国港口協会集装箱分会（2010）全国港口集装箱呑吐量（http://www.portcontainer.cn/）。
中国交通運輸協会編（2009）『中国交通年鑑』。
中国統計局編（2009）『中国統計年鑑』。
デル株式会社（2007）「デルとビックカメラ，パソコン販売で業務提携」『ニュースリリース』7月26日。
株式会社デンソー（2007）「デンソー，北海道千歳市に車載用半導体製品を生産する新会社を設立」『デンソー・ニュースリリース』4月26日。
Fearnleys & Egers Chartering Co., Ltd. (1966―2000) *Review*.
Federal Reserve Board (1985―2006) *Federal Reserve Statistical Release* (Industrial Production and Capacity Utilization : NAICS Based Historic Statistics).

IMF (1980―2009) *International Financial Statistics*, Vol. 32, No. 1-Vol. 62, No. 12.
株式会社 IPSαテクノロジ (2008)「IPS 液晶パネル最新鋭工場を兵庫県姫路市に建設」『ニュースリリース』2月15日.
JETRO (1992~2009)『日本の直接投資, 対外・長期データ (国際収支ベース, ネット, フロー)』(http://www.jetro.go.jp/world/japan/stats/fdi/).
ジェトロ (2008)『中国データ・ファイル 2008年版』(海外調査シリー No. 377).
JETRO 上海代表処資料 (2004)『保税区から自由貿易港へ』同年6月15日付.
――― (2004)『華東地区における最近の現状について』同年7月26日付.
JETRO 上海代表処 (2006)『JETRO 上海ニューズレター』92号.
財団法人海事産業研究所 (1989~97)『世界の主要定期船荷動き量調査報告』.
財団法人海事産業研究所 (2001)『日本・アジア/米国のコンテナ定期船荷動き量調査』(調査シリーズ2001-216).
財団法人海事産業研究所 (2004)『日本・アジア/米国のコンテナ定期船荷動き量調査』(調査シリーズ2004-245).
財団法人海運振興会 (2005)『日本・アジア/米国のコンテナ定期船荷動き量調査 (2005年確定値)』.
海運造船合理化審議会 (1965)『我が国の海上コンテナ輸送』(答申).
韓国海洋水産開発院 (2009)『海運統計要覧』.
経済産業省 (1975~2008)『鉱工業指数統計表』(http://www.meti.go.jp/statistics/tyo/iip/index.html).
――― (1981~2002)『工業統計表』.
――― (1990,1992,1993,1995,1996, 1997,1998,1999, 2001,2004,2007,2008)『我が国企業の海外事業活動』.
――― (1991, 1994)『海外投資統計総覧』.
――― (2003, 2005)『通商白書2003』.
北九州市港湾局 (1981~2002)『北九州港港湾統計』.
国土交通省 (2005)『総合物流施策大綱 (2005~2009)』.
――― (2006)『国土交通白書』.
――― (2009)『統合物流施策大綱 (2009~2013)』.
――― (2010)『総合物流施策大綱 (2005~2009) ―「今後推進すべき具体的な物流施策」の検証―』.
国土交通省海事局 (2001~2005)『海事レポート』.
国土交通省航空局 (1980~2005)『日本出入航空貨物路線別取扱実績』.
――― (1995~2005)『航空輸送統計年報』.
――― (2008)『航空貨物取扱量の推移』.
国土交通省港湾局 (2010)「国際コンテナ戦略港湾の選定を検討する港湾の募集について」添付資料―1 (スーパー中枢港湾政策の総括と国際コンテナ戦略港湾の目指すべき姿),

報道発表資料, 2月12日。
─── (2010)『国際コンテナ戦略港湾の検討状況について』交通政策審議会第38回港湾分科会資料1-1, 2ページ。
神戸市みなと総局 (1981～2002)『神戸港大観』。
航空貨物運送協会 (1978～2006)『国際航空貨物取扱実績統計』。
─── (2008)『国際航空貨物実績集計表』。
松下電器産業株式会社 (2007)「2007年度経営人事情報」『松下電器産業プレスリリース』7月1日。
ミネベア株式会社・松下電器株式会社 (2003)「ミネベア・松下電器情報モータ四商品事業を統合─2004年4月を目処に新会社設立─」『取引所公開リリース IR 情報』8月27日。
二菱商事株式会社・三菱商事（上海）有限公司作成資料 (2002)『Outsourcing Business in China─Dalian Software Park Collaboration に向けて─』8月28日付。
みずほ経済研究所 (2005)「中国内陸部（重慶, 成都）のオートバイ, 自動車産業集積の現状」『みずほインサイト』3月。
名古屋管理組合 (1981～2002)『名古屋港統計年報』。
内閣府 (1975～2006)『民間企業資本ストック年報』。
内閣府経済社会総合研究所 (1981～2002)『県民経済計算年報』。
NBER (2008) *Determination of the December 2007 Peak in Economic Activity*.
日本銀行 (1980～2004)『企業向けサービス価格指数（輸出）』。
日本インターナショナルフレイトフォワーダーズ協会 (2008)『国際複合輸送取扱実績』。
日本航空協会 (各年版)『航空輸送要覧』。
日本船主協会編集・発行 (1980～2008)『海運統計要覧』。
日本郵船株式会社 (2011)『FACT BOOK II 2010（財務データ集, 最近市況情報, 2011年3月期, 第1四半期）；証券コード9101』(http://www.nyk.com/ir/)。
日本郵船株式会社調査グループ編 (2006～2009)『Outlook for the Dry-Bulk and Crude-Oil Shipping Markets─海上荷動きと船腹需給の見通し─』
日本郵船（中国）有限公司資料 (2004)『日本郵船の中国物流ビジネス現状の紹介』同年7月14日付け。
OECD (1975─2009) *Main Economic Indicators*.
─── (2008) *Statistical Extracts* (http://stats.oecd.org/Index.aspx).
大阪市港湾局 (1981～2002)『港勢一斑』。
株式会社オーシャンコマース (1987～2007)『国際輸送ハンドブック』。
PIERS Global Intelligence Solutions (1980─2008) *Port Import Export Reporting Service*.
Port of Kobe Shanghai Office (2010) *Shanghai Link*, June 25 (http://www.kobeport.org/)。
シャープ株式会社 (2007)「シャープ「21世紀型コンビナート」を展開」『ニュースリリース』7月31日。

―――(2009)「世界初の第10世代マザーガラスを採用した液晶パネル工場が稼働を開始」『ニュースリリース』10月1日．

株式会社商船三井営業調査室編集・発行（1980〜90）『海運調査月報』．

―――（2003〜2008）『定航海運の現状』．

武田泰介（2007）「東芝,フラッシュメモリー生産で首位奪還狙う」『Yomiuri Online News』9月5日．

東京都（1981〜2002）『東京港港勢』．

United Nations (1950―2008) *Monthly Bulletin of Statistics*, Vol. 4. No. 1-Vol. 62. No. 12.

United Nations Statistical Division (1999―2008) National Accounts Main Aggregates Database (http://unstats.un.org/).

U. S. Bureau of the Census (1985―91) Manufacturing, Mining, and Construction Statistics: Manufacturers' Shipments, Inventories, and Technical Documentation (SIC Based Historic Statistics).

―――(1992―2006) *Manufacturing, Mining, and Construction Statistics : Manufacturers' Shipments, Inventories, and Technical Documentation* (NAICS Based Historic Statistics).

U. S. Bureau of Economic Analysis (1984―2006) *Survey of Current Business*.

横浜市（1981〜2002）『横浜港統計年報』．

財務省（1980〜2002）『財政金融統計月報』．

―――（1980〜2009）『日本貿易統計』．

『日経産業新聞』2006年3月10日,2006年6月5日,2010年5月10日,同年7月23日．

『日本経済新聞』2004年7月19日,2005年1月15日の各朝刊,2006年6月9日（夕刊）,同年6月10日,同年6月21日,2008年2月14日,2010年4月9日の各朝刊．

索　引

ア行

IA　208
IBM　21, 133
アウトソーシング効果　21
アウトソース　14, 21
アジア域内経済の分業構造　92
アジア経済のグローバル・リンケージ力　76
アジア経済の高付加価値化　75, 76
アジア港湾　165
アジア新興工業国群　94
アジア通貨危機　126
アジア物流　123, 134, 150, 153
　───のダイナミズム　93
アジア貿易　75
　───の構造　77
　───のバッファー機能　82, 84, 89, 91
ASEAN　137-139, 140, 143
アセットベース　20, 211
アームズレングス型
　───SCM　28, 38, 39, 58, 220
　───垂直取引　219
　───スポット取引　202
　───長期運送契約　204, 221
　───長期取引　202
　───二重構造　203
　───パートナーシップ　198
アームズレングス取引　22-24, 35, 199, 200, 203, 212, 220
　SCM型───　23, 24
アライアンス　130
RFIDタグ　214
EMS　13, 21, 219
一貫責任輸送　129
一般機械工業のロジスティクス行動　46, 47
EDIシステム　130
インテグレーター　16, 17, 41, 61, 134
インフラ整備　31

インフラ力　63
失われた10年　70, 71, 97, 116-119
運輸・通信業資本ストック　36, 38, 49
APL Logistics　20
SCM　4, 14, 23, 25, 35, 39, 50, 76, 133, 153, 197, 203, 204, 211, 221
　───システムの設計プロセス　29
　───戦略　20
　───対応サービス　4
　───対応型物流システム　15
　───対応力　35
　───型アームズレングス取引　23, 24
　───型事業モデル　65
　アームズレングス型───　28, 38, 39, 58, 220
NVOCC　18, 19, 129
NYK Logistics　20
OEM　13, 23, 219
黄金の20年　200, 201, 204, 210, 211, 213
大阪港のネットワーク力　165, 178, 181, 183, 184
オープンスカイ協定　30

カ行

海運
　───集約化政策　195, 196
　───集約体制　5
　───物流　33, 70, 200
　───優位段階　74
　世界───市場　4, 13, 193
　日本の───政策　195, 197
海運同盟　198, 205-208, 220
海運取引所　98
海運法
　1916年米国───　206
　1984年米国───　208
　1996年米国外航海運改革法（OSRA）　208
海事クラスター　191
カイゼン　25, 32

234　索　引

開放型カルテル　205-208
化学工業のロジスティクス行動　55-57
革新型投資　78
加工貿易　154
家電産業の物流優位性　22, 25
GATT　123
稼働率　35
　────の対在庫率バッファー化　58
貨物専用機サービス　17
川崎汽船　33, 196, 206
雁行型発展　136, 137, 139, 143, 146, 150, 151, 153
　────モデル　134, 136, 151
韓国・台湾仕出物流　148, 149
関税交渉　123
看板方式（JIT）　7, 25, 31, 47, 50, 160
環渤海経済圏　160
環渤海湾諸港の競争構造　185, 187
機会費用　74, 81, 82, 84, 104
基幹統合計画（ERP）　15, 133
基幹部品　23
企業間
　────取引　193
　────ネットワーク　193
　────パートナーシップ　198
　────物流　4
　────物流システム　14
　────物流の一元管理　5
企業内
　────需要情報流　7, 8, 31
　────付加価値在庫流　7, 8, 31
　────物流の一元管理　5
　────貿易　24
技術
　────移転　136
　────革新度　137, 139
　────集約的産業　142
　────進歩サイクル　202
　────的耐用年数　204
　────の世界標準化　142
規制
　────改革　197, 198, 211, 213

　────緩和　4, 35, 77, 123, 197, 203, 211, 213, 214
　────政策　5, 165
　────撤廃　123, 211, 213
規模の経済　214
逆統合戦略　19-21
キャッチアップ　136
キヤノン　33, 131, 181
キャリア　16, 17, 20, 32, 134
Kühne & Nagel　20, 21
業種別ロジスティクス力比較　62
競争
　────寡占　143
　────的グレーゾーン　75
　────優位　77
　環渤海湾諸港の────構造　185, 187
　港湾間────　187
　釜山港の────力　166, 185, 186, 187
業態
　────構造　22
　────セグメント　215
　────の革新　3, 33
　────別売上高比率　216
近鉄エクスプレス　120, 133, 158
空運
　────交易条件　77
　────志向性　90, 114
　────支配領域　74, 75
　────フォワーダー業　103
　────物流　69, 70
　────物流支配　98
　────物流分担率　69, 98-100
　────優位　69
　────優位段階　74
　日本の────輸出物流　75
空間
　────移動コスト　80, 81, 84, 87, 91, 128
　────軸　10
　────選好度　11
　────ネットワーク　13, 157
空港　188
区港聯動　130, 131

索引 235

国・地域別品目物流　135, 136
組立加工業のロジスティクス改善力　53
クラレ　56
クロスドック　30, 133
グローバル
　――経済　44, 100, 115, 153, 213
　――経済危機　69, 92, 94, 96, 210
　――・サプライチェーン　66, 146
　――ネットワーク力　167, 173, 181
　――物流　114
　――物流の波及効果　87
　――・ロジスティクスプロバイダー　160
　3極間――連携関係　84
　アジア経済の――・リンケージ力　76
　生産の――統括管理　51
　第1次――時代　13
　第2次――時代　13
　地域物流の――連携　93
　調達の――統括管理　51
　米国製造業の――競争優位　43
計画造船　220
経済開発区　25
経済活動の先行指標　97
経済特区　25
継続的サプライヤー　23
契約物流　20, 29
系列関係　25
現地調達　132
広域港湾　167, 170, 171, 179
航空貨物利用運送サービス　17
航空宅配便　61
航空フォワーダー　33
航空物流システム　40
広州ホンダ　131
公設民営化　165
構造
　――改革的物流政策　63
　――革新期　77
　――転換のフォロー機能　102
　――転換のリード機能　102
　――変動　27

交通投資　41, 43
後背地産業　167, 171, 172, 174
購買力平価ベース　136
高付加価値物流　77, 82
神戸港のネットワーク力　165, 178, 181, 183, 184
神戸製鋼　64
港湾
　――EDI　66
　――間競争　187
　――経営　165
　――物流ネットワーク　165
　アジア――　165
　広域――　167, 170, 171, 179
　国際コンテナ戦略――政策　195
　コンテナ戦略――ビジョン　188
　サプライチェーン対応型――　182, 183, 186
　指定特定重要――　165
　スーパー中枢――プロジェクト　165
　戦略――政策　166
　ハブ――　165, 179-182
　ハブ&スポーク型――　182, 186, 188
顧客志向性　7, 11, 198
国際混載貨物輸出量　38
国際コンテナ戦略港湾政策　195
国際ハブ化　130
国際標準化　214
国際物流　5
　――市場　193
　――の地域間連携　69-71
　――の長期トレンド　69
　――の分業的構成　72
　日本の――　69
国際貿易の進展　24
国際ロジスティクス・サイクル　97, 119
　――の構造変化　102
　――の波及構造　103
　――の発生プロセス　100, 102
　――モデル　98
国家級経済技術開発区　130-132, 135
国家的ネットワーク力　166, 169, 174, 181

個品運送契約 207
コマツ 64
コモンキャリア 12, 194
混合型寡占 143
コンサルタント・ベース 21
コンテスタブル化 205
コンテスタブル・マーケット 208, 211
コンテナ船
　――革命 196
　――業 196
　――機会費用 75
　――支配領域 74
　――物流 33, 69, 72, 74
　――物流支配 98
　――物流分担率 69, 98, 99, 104
　――物流分担率決定構造 102
　太平洋――物流 136
コンテナ戦略港湾ビジョン 188
コントラクト
　――物流業 29
　――輸送 204
　――・ロジスティクス 20
　サービス――（SC） 208, 211
　3PL――ビジネス 16, 17

サ行

在庫調整力 26, 36
在庫費用 73
在庫率 26, 28, 35, 62, 64, 215-217
　――削減機能 57
　――調整機能 43
　――の稼働率弾力性 35, 58, 61, 215
　――の最適化 51
　生産者―― 35
　製造業―― 38
　製造業の――決定関数 39
　適正―― 27
　日本組立加工業の―― 44, 45
　日本製造業の―― 39, 215, 217
　日本素材産業の―― 44, 45
　米国5業種――推移 60
　稼働率の対――バッファー化 58

SAP 14, 32
サービスコントラクト（SC）208, 211
サプライサイド重視 127
サプライチェーン 11, 22, 23, 30, 63, 131, 153, 193, 204, 221
　――型発展 150, 152, 153
　――型物流 156
　――対応型港湾 182, 183, 186
　――対応型ネットワーク 183-185, 188
　グローバル・―― 66, 146
サムスン 49
山九 133
産業革命 4, 13
産業間貿易 23
産業クラスター 22
3極間グローバル連携関係 84
3極連携の長期メカニズム 87
三光汽船 196
三国間物流 196
参入阻止型カルテル 206, 207
3PL
　――機能 55
　――機能革新 76
　――業 4, 10, 14, 19, 20, 28, 29, 32, 35, 53, 63, 103, 160, 197, 204, 215
　――業プロバイダー 22
　――子会社 33
　――コントラクトビジネス 16, 17
　――サービス 17
　――サポート 58, 59
　――事業インフラ 60
　――戦略 40
　――戦略度 40
GM 132
JR貨物 129
JSR 56
時間移動コスト 81, 84, 87, 89-91, 128
時間軸 10
時間選好度 11
時間的戦術 129
時間ネットワーク 13
事業インフラ 63

索引

事業部制　32
事業部物流　8
事業モデル　17, 19, 50, 82, 84, 213
事業領域（ドメイン）　10, 32
自己運送　202, 203
市場インフラ　193, 194, 198, 199, 202, 204, 214, 219
市場経済モデル　12
システムインフラ　10, 19, 44
システム構築委託　21
持続的需要　119
指定特定重要港湾　165
自働化　32
指導寡占　143
自動車産業の物流優位性　22, 25
自動車産業の立地　25
自動車部品産業の集積　131
SEA-NACCS　66
資本集約的産業　136
シャープ　49, 65, 180
上海
　———国際港務　214, 221
　———スーパーエクスプレス　129, 158
　———浦東新区　158
自由港　130
集合独占　206
上下分離　165
商船三井　33, 196
情報
　———技術（IT）　4
　———軸　10
　———投資　40, 43
　———ネットワーク　13, 157
　———流　15
所得倍増政策　195
信越化学　56
振華物流集団　33
シングル・ウィンドウ　66
人的戦術　129
垂直生産　59
垂直統合　219
　———化ビジネス　49, 65

　———生産　23, 26
垂直連携　135
水平分業　23, 25, 26, 147, 152, 153
水平連携　135
数量運送契約（COA）　202-204, 211, 216
スーパー中枢港湾プロジェクト　165
スポット
　———運送　202
　———型アームズレングス貿易　23, 24
　———市場　195, 203, 219
　———取引　199
　アームズレングス型———取引　202
住友化学　55
住友商事　158
擦り合わせ　25
生産
　———拠点　23
　———システム　119
　グローバル———の統括管理　51
　垂直統合———　23, 26
　セル———方式　131
　トヨタ———方式　32
生産者在庫率　35
成熟型投資　79
成熟産業　72, 73
成熟製品　23, 134
製造業
　———稼働率　38
　———現地法人　125
　———在庫率　38
　———の業種別ロジスティクス力比較　62
　———の在庫率決定関数　39
　———のロジスティクス力測定　37
　日本———の稼働率　39
　日本———の競争優位　119
　日本———の構造革新　118
　日本———の在庫率　39, 215, 217
　日本———のロジスティクス革新力　60
　日本———のロジスティクス力　58
　米国———のグローバル競争優位　43
　米国———のロジスティクス行動　42, 43

製造小売業（SPA）　24, 34
成長循環　77
製品差別化　25
製品輸出比率　154, 155
────・輸入比率レシオ　155, 156
西部大開発　128, 158
精密機械工業のロジスティクス行動　51, 52
成渝経済区　134, 158
世界海運市場　4, 13, 193
世界工場化　134
石油危機　196
セル生産方式　131
繊維工業のロジスティクス行動　54, 55
繊維産業の物流優位性　22, 24
潜在的革新段階　98, 110, 118
先端世代部品　50
先端物流業　49
全日本空輸　120
船舶建造前長期運送契約方式　196
前方統合戦略　19-21
専用船事業　218
戦略港湾政策　166
戦略的
　　────事業モデル　84
　　────パートナー　46, 209
　　────パートナーシップ　221
戦略物流業　7, 10, 77
創業者利益　73, 81
総合商社　23
総合物流業　120, 215
総合物流施策大綱　6, 29, 66, 165, 166
総合部門政策　195, 196
総合ロジスティクス機能　79
総資産経常利益率　216, 217
総資産経常利益率関数　215, 217
増値税　130
ソフトインフラ　4, 19, 44, 63, 66

タ行

対アジア
　　────空運物流分担率　106
　　────交易条件　77, 82
　　────物流の二重構造性　91
　　────物流モード選択行動　80, 86, 90, 91
対EU
　　────空運物流分担率　105, 106
　　────交易条件　77
　　────物流モード選択行動　80, 85, 91
第1次グローバル時代　13
第2次グローバル時代　13
大日本印刷　56
対米
　　────空運物流分担率の決定　104
　　────交易条件　77, 82
　　────物流の先進性　91
　　────物流モード選択行動　80, 83, 91
　　────物流モード選択行動の波及効果　88, 89
　　────ロジスティクス・サイクルの構造　110, 112
太平洋コンテナ船物流　136
大連ソフトウェアパーク　133
多占　143
WTO　123
ターミナル事業　215
タンカー　33, 196
単純標準化
　　────財　141, 144
　　────産業　72, 73, 92
　　────段階　72
地域間経済連携機能　78
地域別ロジスティクス・サイクル　109
DHL　16, 133
　　────Logistics　20
TNT　16
地域物流のグローバル連携　93
チャーターサービス　17
チャネルマスター　8, 204
中期運送契約　202, 203
中国
　　────沿海地域　128, 129, 132, 134
　　────経済の構造変化　156
　　────仕出物流市場　144
　　────の購買力　156

索　引　239

―――物流　91, 124
―――物流の発展段階　126
―――貿易　155
長期運送契約　202, 204, 211, 216
長期構造変化　73
調達
　　―――ネットワーク　25
　　―――のグローバル統括管理　51
　　―――リードタイム　50
　　現地―――　132
　　部品―――ネットワーク　158
直接投資　22, 23, 123
直接販売モデル　49
賃率表形成原理　207
積荷保証　220
ディストリビューションセンター　133
ディマンドサイド重視　127
ディマンドチェーン　31
定曜日サービス　130
デカップリング論　117
適正在庫率　27
デル　49, 65
電気機械工業のロジスティクス行動　49-51
天津
　　―――経済技術開発区　158
　　―――東彊保税港区　158
　　―――濱海新区　158
デンソー　34
ドイツ郵便　21
東京港のネットワーク力　165, 170, 173, 183, 184
東芝　49, 65, 131, 181
　　―――物流　65
独資　124
独占禁止法　220
独立部門政策　196
届ける物流　50, 133
トヨタ自動車　32, 33, 47, 131, 132, 175, 181
豊田自動織機　32
トヨタ生産方式　32
豊田通商　32
トランジット　130

トランシップ　169, 185
　　―――港　186
　　釜山港―――　187
取りに行く物流　50, 65
取引
　　―――回転数　74
　　―――時間　73
　　―――費用　202, 203, 219
　　アームズレングス―――　22-24, 35, 199, 200, 203, 212, 220
　　アームズレングス型垂直―――　219
　　アームズレングス型スポット―――　202
　　アームズレングス型長期―――　202
　　SCM 型アームズレングス―――　23, 24
　　企業間―――　193
　　スポット―――　199
トン数標準税制　195, 197

ナ行

名古屋港のネットワーク力　165, 174, 177
日産自動車　33, 181
日新　133
NIES　137, 140
　　―――貿易　155
日東電工　56, 65
荷主企業のロジスティクス活動　26
日本
　　―――の海運政策　195, 197
　　―――の空運輸出物流　75
　　―――の購買力　187
　　―――の国際物流　69
　　―――の物流政策　63
日本海運業　165, 193
日本貨物航空　120
日本企業
　　―――の海外現地生産　187
　　―――の物流モード選択行動仮説　80
　　―――のロジスティクス戦略の高度化対応　89
日本組立加工業の在庫率　44, 45
日本経済の構造転換　97
日本経済のライフサイクル・ステージ　98,

99, 104, 109, 118
日本仕出物流　148
日本製造業
　───の稼働率　39
　───の競争優位　119
　───の構造革新　118
　───の在庫率　39, 215, 217
　───のロジスティクス革新力　60
　───のロジスティクス力　58
日本素材産業の在庫率　44, 45
日本通運　33, 120, 129, 158
日本郵船　30, 33, 120, 121, 132, 196, 214, 215, 217, 218, 222
ネットワーク
　───型サービス　172
　───経済　11, 16, 22, 214
　───経済モデル　12
　───経路　22
　大阪港の───力　165, 178, 181, 183, 184
　企業間───　193
　空間───　13, 157
　グローバル───力　167, 173, 181
　神戸港の───力　165, 178, 181, 183, 184
　港湾物流───　165
　国家的───力　166, 169, 174, 181
　サプライチェーン対応型───　183, 184, 185, 188
　時間───　13
　情報───　13, 157
　調達───　25
　東京港の───力　165, 170, 173, 183, 184
　名古屋港の───力　165, 174, 177
　ハブ＆スポーク型───　183, 184, 185
　物流───　124
　部品調達───　158
　貿易───　124
　横浜港の───力　165, 170, 173, 183, 184
　ローカル───力　167, 169, 174, 180, 181
　ロジスティクス・───　3, 8, 16, 22, 23, 25-27, 146, 214
　ロジスティクス・───主導型産業　22
　ロジスティクス・───優位性　27

ノックダウン　25

ハ行

バイヤーズ・コンソリデーション　30, 159, 218
場所的戦術　129
バーチャル企業（仮想企業）　8, 16, 193
バーチャルコーポレーション　15
ハードインフラ　4, 10, 19, 26, 28, 36, 41, 44, 63, 194
　───整備　37
パートナー　15, 203, 204
パートナーシップ　55, 194, 204, 205, 213, 214
パナソニック　30, 49, 51, 65, 180
ハブ＆スポーク型港湾　182, 186, 188
ハブ＆スポーク型ネットワーク　183-185
ハブ空港　41
ハブ港湾　165, 167, 179-182
バブル景気崩壊　118
バルクキャリア　33, 196
範囲の経済性　25
半導体産業の立地　25
販売時点情報管理（POS）　7, 31
販売の回転率　50
PFI　221
BMW　132
BOT方式　189
ビジネスモデル　49, 63, 76, 77
ビジネスサイクル　73
ビックカメラ　65
非集約船主　196, 198
標準化品　23, 134
標準差別化
　───財　141, 144
　───産業　72
　───段階　72, 134
　───品　49
フィーダー航路　182
FedEx　16, 41, 44, 61, 62, 64, 133, 158
VW　132
フォワーダー　3, 16, 17, 19, 32, 124, 129, 134,

索　引　241

211
フォワーディング事業　124
フォワード・インテグレーション　19
複合輸送　19, 128-130, 158, 193, 195
　　───システム　129
　　───制度　4, 29
釜山港トランシップ　187
釜山港の競争力　166, 185-187
不定期船業　196
プッシュモデル　12
物的戦術　129
物理的耐用年数　204
物流
　　───企画の立案　4
　　───システム　14
　　───指標　97
　　───トータルコスト　22-25, 27, 73, 81, 128, 129
　　───トータルコスト優位性　28
　　───ネットワーク　124
　　───の重層的発展　4
　　───の重層的発展段階　5
　　───の転型期　157
　　───の発展段階　194, 195
　　───のプラットフォーム　46
　　───発展の3段階　124
　　───分担率　70
　　───優位性決定因　22
　　アジア───　123, 134, 150, 153
　　アジア───のダイナミズム　93
　　SCM 対応型───システム　15
　　海運───　33, 70
　　家電産業の───優位性　22, 25
　　韓国・台湾仕出───　148, 149
　　企業間───　4
　　企業間───システム　14
　　企業間───の一元管理　5
　　企業内───の一元管理　5
　　空運───　69, 70
　　空運───支配　98
　　空運───分担率　69, 98, 99, 100
　　国・地域別品目───　135, 136
　　グローバル───　114
　　グローバル───の波及効果　87
　　契約───　20, 29
　　国際───　5
　　コンテナ船───　33, 69, 72, 74
　　地域───のグローバル連携　93
　　太平洋コンテナ船───　136
物流園区　130
物流業　4
　　───売上高　215-218
　　───売上高決定関数　215, 217
　　───の SCM 対応力　37, 38
　　───の業態　160
　　コントラクト───　29
　　先端───　49
　　戦略───　7, 10
　　総合───　120, 215
物流二法　5
物流モード
　　───選択仮説　73
　　───選択関数　81
　　───選択行動　90
　　───の選択　69
　　───の選択要因　71
　　対アジア───選択行動　80, 86, 90, 91
　　対 EU　選択行動　80, 85, 91
　　対米───選択行動　80, 83, 91
　　対米───選択行動の波及効果　88, 89
　　日本企業の───選択行動仮説　80
埠頭公社　165
浦東空港　130
部品系列企業　209
部品調達ネットワーク　158
Flying Tiger　64
ブランド企業　8, 15, 59
ブリヂストン　181
フルコスト原則　208
プルモデル　12
プロダクトサイクル　71-73, 75, 80, 82, 134, 154, 160
　　───周期　51
　　───理論　72, 134

242　索　引

プロバイダー　20
　　グローバル・ロジスティクス―― 160
　　3PL業―― 22
　　ロジスティクス・サービス―― 160
プロフィットセンター　78, 91
米国5業種在庫率推移　60
米国製造業のグローバル競争優位　43
米国製造業のロジスティクス行動　42, 43
米国のロジスティクス革新　43
閉鎖型カルテル　205-208
ベリー輸送サービス　17
ベンダーマネジメント・インベントリー（VMI）　133, 160, 218
貿易ネットワーク　124
保税港区　131
本田技研工業　131

マ行

マースクライン　206
Maersk Logistics　20
マーチャントキャリア　12, 194
三井化学　56
三井船舶　206, 220
三菱ケミカルホールディング　55
三菱自動車　132
三菱商事　34, 133, 158
三菱電機　131
ミルクラン　50, 65, 131, 133, 160, 218
Memphis空港　40, 44
モード
　　――選択行動　78
　　――選択循環　97
　　――代替　82
　　――別分業　71

ヤ行

郵船航空　133
輸出
　　――基地化　126
　　――産業高度化プロセス　138
　　――のバッファー力　81, 82
輸送機械工業のロジスティクス活動　48

ユニクロ　25, 34
UPS　16, 21, 41, 44, 61, 62, 64, 133
窯業・土石製品工業のロジスティクス行動　57
洋山港　130, 158
幼稚産業　139
横浜港のネットワーク力　165, 170, 173, 183, 184
45・47体制　30
4PL業　20, 21, 32-34, 159, 160, 197, 215, 218

ラ行

ライフサイクル　200-201, 205, 210-213
立地費用　23
リードタイム　158, 160, 189
リバースインテグレーション　19
利用運送事業　3
両江新区　158
離陸期　151
Louisville空港　41, 44
労働集約的産業　136
ローカルコンテンツ政策　132
ローカルネットワーク力　167, 169, 174, 180, 181
ロジスティクス　3, 7, 23, 30, 35, 39, 126, 197, 203, 213, 218
　　――改善力　53
　　――革新　3, 41
　　――革新力　26, 34, 35, 60, 61, 63, 215, 218
　　――活動　26, 28, 34
　　――管理　7, 8
　　――行動の制約条件　51
　　――・コンセプト　218
　　――・コントラクター　19, 20, 29, 134, 160
　　――・サービスプロバイダー　160
　　――・システム　6, 8, 11, 52, 209, 214
　　――戦略　89, 208
　　――対応　52
　　――対応産業　3, 4
　　――対応能力　16, 209

———・ネットワーク 3, 8, 16, 22, 23, 25-27, 146, 214
———・ネットワーク主導型産業 22
———・ネットワーク優位性 27
———の作業過程 7, 8, 31
———の調整 49
———の調整過程 7, 8, 31
———のフロンティア 91
———・バッファー力 26, 28
———・パートナーシップ 193, 194, 198, 199, 204, 205, 209, 211, 212
———・メカニズム 60
———劣位 55, 57
———・レベル 27
一般機械工業の———行動 46, 47
化学工業の———行動 55-57
組立加工業の———改善力 53
グローバル・———プロバイダー 160
国際———・サイクル 97, 119
国際———・サイクルの構造変化 102
国際———・サイクルの波及構造 103
国際———・サイクルの発生プロセス 100, 102
国際———・サイクルモデル 98
コントラクト・——— 20
精密機械工業の———行動 51, 52
繊維工業の———行動 54, 55
総合———機能 79
対米———・サイクルの構造 110, 112

地域別———・サイクル 109
電気機械工業の———行動 49-51
荷主企業の———活動 26
日本企業の———戦略の高度化対応 89
日本製造業の———革新力 60
米国製造業の———行動 42, 43
米国の———革新 43
輸送機械工業の———活動 48
窯業・土石製品工業の———行動 57
ロジスティクス・サイクル 99-101, 104, 115
———の変動経路 112, 113
———発生プロセス 107
国際 97, 119
対米———の構造 110, 112
地域別——— 109
ロジスティクス力 28, 34-36, 51, 55, 57, 59
———比較 62
———評価モデル 35, 36
———の形成経路 3, 35
———の形成仮説 36
業種別———比較 62
製造業の業種別———比較 62
製造業の———測定 37
日本製造業の——— 58

ワ行

ワンストップ・サービス 66
ワンストップ・ショッピング 21

著者紹介

1943 年	西宮市に生まれる
1966 年	神戸大学経済学部卒業
1968 年	神戸大学大学院経営学研究科修士課程修了
	神戸大学経営学部教授，流通科学大学商学部教授を経て，
現　在	大阪産業大学経営学部教授，神戸大学名誉教授，商学博士
専　攻	ロジスティクス・国際物流・国際交通

主要業績

『海運市場論』千倉書房，1978 年
『海運業の設備投資行動』有斐閣，1981 年
『海運』(現代交通経済学叢書，第 6 巻) 晃洋書房，1988 年
『日本の国際物流システム』千倉書房，1994 年
『日本物流業のグローバル競争』千倉書房，2002 年（日経・経済図書文化賞受賞）

JCOPY〈(社) 出版者著作権管理機構 委託出版物〉
本書の無断複写は著作権法上での例外を除き禁じられています。また，本書を代行業者等の第三者に依頼してスキャンやデジタル化することは，たとえ個人や家庭内での利用であっても著作権法上認められません。複写される場合は，そのつど事前に，(社) 出版者著作権管理機構（電話 03-3513-6969，FAX 03-3513-6979，e-mail: info@jcopy.or.jp）の許諾を得てください。

『日本経済のロジスティクス革新力』

2011 年 2 月 20 日　初　版
2011 年 9 月 20 日　第 2 刷

著　者　宮　下　國　生
発行者　千　倉　成　示

〒 104-0031　東京都中央区京橋 2-4-12
㈱千倉書房
TEL 03 (3273) 3931　　FAX 03 (3273) 7668
URL:http://www.chikura.co.jp/

©2011 宮下國生，Printed in Japan
印刷・シナノ／製本・井上製本所
ISBN978-4-8051-0964-9